空间碎片主动移除的法律规制

Space Security and Legal Aspects of Active Debris Removal

[奥] 安妮特·弗勒利希 (Annette Froehlich) 编
雷　亮　王英华　陈　超　王　暖　译

中国宇航出版社
·北京·

First published in English under the title
Space Security and Legal Aspects of Active Debris Removal
edited by Annette Froehlich, edition: 1

著作权合同登记号:图字：01—2021—6213 号

图书在版编目（CIP）数据

空间碎片主动移除的法律规制 /（奥）安妮特·弗勒利希（Annette Froehlich）著；雷亮等译．-- 北京：中国宇航出版社，2022.1

书名原文：Space Security and Legal Aspects of Active Debris Removal

ISBN 978-7-5159-2007-8

Ⅰ.①空… Ⅱ.①安… ②雷… Ⅲ.①太空垃圾—垃圾处理—国际法—研究 Ⅳ.①D996.9

中国版本图书馆 CIP 数据核字(2021)第 240835 号

责任编辑　王杰琼　　　**封面设计**　宇星文化

出版发行　中国宇航出版社
社　址　北京市阜成路 8 号　**邮　编**　100830
(010)60286808　(010)68768548
网　址　www.caphbook.com
经　销　新华书店
发行部　(010)60286888　(010)68371900
(010)60286887　(010)60286804(传真)
零售店　读者服务部　(010)68371105
承　印　北京中科印刷有限公司

版　次　2022 年 1 月第 1 版
2022 年 1 月第 1 次印刷
规　格　787×1092
开　本　1/16
印　张　9.75
字　数　237 千字
书　号　ISBN 978-7-5159-2007-8
定　价　68.00 元

本书如有印装质量问题，可与发行部联系调换

译者序

安全利用外空正在取代和平利用外空，成为外空国际多边谈判的新焦点。空间碎片是外空安全的核心问题，尽管为应对空间碎片的威胁，规避、减缓、防护等被动措施已广泛应用，但要从根本上治理空间环境，还需要主动移除措施。空间碎片主动移除技术可以用于军事目的，直接关系外空安全和国家安全，为各国高度关注。

空间碎片问题研究的实质是风险研究，研究对象既包括技术风险，又包括法律风险。空间碎片主动移除任务的关键是接近目标，并将其捕获，最终拖至坟墓轨道，在此过程中针对目标的选择以及在其他卫星移除任务中维护自身利益的法律问题至关重要。作为航天大国，中国在国内空间法规制定方面仍有很大改进空间，在国际规则参与度方面没有发挥应有的作用，为此急需从国内、国际两个维度加强空间碎片主动移除的法律研究和实践，保障国家空间资产安全，维护国家安全和利益。

本书由航天业顶尖机构欧洲太空政策研究所出版，其编辑顾问委员会包括世界多国政要和顶级空间法专家，由多位世界空间政策学者联合撰写，聚集了目前国际对空间碎片主动移除法律政策研究的最新成果，该书在太空政策研究领域具有相当的权威性。

本书的引进翻译对把握空间碎片主动移除的最新理论研究成果，对我国研究和解决空间碎片主动移除的法律和技术问题、提升空间碎片治理水平、培养航天人才具有很高的价值。

译　者

2021 年 10 月

于北京

太空政策研究
第16卷

前　言

外层空间的利用具有越来越大的战略意义和技术意义。机器人探索太阳系内的遥远行星和天体的发展，以及人类在地球轨道和月球上的开拓性探索，为宏大的长期太空探索活动铺平了道路。如今，太空探索已经远远超出了单纯的技术范畴，原因是太空探索的不断发展在社会、文化和经济领域产生了巨大的影响。太空活动即将进入一个新时代，人类社会的各个学科——包括历史、哲学、人类学、艺术、社会科学、政治科学、经济学和法学，将在未来的太空探索中发挥至关重要的作用。因此，太空政策将备受瞩目，且日益重要。太空政策系列研究由航天业的顶尖机构欧洲太空政策研究所汇编，将成为欧洲各国的参考文献。这套系列研究包含各种专题论文和文集，涉及多个学科的研究课题。

关于此系列研究的更多信息详见网站 http：//www. springer. com/series/8167。

琼-雅克·托尔托拉（Jean-Jacques Tortora）

欧洲太空政策研究所

目　录

第 1 章　空间碎片主动移除概述

瓦朗坦·德格朗热*

摘要：本章分析旨在证明所有太空探索国家不仅有必要为了确保有限自然资源的可持续发展而合作实施空间碎片移除，而且这种合作是国际法之下的一项义务。此外，在人类太空开发能力发展的未来阶段，国际社会可能有必要制定并遵守涉及空间碎片移除的规则，并成立专门负责处理这类事务的国际性组织。人类通往外层空间的通道必须予以保护，这件事的重要性绝不容低估，而且是所有国家应当优先解决的头等大事。但是国际社会是否会采取这一行动？

1.1　引言

冷战时期的太空竞赛大约始于 1957 年，其标志性事件是苏联发射了人类历史上的首颗人造卫星——斯普特尼克 1 号。这是苏联和美国之间的一场意识形态竞赛。当时，美国和苏联都竭尽全力地维护自身的科技优势，从而极大地推动了科技和法律的进步。但是，现在的情况已经明显不同了。

首先，目标已经改变。当代太空探索的公开目标主要是商业目标。无论是电信行业在当代社会的优势地位，还是私营部门在太空领域的日益发展，无不突显了“频谱-轨道资源”的固有价值，并促使各国对外层空间进行商业化开发。因此，未来的外层空间开发，无论出于科研还是经济目的，都很有可能要依赖私营部门。

其次，除传统的太空强国以外，新的力量已经崛起。例如，近年来中国、印度和日本的太空能力已经取得了长足的进步，与美国、俄罗斯以及欧洲空间局成员国一道成为少数拥有太空探索能力的国家。如果把欧洲算作一个太空“发射国”，迄今为止，在自己的领土上开展太空发射活动或允许私营公司在自己的领土上开展太空发射活动的国家总数已达到 12 个[①]。

随着太空活动的快速发展，外层空间的开发利用呈现出新的面貌，“争论越来越激烈，

---

* 瓦朗坦·德格朗热（Valentin Degrange）（✉）
里昂第三大学，法国里昂

A. Froehlich（ed.），Space Security and Legal Aspects of Active Debris Removal，Studies in Space Policy 16，https：//doi.org/10.1007/978-3-319-90338-5_1

① Peter Van Fenema，“Legal aspects of launch services and space transportation”，Handbook of Space Law，Frans Von Der Dunk（dir.）with Fabio Tronchetti，Edward Elgar Publishing，2015，p. 1100，p. 409.

太空越来越拥挤，竞争愈发白热化”[②]。我们日常生活的许多方面都依赖于近地轨道（LEO）和地球同步轨道（GEO）的开发利用。随着太空活动（尤其是商业性活动）呈指数级增加，轨道空间碎片数量也急剧增多，可能会造成无法修复的损害。“大天空”理论曾为航空旅行者保驾护航近二十年，最后沦为废纸，而太空旅行也很快将面临同样的命运。

太空活动的前景在一定程度上取决于国际社会如何解决这一问题。随着太空活动和空间碎片呈指数级增长，太空探索国家有必要保证外层空间和地球轨道这种有限自然资源的可持续发展，同时有义务根据国际空间法[③]和国际法开展合作，共同实现这一目标。此外，除了几份无约束力的文件，国际社会中很少甚至没有国家参与太空交通管理和空间碎片移除的规则制定。因此，现在迫切需要拟订关于空间碎片移除的国际条约，并成立专门的国际性组织。

1.2 外层空间活动的长期可持续性

参与太空探索的行为体数量越来越多，且他们的活动范围持续扩大，而空间碎片的数量也越来越多。太空交通量的增加幅度堪比 20 世纪空中交通量的增加，但是空中交通中从来不用担心那些危险的空间碎片。起初，正如“大天空”理论[④]断言的那样，两架飞机在空中碰撞的事故极其罕见，但是商业航空迫使空中航线和空中交通管制设施不断改良，以适应日益增加的空中活动。1956 年，美国联合航空公司和环球航空公司的两架客机在一片不受管制的空域相撞（导致 128 人死亡）[⑤]。这类事故证明了公众和整个航空业可能面临的危害。2009 年 2 月美国铱星商用卫星和俄罗斯“宇宙”通信卫星相撞等事件[⑥⑦]对太空探索国家产生了类似的影响，表明我们必须以最优方法在太空中实施安全且负责任的活动，并在国际上推广这些方法。除了这种认识，还有一个事实：空间碎片在不断积累，而且日益危及地球轨道上太空活动的实施。这些“已经丧失功能但是仍然处在地球轨道上或正在返回大气层的人造物体——包括其碎片和部件”[⑧] 由于其极高的速度（7 500 m/s 或

---

② Lt. Col. S. Hunter, “How to reach an International Civil Aviation Organization role in Space Traffic Management” (November 5, 2014), Space Traffic Management Conference, 21p., p. 5. URL: http: //commons. erau. edu/stm/2014/wednesday/21.

③ Treaty on Principles Governing the Activities of States in the Exploration and Use of Outer Space, Including the Moon and Other Celestial Bodies, 27 January 1967 (entered into force on 10 October 1967), Article Ⅸ. URL: http: //www. unoosa. org/pdf/gares/ARES _ 21 _ 2222E. pdf.

④ 在航空领域，这个理论认为两个随机飞行的物体相撞的概率极低，因为相对于这些物体，三维空间显得太大了。

⑤ Lt. Col. S. Hunter, op. cit., note 2, p. 5.

⑥ T. S. Kelso, “Analysis of the 2007 Chinese ASAT Test and the Impact of its Debris on the Space Environment”, AMOS Conference, 2007, 10 p. URL: https: //www. celestrak. com/publications/ AMOS/2007/AMOS - 2007. pdf.

⑦ Lt. Col. S. Hunter, op. cit., note 2, p. 5.

⑧ Technical Report on space debris, United Nations General Assembly. Technical report of the Scientific and Technical Subcommittee on space debris. UN Doc. A/AC. 105/720, 1999.

更高）而很难处理。尽管相对较为罕见，如果这类物体足够庞大或者携带有害物质[9]（如放射性物质），且其脱离轨道，则会威胁到运行中的空间物体，甚至地面上的建筑物或人员。

不受监管的太空活动事实上可能会严重妨碍人类在太空中航行的能力。监管制度的缺失可能导致（可能无人操控的）空间物体碰撞的数量呈指数级增加，不仅导致物质损失和人员死亡，而且会使通往太空的通路受到限制。此外，自从太空探索开始以来，地球轨道上存在的危险空间碎片的数量已经大幅增加，达到数十万个。这类物体不仅会导致卫星星座发生（有时无法修复的）故障，而且有可能引发“凯斯勒现象”。这种理论又称为“凯斯勒效应”“碰撞级联”或“消融级联”，由美国国家航空航天局科学家唐纳德·J. 凯斯勒于1978年提出。在这种情形中，近地轨道上聚集的物体的密度达到一个阈值，以至于物体之间的碰撞会引发连锁反应，每一次碰撞都会产生更多空间碎片，从而使发生其他碰撞的概率增加[10]。其后果之一就是轨道上分布的碎片可能导致未来很多代人无法从事太空活动并在特定轨道区域内使用人造卫星。太空探索国家已经完全认识到这种现象对世界经济、信息系统以及国家安全系统产生的影响。

出于下述两个原因，当前的空间法不存在关于太空交通管理和空间碎片移除的条文，因此只能由单独的国际性协议或国家法律和政策来解决这些问题。第一，不存在任何一个国际性组织或行业协会负责制定和实施一套国际性的太空行为准则。第二，单个国家发射航天器通常不会进入他国的领空，因此太空探索国家通常会采用本国的安全规定来管理本国的政府和/或私营部门的发射活动。这种现象可以归入“公域悲剧”理论[11]，原因是航天任务的益处只会由那些实施航天活动的实体所享有，而太空开发的不利影响却会对参与航天行业的所有实体以及其他实体造成负面后果。因此，单个或多个国家为了消除太空活动的有害环境影响而采取的规定毫无效果。那些严格遵守碎片减缓要求的太空探索国家相比于那些不遵守类似规则的国家会处于竞争劣势。

在整个国际层面，联合国的太空相关条约不涵盖空间碎片问题，主要是因为当初这些条约签订之时尚不存在碎片问题。关于空间碎片管理的真正意义上的国际对话开始于20世纪80年代初，并在世界主要航天组织的倡议下，于1993年成立了机构间空间碎片协调委员会（IADC）。几年之后，机构间空间碎片协调委员会于2002年制定了《空间碎片减缓指南》，这套指南成为联合国和平利用外层空间委员会（UNCOPUOS）于2009年制定和实施的《空间碎片减缓指南》的依据[12]。此外还颁布了涉及此类事务的其他一些非约束

---

⑨ https://en.wikipedia.org/wiki/Space_debris#To_Earth.

⑩ Donald J. Kessler and Burton G. Cour-Palais, “Collision Frequency of Artificial Satellites: The Creation of a Debris Belt”, Journal of Geophysical Research, 1978, 83, pp. 2637-2646.

⑪ Hardin Garrett, “The Tragedy of the Commons”, in Science, Vol. 162, n° 3859, 13 December 1968, pp. 1243-1248.

⑫ Uncopuos, Space Debris Mitigation Guidelines, United Nations Office for Outer Space Affairs, 2010, http://www.unoosa.org/pdf/bst/COPUOS_SPACE_DEBRIS_MITIGATION_GUIDELINES.pdf.

性的文件，包括 2006 年的国际宇航科学院（IAA）《太空交通管理宇宙研究》⑬ 和 2002 年的《防止弹道导弹扩散海牙行为准则》⑭，但是如今似乎有必要采取更为严格的措施。

这些准则在国际法之下没有法律约束力，而且仅靠各国自愿执行。不过，大多数国家的航天组织多年以来一直遵守这些准则。此外，一些国家在其国家级空间法律中写明了关于空间碎片减缓和预防的条款，例如美国国家航空航天局和国防部根据 NASA 安全标准制定的《碎片减缓标准实践》⑮。这些标准实践有四个目的：控制正常运行期间碎片的释放；最大限度减少意外爆炸产生的碎片；选择安全的飞行剖面图和运行配置；通过改变轨道或脱离轨道的方式在任务后处置空间物体。欧盟于 2008 年颁布了《外空活动行为准则草案》⑯，并于 2010 年 9 月发布修订版。此草案适用于用户国家以及受其管辖的非政府实体的太空活动。这套草案也涉及空间碎片问题，且包含若干旨在预防、减少和缓解空间碎片的措施。这些国家级规定确实曾有助于空间碎片的减缓，但是从长远来看，它们可能并不是最优解决方案。

上文所述的种种事故以及若干科学研究表明确实有必要协调太空活动，将各国的规则和政策统一化，并由国际社会制定空间碎片清理计划⑰。唯有采取这一可行的解决方案，才能使得航天领域的所有行为体、各国政府以及本行业的私营实体采取行动确保空间环境的保护以及空间物体的安全。但是必须证实国际社会确实有义务开展合作，以促使世界各国保护有限的自然资源以及人类通往外层空间的通道。

1.3　为了人类福祉而开展合作的国际义务

合作的重要性已经被人一再指出——尤其是在冷战之后，原因是唯有合作才能确保法治，包括在空间法中制定相关规范，从而有力推动国际合作，出于和平目的而探索和利用外层空间。1994 年，联合国大会强调了这一原则的普遍利益，以邀请当时尚未参与《外层空间条约》的国家批准或遵守这项条约⑱。直到 1996 年才出现一份综合性声明⑲，专门

---

⑬ IAA, Cosmic Study on Space Traffic Management, 2006, 96 p. URL: https://iaaweb.org/iaa/ Studies/spacetraffic.pdf.

⑭ UN, Hague Code of Conduct against Ballistic Missile Proliferation, General Assembly, 2002, URL: http://www.hcoc.at/documents/Hague－Code－of－Conduct－A_57_724－English.pdf.

⑮ US Government, Orbital Debris Mitigation Standard Practices, December 2000, URL: https:// orbitaldebris.jsc.nasa.gov/library/usg_od_standard_practices.pdf.

⑯ DRAFT International Code of Conduct for Outer Space Activities, European Union (September 16, 2013). URL: http://www.consilium.europa.eu/uedocs/cmsUpload/st14455.en10.pdf.

⑰ National Research Council. Orbital Debris: A Technical Assessment, 1995, 224 p.; Scientific and Technical subcommittee of the UNCOPUOS. Technical Report on Space Debris. United Nations, New York, 1999; National Research Council. Limiting Future Collision Risk to Spacecraft: An Assessment of NASA's Meteoroid and Orbital Debris Programs. Washington, DC: The National Academies Press, 2011.

⑱ UNGA, International cooperation in the peaceful uses of outer space, A/RES/48/39, 10 December 1993.

⑲ UNGA, Declaration on International Cooperation in the Exploration and Use of Outer Space for the Benefit and in the Interest of All States, Taking into Particular Account the Needs of Developing Countries, A/RES/51/122, 4 February 1997.

倡导太空活动方面的国际合作，其中重申了先前文件中的条款，但是强调需要照顾发展中国家的需求。尽管这项决议提出的目标值得称道，但很可惜它对于大多数国家没有约束力，而且事实上仅仅是建议，因而各国可以选择遵守或不遵守。不过，根据《外空法典》（the corpus spatialis）中的一些原则以及国际法中的其他一些次级法律，我们可以认为确实存在为了人类福祉而开展合作的国际义务。这些规定不仅来源于国际空间法，也来源于电信政策和环境政策。

首先，必须明确指明空间法中的相关原则，以其作为国际合作义务的依据。其中，“共同利益”原则尤为有意义。在太空竞赛的早期，这项原则就出现在联合国大会的三项决议中[20]，随后在1967年《外层空间条约》的第一条和第九条中将这条原则正式化[21]。这些文件确立了两条主要规则：第一：外层空间的探索和利用应服务于所有国家的福祉和利益；第二，外层空间的探索和利用应充分照顾该条约的所有参与国的相关利益[22]。

然而，“共同利益”原则的范围仍然存在争议，尤其是涉及“国家”一词的时候，因为国家的法律地位并非恒久不变。尤其是美国政府提出反对的声音，指出“第一条可以指导太空大国开发他们的太空项目并实施太空中的活动……但是该条款并没有明确规定国际合作应该遵守的条款和条件”[23]。此外，美国国务院补充道，考虑到第一条的模糊规定，该条款不构成任何法律义务，因此无法自动生效。这种说法得到该条约的一些作者的支持[24]。但是其他作者则指出，既然第一条中使用了“应”一词，则足以表明参与条约的各方必须将其视为约束性条款[25]。无论如何，“共同利益”原则必定会促成显著的实际措施，如互相援助[26]；而且某些人认为可以依据这条原则成立夏尔·肖蒙提出的那种国际性公共服务组织[27]。总而言之，“共同利益”原则本身似乎无法自动生效。不过，可以认为这项原则可作为碎片主动移除领域的国际合作义务的依据，正如在1958年依据这项原则成立联合国和平利用外层空间委员会[28]。

其次，应该注意地球轨道已经处于特定规则的约束之下，不仅是因为当前的国际空间法，也因为国际法的其他规定。事实上，《外层空间条约》的第三条已经规定各成员国应遵照国际法开展各自的太空活动[29]。这条规定虽然貌似不太起眼，但是在客观上确立了某些概念以及其他原则的大纲。它还意味着各成员国必须遵守空间法，而且不会仅仅因为他

---

⑳ UNGA Res. 1348（XIII）15 December 1958；UNGA Res. 1472（XIV）12 December 1959；UNGA Res. 1721（XVI）20 December 1961.

㉑ Op. cit.，note 3，Articles Ⅰ & Ⅸ.

㉒ M. Couston，Droit spatial，Ellipses，Paris，2014，p. 103.

㉓ UN doc A/AC. 105/85，Annex 1，p. 9，3 July 1970.

㉔ S. Gorove，“Interpretations of international space law for private enterprise”，ADAS，1982，p. 319.

㉕ L. Peyrefitte，Droit de l’espace，Précis Dalloz，Paris，1993，p. 59.

㉖ M. Couston，op. cit.，note 22，p. 105.

㉗ C. Chaumont，“Perspectives d’une théorie du service public *à* l’usage du droit international con-temporain”，in La technique et les principes du droit public. Études en l’honneur de Georges Scelle，t. 1，Paris，LGDJ，1950，pp. 115-178.

㉘ UNGA，Question of the peaceful use of outer space，res 1348（XIII），13 December 1958.

㉙ Op. cit.，note 3，Article Ⅲ.

们的活动发生在外层空间而免于遵守国际法的其他原则。事实上，国际法的某些条款可能确实适用于碎片主动移除。例如，国际电信联盟的马拉加托雷莫利诺斯公约之第 33 条第 2 款与地球轨道管理的关系最为密切，其中强调了“无线电频率和地球同步卫星轨道属于有限自然资源”这一事实，且规定“必须高效且经济”地利用这些资源[30]。这一条款是国际电信联盟的轨道/频谱分配程序的依据，确保将有限的自然资源公平地分配给所有国家。但是考虑到当代社会中一切形式的远程通信都必须依赖地球同步轨道，因此不仅要高效地利用这些轨道，而且要确保这些轨道在未来实现可持续发展。可以说，为了实现这一目标，必须缓解公域悲剧的影响[31]，而且必须防止发生灾难性的凯斯勒现象。因此从逻辑上讲，国际电信联盟的成员国理应受到法律约束，他们不仅要最大限度地减少空间碎片的产生，而且要参与碎片主动移除。

最后，联合国的太空相关条约几乎从未涉及污染问题。其中《月球条约》是这些条约当中关切环境问题最深刻的条约，但是这项条约的缔约国不超过 15 个，因此这份文件几乎没有意义。不过可以认为，直接从国际环境法中摘选的某些原则可以作为采取联合行动的依据而适用于地球轨道管理，其中最重要的原则就是“可持续发展”原则。这个概念最初于 1987 年在布伦特兰委员会的《我们共同的未来》这篇报告中提出[32]。根据这篇报告中给出的定义，可持续发展是指发展“既满足当代人的需求，又不影响后代满足其需求的能力”。1972 年的《斯德哥尔摩宣言》[33] 多次提到可持续发展；二十年后，1992 年的《里约热内卢环境与发展宣言》[34] 更为详细地阐述了这一概念。这项宣言本身不具有约束力，但是可持续发展原则从那时起得到了广泛认可，而且被写入其他国际性文件以及具有法律约束力的条约中。

也可以说，国际环境法规定的义务可能具有对世性，特别是关涉全球环境保护的那些义务，国际法院在 1974 年的核试验案件中就是如此判决的[35]。国际法院在 1997 年的盖巴斯科夫-拉基玛洛工程案件中甚至直接引用了可持续发展原则[36]。在这个案件中，匈牙利企图为某条预防原则赋予对世性约束力，从而使其与斯洛伐克于 1977 年签订的一项条约作废，但是后来国际法院驳回了其申诉。可以肯定地说，目前不存在任何国际性义务来促成可持续发展，尤其是在空间法领域，尽管空间环境的保护是一项对世性义务[37]。如果将这一原则写入《外空法典》，则可以为其赋予约束力，从而确立碎片主动移除方面的国际合

---

[30] International Telecommunications Convention，25 October 1973，（entered into force on 1 January 1975），Malaga Torremolinos，Art. 33. URL：http：//search. itu. int/history/ HistoryDigitalCollectionDocLibrary/5. 10. 61. en. 100. pdf.

[31] Lotta Viikari，“Environmental aspects of space activities”，Handbook of Space Law，Frans Von Der Dunk (dir.) with Fabio Tronchetti，Edward Elgar Publishing，2015，1100 p.，p. 717.

[32] 世界环境与发展委员会。

[33] UNGA，United Nations Conference on the Human Environment，15 December 1972，A/ RES/2994，网址为 http：//www. refworld. org/docid/3b00f1c840. html［访问时间为 2017 年 11 月 12 日］。

[34] UNGA，Rio Declaration on Environment and Development，12 August 1992，A/CONF. 151/26 (Vol. I).

[35] Lotta Viikari，The environmental element in Space Law：assessing the present and charting the future，Martinus Nijhoff Publishers，Leiden，2008，p. 140.

[36] Gabcikovo－Nagymaros Project，(Hungary/Slovakia)，Judgment，ICJ Reports 1997，p. 7.

[37] Lotta Viikari，op. cit.，note 35，p. 149.

作义务。

从不同的国际法条文中摘选的上述原则仅凭自身无法构成一定法律依据来促成碎片主动移除的联合行动，从而确保地球轨道的安全以及人类太空活动的可持续发展，或者至少让某个具有法律约束力的文件得以颁行，但是上述原则组合起来却足以构成这样的法律依据。事实上，如今看来，唯有颁行一项国际性协议才能确保未来太空活动的安全。这样的一份文件不仅需要增进各国之间的合作程度，而且需要设计出一种高效地管理空间碎片移除的方法。颁行一份具有法律约束力的条约似乎势在必行。

1.4　专业性国际条约的实施

当代太空活动问题的关键点是在稀缺的环境中实现人类活动的可持续发展。前文已经说过，以前人们在尝试制定各种规则时已经强调过一些关键性问题，包括各种各样的建议、章程、指南和行为准则，但是如果建立一套更有约束力的国际制度，则更有助于解决这些问题。因此，将上述所有软法律归并为一套全面的约束性条约似乎是合情合理的。为确保太空活动的可持续发展而开展国际合作的义务已经存在，因而这套制度的执行就有据可依。它需要解决下述问题。

第一，必须解决缺乏“空间碎片”的明确定义这一问题。当前的国际法中写明“‘空间物体’一词的含义包括空间物体的组成部件以及运载火箭及其部件”[38]。应注意，这类空间物体仅仅是《责任公约》《登记公约》以及《外层空间条约》的第七条（国家赔偿责任）和第八条（空间物体登记）的管理对象，而《外层空间条约》第六条仅用以监管“外层空间中的活动”[39]。因此，可以合理地认为，定性为“空间物体”的主体对象专门适用于《责任公约》和《登记公约》的一种描述，也就是说它仅仅是国际空间法的主体的一部分[40]。卫星、运载火箭和跨轨道飞行器（包括探测车）显然属于上述定义的范畴，但空间碎片的定义却模糊得多。空间碎片不会被登记，也无法被登记，而且它们不受任何形式的控制，因此这让各国更加难以利用这种责任制度来索取赔偿。

吕西安·拉普指出了这种标准责任制度应用于空间碎片过程中面临的一些重大困难因素[41]。第一，如果将“空间碎片”并入“空间物体”一词的含义，则对现有空间法的解读过于宽泛，尤其在考虑到空间碎片的本质和数量时。此外，他认为很难证明标准空间物体

---

[38] Convention on International Liability for Damage Caused by Space Objects, 29 March 1972, 961 UNTS 187; 24 UST 2389; 10 ILM 965 (1971) (entered into force 1 September 1972), art 1 (d), URL: http://www.unoosa.org/pdf/gares/ARES_26_2777E.pdf; Convention on Registration of Objects Launched into Outer Space, 6 June 1975, 28 UST 695, 1023 UNTS 15 (entered into force 15 September 1976), art 1 (b), URL: http://www.unoosa.org/pdf/gares/ARES_29_3235E.pdf.

[39] Op. cit., note 3, Articles Ⅵ, Ⅶ & Ⅷ.

[40] Yu Takeuchi, Legal aspects of international regime for space traffic management, Institute of Air and Space Law, Faculty of Law, McGill University, 2014, 100p., p. 59.

[41] Lucien Rapp, "Repenser le contentieux relatif aux débris spatiaux", in Laurence Ravillon, Le règlement des différends dans l'industrie spatiale, LexisNexis, 2016, p. 251.

所受损伤与轨道内碎片之间的因果关系，并指出确认责任国这一问题。最后，强制性国际标准可用以判定涉事国家的行为并确定该等行为是否违规，但是由于这种标准缺失，因此几乎不可能以处理普通空间物体的方式来处理空间碎片。这进一步证明有必要更新国际空间法。

第二，某些作者[42]建议依据 2007 年《内罗毕国际船舶残骸清除公约》建立碎片主动移除制度[43]。这种特定机制是依据三项原则：残骸的所有人负责承担残骸的定位、标记和清除的费用；要求办理保险，以便在残骸所有人可能倒闭的情况下予以补偿，由登记国家予以核实；该国家有权直接起诉承保人或者为残骸所有人的责任提供财务担保的其他任何人。这套制度必须经过修改后才能明确适用于碎片主动移除，原因有[44]：残骸不同于大多数空间碎片，可能仍然具有商业价值，而且回收也容易得多。拉普指出，解决方法可能在于刺激商业利益，使空间碎片移除成为一项有利可图的活动。还有一些人建议发起一种相当于残骸清除的商业活动[45]。拉普补充道，这种活动的经费就是发射国和运营商提供的国际基金，即采取电子通信行业惯用的“要么付钱，要么行动”这种做法[46]。然后他提出，未来不断增加的空间碎片相关的争议很可能会用两种手段来解决[47]。第一种可能的手段就是根据国家政策，在国家管辖范围内解决这类争议，因而不需要国际社会介入。第二种可能的手段由三名日本作者提出[48]，即用运营商的产品缺陷责任替代违约责任。若运营商未能履行其移除碎片的义务，则这种行为被视为产品缺陷。

第三，专门的国际条约需要填补国家责任以及太空活动损害责任赔偿制度当中的空白。当前国际空间法中的责任制度确立了针对轨道内损伤的过失责任以及针对地面损伤的绝对责任[49]。但是这两条规定无法填补当代太空活动中存在的责任空白。首先，《外层空间条约》第八条规定的对太空活动行使管辖权和控制权的国家（即“登记国”）与该条约第六条规定的负责授权和监督该项活动的国家之间的责任不明。例如，如果 A 国的某家私营公司与 B 国的一家运营商订立合约，发射了一个空间物体，那么 A 国通常会遵照《登记

---

[42] Ibid.，pp. 258 - 261.

[43] International Convention on the Removal of Wrecks，Nairobi，18 May 2007 (entry into force 14 April 2015). URL：http：//www. bahamasmaritime. com/wp - content/uploads/2015/12/Nairobi - International - Convention - on - the - Removal - of - Wrecks - 2007. pdf.

[44] Lucien Rapp，op. cit.，note 41，p. 259.

[45] W. Munters and J. Wouters，“The road not yet taken for defusing potential conflicts in Active Debris Removal：a Multilateral Organization”，4th Manfred Lachs International Conference on Conflicts in Space and the Rule of Law，27 - 28 May 2016.

[46] Lucien Rapp，op. cit.，note 41，p. 260.

[47] Ibid.，pp. 262 - 263.

[48] S. Kozuka，M. Uchitomi and H. Kishindo，“The international regime for space debris remediation in light of commercialized of space activities”，Proceeding IISL，2013.

[49] Convention on International Liability for Damage Caused by Space Objects，29 March 1972，961 UNTS 187；24 UST 2389；10 ILM 965 (1971) (entered into force 1 September 1972) . URL：http：//www. unoosa. org/pdf/gares/ARES _ 26 _ 2777E. pdf.

公约》第 2.2 条就该物体的登记与 B 国协商[50]。然而，如果 B 国在运行一段时间之后将卫星运营转让给第三国（C 国），就会出现问题。既然已经认定“登记国”就是发射国[51]，那么 C 国如何对该卫星行使管辖权和控制权？

“发射国”这一概念的问题在于联合国的太空相关条约中的责任制度似乎没有考虑航天器可能由别的国家运营这种情形。发射国与“运营国”的职能中存在分歧，且各个发射国之间通常缺乏协调，这些都表明需要明确界定相应国家的具体责任[52]。对于轨道内损伤，正如宇宙卫星与铱星碰撞案例那样，确认责任国相对较为困难，因为收集碰撞事故相关的客观数据极为费力。在未来的条约中如果能建立太空态势感知数据分享制度，则可更为容易地确定责任。

第四，对于地面损伤，1971 年《责任公约》未能涵盖一种可能的风险，即轨道内的碰撞事件可能会损伤地面上的日常活动且有时候会导致关键系统发生故障。是否应将地面损伤视为过失责任？还是应将轨道内损伤视为唯一责任？由于很少有重大事故导致地面上发生第三方损伤，因此国际社会一直无法解决这一问题，但是这个问题必须予以解决。订立国际条约可以澄清事故情形，并确立责任和追责制度，从而确定相关国家是否应该为碎片相关损伤而被追责。

要解决困扰当代太空活动的大多数问题，似乎可以实施一套专注于轨道污染和空间碎片的国际制度。这种制度可促成国际合作，不仅有助于交流太空态势感知相关的信息和数据，而且有助于交流空间碎片减缓和移除方面的信息和数据，从而让所有的太空活动和行为体拥有更安全的轨道。在联合国的太空相关条约下制定责任制度，将太空交通管理纳入条约，可使各国在执行太空作业时无须担心遭受损害时得不到赔偿。这种条约将使外层空间足够安全，可以维持太空活动的进一步发展。

1.5　成立专门的国际性组织

可是，国际条约是否足以确保这些要求得到满足？能否为了实施该等条约的原则而成立一个专门的国际性组织？是否应该成立这种组织？其思想就是依据早期的国际通信卫星组织模式成立一个政府间组织，负责开发碎片主动移除技术和在轨卫星服务技术，并后续实施商业性质的碎片移除和服务作业。该组织相当于一个交换中心，负责收集和分配太空态势感知信息和数据，而且可主动协调世界各地空间物体的发射，并管理轨道上的空间物体，以避免碰撞事故，并持续控制空间碎片改变轨道或脱离轨道的过程。在适当情况下，该组织还可根据新的责任和追责规则解决各国之间的争议，并最终执行其职权范围内的相关规定。

---

[50] Convention on Registration of Objects Launched into Outer Space，6 June 1975，28 UST 695，1023 UNTS 15（entry into force 15 September 1976）. URL：http：//www.unoosa.org/pdf/gares/ ARES _ 29 _ 3235E. pdf.

[51] Ibid.，Art. Ⅰ.

[52] Yu Takeuchi，op. cit.，note 40，p. 68.

第一个要解决的问题就是需要建立全面的太空态势感知信息和数据共享法律体制，以解决各种政治障碍，并以有效且透明的方式在全球范围内向航天器和空间物体的运营商提供标准化的太空态势感知信息和数据。为实现此目的，似乎必须考虑根据1967年《外层空间条约》第十条成立一个专司数据和信息共享的国际性交换中心，此组织要求各成员国考虑按要求观测其他成员国发射的空间物体，从而促进国际合作。太空数据协会（SDA）由世界上的三大卫星运营商（国际海事卫星组织、国际通信卫星组织和欧洲卫星公司）成立，可以借鉴此协会成立一个类似的交换中心，原因是商业运营商和民事政府运营组织都认识到了成立此组织的必要性。在空中交通管理领域，各国提供服务时将空域划分为多个飞行情报区（FIR），然而太空活动的性质决定了不可能采用这样的手段。事实上，近地轨道上的卫星只需大约90 min即可环绕地球一周，只需几秒钟即可经过一个国家。在太空交通管理中采用飞行情报区这类手段是不现实的，主要是因为飞行情报区理念的依据是各国互相承认别国"对其领土上方的空域拥有完全专属主权"[53]，但是国际空间法中不存在这样的理念[54]。

因此，更有效的做法似乎是指定一个交换中心作为服务于太空交通管理的中央数据提供方，而不是要求每个国家直接为各自的太空作业提供信息[55]。这个数据共享中心[56]负责从太空态势感知实体和运营商那里收集观测数据和运行数据，然后将太空活动必需的信息提供给牵涉到太空交通的运营商。交换中心可遵照数据提供方的请求删除或隐藏敏感信息和数据（如涉及国家安全的信息和数据）。目前，仅有美国和俄罗斯的军方能够提供太空态势感知所需的综合性信息和数据，不过其他国家（如澳大利亚、中国、法国、德国、日本）的有限能力也可以用以提升数据精度。一开始可由相关国家自愿提供数据，但是最终这项工作必须变成法律义务，以确保让所有太空探索国家在公平的基础上实现持续的数据收集。这需要签订新的国际条约，强制各国履行这些义务。

第二个要解决的问题是在制定各国履行强制义务的制度之后，需要成立争议解决组织，负责根据最新版的《外空法典》解决责任和追责方面的问题。成立一个具有法律主体性质的超国家司法组织（该组织的权限十分有限，如空间法的国际主体），可能会产生一套高效的法律制度[57]。新的法律渊源已经出现，这一事实不容忽视[58]，而且已经超越了各国政府之间的常规国际性谈判程序。在空间法的特定范畴内，可以发现除了国际法院

---

[53] Convention on International Civil Aviation，7 December 1944，15 UNTS 295，ICAO Doc 7300/6 (entered into force 4 April 1947)，Art. 1，URL：http：//www. icao. int/publications/Documents/7300 _ orig. pdf.

[54] Treaty on Principles Governing the Activities of States in the Exploration and Use of Outer Space，Including the Moon and Other Celestial Bodies，27 January 1967，610 UNTS 205，18 UST 2410，TIAS No 6347，6 ILM 386 (entered into force on 10 October 1967)，rt. 2，URL：http：//www. unoosa. org/pdf/gares/ARES _ 21 _ 2222E. pdf.

[55] Yu Takeuchi，op. cit.，note 40，pp. 52 – 53.

[56] Ibidem.

[57] Marie – Anne Frison – Roche，"Le droit，source et forme de régulation mondiale"，in Jacquet Pierre，Pisani – Ferry Jean，Tubiana Laurence (eds)，Gouvernance mondiale，（Rapport du conseil d'Analyse économique n°37，La documentation française，2010) p. 313.

[58] 例如，在企业倡议下制定国际私法，以及世界贸易组织（WTO）争端解决机构（DSB）成立之后公共国际法纷纷涌现。

(ICJ)，没有任何国际性管辖组织有资格解决太空相关的争议。成立一个专门的超国家司法组织是一种具有足够灵活性的手段，它可以酌情制定各种标准，以适应日新月异的空间技术和活动。这个司法组织可由专业法官主持，但是允许非国家成员组织（如私营公司）将案件呈交给法庭。此外，考虑到太空活动数量的增加必将伴随争议数量的增加，因此成立这样一个司法组织势在必行。然而，国际法院没有能力受理数量可能十分庞大的案件。成立一个太空相关的司法组织（即便不是空间碎片相关的法院），可以更为高效地管理法律诉讼，且可通过法律体系实现空间法主体的扩张。

1968 年，在维也纳召开的第一次外空会议首次提出“世界空间组织”（World Space Organization）的理念，随后延迟到 1982 年（第二次外空会议）。在 1999 年的第三次外空会议中，这个议题再次出现。当时希腊代表团的代表人 M. 瓦西里亚・卡萨波格鲁指出这样一个事实，国际组织已经越来越难以有效控制太空活动和太空探索，且这种情况几乎可以被称为“全球新殖民主义”[59]。西蒙娜・库尔泰女士支持成立世界空间组织[60]。各国可参与成立这个组织，且可通过这个组织继续开展合作，以确立长远目标。CERDE 已经确认在一些领域和主题方面确实需要成立这样一个组织，例如，实施一些可能有利于发展中国家的发射服务项目（技术转让，创立太空数据库，或者专业人员培训），以及协调和控制发射到太空中的数量多得令人担忧的物体[61]。

此外，在外层空间资源勘探的发展过程中[62]，“绿洲”项目中提出建立太空港网络基础设施，从而在长期内实现火星上资源的勘探。该项目的第一步是在近地轨道上建立一个“节点”，此节点能够提供轨道内服务（补充推进剂、修复等），由国际太空港管理局（ISPA）管辖，并通过太空港公司（SCP）提供服务。国际太空港管理局是一种公私合营（PPP）组织，类似于法国的阿里安航天公司；太空港公司的成员国即为其股东[63]。此管理局能够履行上文所述的世界空间组织的职能。然而，成立一个公私合营的国际太空港管理局却有一定困难：阿里安航天公司的先例确实值得借鉴，但是也不要忘了欧盟曾经尝试建立公私合营的伽利略全球导航卫星系统时拿不出足够的资金，而且由于后续谈判中的各种分歧而使计划迟缓不前[64]。

成立这样一个组织必然会遇到各种困难，原因是这类项目通常由单个国家创立，而且这类活动可能牵涉重要的经济利益和行业利益，也会牵涉国家安全。鉴于这些因素，截至

---

[59] Juan Manuel de Farimiñan Gilbert et Claudio Zanghi，“L'organisation mondial de l'Espace，un défi oublié?”，in Armel KERREST，L'adaptation du droit de l'espace à ses nouveaux défis，A. Pedone，2007，318 p.

[60] Ibidem.

[61] Ibidem.

[62] Clegg et al.，ISU Team OASIS（September 2012）Operations and Service Infrastructure for Space. Team Project：Spaceports，Final Report Edition，SSPI2，Strasbourg，France，International Space University（ISU），105 pages.

[63] Mueller et al.，“Effective Utilization of Resources and Infrastructure for a Spaceport Network Architecture”，American Institute of Aeronautics and Astronautics，2012，26 p.，p. 15. URL：https：// ntrs. nasa. gov/archive/nasa/casi. ntrs. nasa. gov/20120003443. pdf. .

[64] Martin Caudron，“Galileo：Le Partenariat Public - Privé à l'Épreuve du Juste Retour”，Bruges Political Research Papers/Cahiers de recherche politique de Bruges，No 11/février 2010.

目前各个国家都很不愿意参与这个领域的大规模合作，而是更偏爱订立范围有限的国际性协议。出于这些原因，如今似乎应将注意力集中在当代和未来的空间合作形式，以及它们对国内和国际空间法造成的影响。

1.6 结论

本章结束时，应再次注意：联合国的太空相关条约确立的《外空法典》存在法律漏洞。在这些条约谈判期间这些问题尚未出现，然而近几年电信行业的发展以及外层空间探索和开发的新前景（太空旅游、深空采矿等）揭示了各国在第一轮太空竞赛中留下的各种缺口，以及更新国际空间法的必要性。因此，今后太空交通量和空间碎片数量增加的问题必须以有效的方式予以解决，最好由所有的太空探索国家参与，因为前文已经证明存在国际合作的义务。国家规定截至目前一直是起作用的，而且至少在几年内对特定问题可能仍然是有效的，然而最好签订国际性条约来解决单个国家无法解决的那些问题，例如，需要确保地球轨道的可持续性，并将外层空间变成整体上更为安全的环境以开展太空业务。

作者简介

瓦朗坦·德格朗热是一名法学博士生，专攻公共国际法和空间法。他曾在里昂第三大学就学，并在该校获得公法学士学位以及公共国际法硕士学位。此外，他是欧洲空间法中心的成员。瓦朗坦的硕士论文的主题是欧盟在伽利略计划中的责任和追责。他目前正在撰写的一篇论文是关于太空活动中的国际合作问题。电子邮箱：valentin. degrange@hotmail. fr.

第 2 章　空间碎片主动移除的争端解决

瓦伦蒂娜·纳尔多内*

摘要：鉴于目前不存在专门用于碎片主动移除领域的争端解决的文件，因此各国和/或私营实体可利用国际法中现有的争端解决机制，如外交手段或裁决方法。仔细考量现有机制的优点和弊端之后，本章主张成立专业的国际政府组织，负责开发和经营碎片主动移除技术，并同时成立专业的机构或法庭，对碎片主动移除相关争端行使强制管辖权。

2.1　引言

碎片主动移除（ADR）是众所周知的制度之一，旨在移除已经围绕地球轨道运转的碎片，以清洁外层空间环境。与之相反，缓解措施旨在减缓新的空间碎片的产生速度。目前世界各国的航天局正在精心策划碎片主动移除项目，旨在采取预防措施，防止空间物体和空间碎片之间的碰撞在外层空间和地球上造成灾难性后果[①]。在这个意义上，碎片主动移除策略是一种意义重大的工具，旨在确保外层空间的畅通、安全和可持续性[②]。

更确切地说，根据新型环境保护理念，碎片主动移除策略以多种方式维系外层空间的可持续性。第一，从短期来看，逐步移除轨道上的危险碎片会增强卫星运营商的信心，确保他们提供的服务不会出现中断或故障；第二，从长期来看，此措施有助于确保未来若干代人仍然可使用外层空间，保证其有效的可持续利用。

碎片主动移除远远不是一个单纯的技术问题，其中牵涉到经济、政策和法律问题，因此必须采用多学科的手段。本章将探讨争端解决这一法律问题。碎片主动移除是一项十分危险且复杂的活动，因此涉事行为体之间很容易出现意见分歧，包括国家和私营实体。事实上，除了航天局和政府这类公共机构，私营实体也会参与这种全新的活动，因为这种活动被视为极具吸引力的商业机遇。由于这个原因，尤其有必要了解当前适用于碎片主动移除事务相关争端的解决机制，并评估这些机制的可用性和效率。

---

* 瓦伦蒂娜·纳尔多内（Valentina Nardone）（✉）
罗马大学政治学系，意大利罗马

A. Froehlich（ed.），Space Security and Legal Aspects of Active Debris Removal，Studies in Space Policy 16，https：//doi.org/10.1007/978－3－319－90338－5_2

① 关于预防原则在外层空间环境应用的技术探讨，参见 O. de Oliveira Bittencourt Neto. Preserving the Outer Space Environment：The “Precautionary Principle” Approach to Space Debris，in Proceedings of the International Institute of Space Law，The Hague，2013，p. 341 ss。

② 关于太空可持续性的更多分析，参见 R. A. Williamson. Assuring the sustainability of space activities，in Space policy，2012，p. 154 ss。

此外，鉴于太空领域的主要特性，这类机制极其重要，原因是它们的存在有助于创立必要时可以采用的更为清晰的制度，从而最大限度减小那些可能极其危险的应对措施所带来的风险。在这个意义上，争端解决机制是碎片主动移除策略的不可或缺的组成部分，而且经必要的修正之后，这类机制可用以确保外层空间活动的畅通、安全和可持续性。

鉴于碎片主动移除活动发生的区域属于国际公域，且参与其中的行为体可能来自多个国家，因此最适合于探讨此问题的角度应该是国际法角度。由于欠缺专门的法律文件，因此在碎片主动移除机制背景下得出关于争端解决的结论之前，下文将探讨国际（空间）法的现有争端解决机制的适用性，指明其中的某些关键点；然后提出成立专业的碎片主动移除国际政府组织（IGO）③，继而最终证明该组织必须具备强制性争端解决的专业能力。

2.2 现有机制及其可用性

在详细论述之前，应先说明一点：本章中的分析主要专注于相关机制的可用性。换言之，国际（空间）法中现有的争端解决机制是根据其各自的适用范围来分类的，即这类机制是仅适用于国家，还是同时适用于私营实体。

2.2.1 跨国诉讼

众所周知，空间法迄今为止几乎从未关注争端解决。现在已经有五大国际性条约对出于和平目的的外层空间探索和利用构成具有约束力的法律体制④，但是其中仅有一项条约明确针对空间物体在外层空间和地球上造成的损伤的补偿提出了程序性规定。事实上，1972 年《责任公约》已经提出一种可能性，即在无法通过直接谈判解决争端的情况下，设立一个专门的组织（即“索赔委员会”）。这条规定是一个重大进步，但是其实际意义却大打折扣，因为索赔委员会的决定是建议性质的，也就是其决定对于索赔争端中的涉事方没有约束力⑤。

姑且不论责任问题（一般而言，太空活动相关争端中并非总是牵涉责任问题和碎片主动移除问题）⑥，这些太空相关条约甚至没有明确规定争端解决的手段。不过，1967 年的

---

③ 此观点最近被提出：W. Munters，J. Wouters，The road not yet taken for defusing conflicts in active debris removal：a multilateral organization，Working Paper n° 183，May 2017，网址 https：//ghum. kuleuven. be/ggs/publications/working _ papers/2017/wp183munters. pdf（访问时间为 2017 年 11 月 23 日）。

④ Treaty on Principles governing the Activities of States in the Exploration and Use of Outer Space，including the Moon and Other Celestial Bodies，610 UNTS 205（1967）（Outer Space Treaty）；Agreement on the Rescue of Astronauts，the Return of Astronauts and the Return of Objects Launched into Outer Space，672 UNTS 119（1968）；Convention on International Liability for Damage Caused by Space Objects，961 UNTS 187（1971）；Convention on Registration of Objects Launched into Outer Space，1023 UNTS 15（1975）；Agreement Governing the Activities of States on the Moon and Other Celestial Bodies，1363 UNTS 3（1979）.

⑤ 关于空间法中争端解决办法的更详细概述，参见 M. Williams，Dispute resolution regarding space activities，in F. Von Der Dunk，F. Tronchetti（eds.），Handbook of space law，Cheltenham，2015，p. 995 ss。

⑥ 关于更多的空间碎片责任信息，参见 H. Kazemi，A. A. Golroo，H. Mahmoudi，Liability for Space Debris in the Framework of Private International Space Law，in Proceedings of the International Institute of Space Law，The Hague，2013，p. 367 ss。

《外层空间条约》（OST）包含一条十分重要的规定，其中阐释了国际法和联合国宪章之于外层空间领域的适用性。除了第 1.2 条[⑦]，《外层空间条约》中第三条也涉及国际法："本条约的成员国实施的外层空间（包括月球和其他天体）探索和利用活动应符合国际法，包括《联合国宪章》，以维护国际和平与安全，并促进国际合作与谅解（特别强调）。"

前文已经说过，这一条款意味着适用于外层空间的国际法"不仅包括国际法中长期以来约定俗成的规则——如诚信原则和有约必守原则，而且包括国际法中明确规定的且写入《联合国宪章》的原则。具体实例包括各个国家的主权平等，不干涉原则，以及……和平解决国际争端（特别强调）"[⑧]。

有两个重要事实可证明这一论点。一方面，空间法不是国际法中自成体系的制度[⑨]。另一方面，近几年提出的一些倡议旨在促进外层空间活动的透明性和信任建立，这再次强调了和平解决争端原则的重要性：例如，欧盟推行的《外层空间活动国际行为准则草案》的序言中的第 12 条呼吁用户国家重申"通过和平手段解决外层空间活动相关争端的承诺"。毕竟，某些知名学者指出，和平解决国际争端的义务已经构成国际习惯法，这是禁止武力威胁或使用武力的必然结果[⑩]。

鉴于上文所述因素，针对外层空间相关争端和平解决制定的且已经生效的国际规则也必定适用于碎片主动移除相关争端。更为确切地说，根据《联合国宪章》第 33 条规定，碎片主动移除活动相关争端的涉事国可在相互同意的情况下自由选择动用两种解决机制[⑪]。

一方面，涉事国可诉诸谈判、调查、仲裁、调解或斡旋，这些手段共同称之为"争端解决外交手段"，其中仅仅涉及争端的涉事方，或者引入某个中立的第三方，协助涉事方查明事实并/或找出解决方案。这些手段本质上不具有约束力，且针对争端解决提出的提案也不具有强制性。鉴于太空资产和卫星的相关信息属于敏感信息，因此各国更倾向于使用外交手段——很可能是谈判，从而能够确保相关信息保持机密。俄罗斯和加拿大在"宇

⑦ 《外层空间条约》第 1.2 条陈述如下："2. 根据平等原则并依据国际法，所有国家应有权自由探索和利用外层空间——包括月球和其他天体，不得存在任何形式的歧视，且应自由出入天体的一切区域。"

⑧ O. Ribbelink, Article III of the Outer Space Treaty, in S. Hobe, B. Schmidt - Tedd, K. - U. Schrogl (eds.), Cologne Commentary on Space Law. Volume 1: Outer Space Treaty, Köln, 2009, p. 67. 专门谈论《联合国宪章》的那位作者强调："毋庸置疑，《联合国宪章》的很大一部分适用于外层空间中的人类活动。其中包括第六章第 33～38 条规定的关于'和平解决争端'的义务。"

⑨ 在 S. S. 温布尔登案（常设国际法院于 1923 年 8 月 17 日审理的 S. S. 温布尔登案是布列塔尼、法国、意大利和日本诉讼德国的一起案件，波兰是调停方）判决之后，"自成体系（self - contained）"一词进入国际法，常设国际法院（PCIJ）正式采用这个词；首次完整引述"自成体系的制度"一词的案件是国际法院（ICJ）审理的"德黑兰人质"案件（国际法院于 1980 年 5 月 24 日审理的案件，涉及驻德黑兰美国外交人员和领事人员，美国诉讼伊朗）。在这起著名的案件中，国际法院认定外交法适用的规则构成自成体系的制度且具有自主权，不需要引用国际法委员会专项草案中写明的关于国家责任的规定。然而，该法院未能界定该等制度的主要特点，而由法律学者们解答这一问题。关于国际法中"自成体系的制度"的权威解释，参见 B. Simma, D. Pulkowski, Of Planets and the Universe: Self - contained Regimes in International Law, in European Journal of International Law, 2006, pp. 483 - 529。

⑩ A. Cassese, Diritto internazionale, Bologna, 2006, p. 316 ss.

⑪ 关于国际法律体系处理太空相关事务的完整概述，参见 M. Hofmann, Space Activities in the Jurisprudence of International Dispute Settlement Institutions, in Proceedings of the International Institute of Space Law, The Hague, 2014, p. 745 ss。

宙 954”案件中正是决定采用这种方式。

另一方面，涉事国可自由选择诉诸裁决方法来解决争端，即仲裁或司法解决。在这种情况下，涉事的第三方即为正式的仲裁方（仲裁人团）或法庭；同时，最终裁决中给出的解决方案对于争端的涉事方具有约束力。

只要采用司法手段，我们就不要忘了国际法院（ICJ）在空间法的解读中所发挥的重要作用，此外可能还需要设立临时的专业议院以解决特殊的或技术性的案件[12]。然而，国际法院作为解决争端的主要组织，其在碎片主动移除相关事务中可能发挥的职能会因两个重大因素而受到妨害。第一，没有任何太空相关条约写明管辖权条款为国际法院赋予强制管辖权，即其中没有这样的规定：如果涉事方就该等条约的解读存在争端，则可将争端呈交给国际法院[13]。第二，没有任何一个太空探索国家认可《国际法院规约》第 36（2）条中为国际法院赋予的强制管辖权[14]。在更普遍的意义上，这些因素限制了国际法院在空间法方面可能发挥的职能[15]。

而仲裁案件则不同。由于 2011 年《常设仲裁法院外层空间规则》已经生效，局面可能会大有改观。然而，鉴于这套规则对于参与太空活动的私营实体而言十分重要，2.2.2 节中会进行论述。

2.2.2 私营实体的地位

国际法中本来就不存在专门适用于太空活动的相关强制性争端解决机制，而另一个事实又让这种不利局面雪上加霜：国际法历来提供的且可灵活适用于碎片主动移除相关争端的解决手段却不准私营实体使用——国际法庭上的出庭资格仅仅留给国际法的主体，即国家和国际政府组织[16]。事实上，“这种现状会加剧那种不确定环境，可能使那些有志于参与太空活动的私人投资者和私营公司望而却步”[17]。

---

[12] 《国际法院规约》第 26 条陈述如下：“1. 本法院可随时成立由三名或更多名法官组成的议院，具体人数由本法院定夺，负责处理特殊类别的案件；如劳工案件以及牵涉交通与通信的案件。2. 本法院可随时成立一个议院，负责解决特定案件。组成该议院的法官人数应由本法院定夺，且须经过涉事方批准。3. 若当事方提出请求，则案件应由本条款中规定的议院审理并判决。”

[13] 《国际法院规约》（以下简称《规约》）第 36 条陈述如下：“1. 本法院的管辖权涵盖涉事方呈递给本法院的一切案件，以及《联合国宪章》或者当前有效的条约和公约中明文规定的一切事务。2. 在与认同该等相同义务的其他国家交涉时，当前《规约》的成员国可随时根据事实本身，在不签订特殊协议的情况下，宣告其认可本法院在下述事项的所有相关争端中拥有的管辖权：条约的解读；国际法相关的任何疑问；确认存在任何违反国际义务的事实；违反国际义务后的补救措施的性质或范围；3. 上文所述的宣告可无条件做出，或者由若干国家或某些国家遵照互惠原则做出，或者在特定时间做出。4. 该等宣告应呈交给联合国秘书长，且秘书长应将该等宣告的副本转交给《规约》的成员国以及本法院的司法常务官。5. 在当前《规约》的成员国之间，一旦遵照《常设国际法院规约》第 36 条做出该等宣告且该等宣告仍然有效，则在该等宣告的有效期内，各方应遵照该等宣告的条款接受国际法院的强制管辖。6. 若出现争端，无法决定本法院是否拥有管辖权，则应由本法院做出裁定，解决该等事务。”

[14] Cfr. supra.

[15] 关于技术讨论，参见 G. M. Goh，Dispute Settlement in International Space Law. A Multi - Door Courthouse for Outer Space，Leiden - Boston，2007，pp. 130 - 133。

[16] 其中的重要例外项是人权法院和法庭。

[17] F. Tronchetti，Fundamentals of Space Law and Policy，New York Heidelberg Dordrecht London，2013，p. 48.

此外，由于外层空间活动逐步实现商业化，私营实体已经不可否认地成为太空领域的核心实体；这种趋势已经动摇了《外空法典》迄今为止赖以存在的、以国家为中心的典型体制，而且已证明确实有必要建立更先进的争端解决机制⑱。

正如当初的预期，常设仲裁法院行政委员会于 2011 年 12 月 6 日颁行的《外层空间活动相关争端任择仲裁规则》（以下简称《外层空间规则》）实施后，私营实体如今终于有机会使用国际争端解决的手段。

毕竟，常设仲裁法院当初决定开始研究争端解决适用的专设规则的可行性，其主要原因之一就是因为当时参与太空活动的所有涉事方都缺乏有效的手段来解决太空领域的争端。当《外层空间规则》颁行之时，负责编制随附报告的那个顾问组已经解释过，国际空间法中的一大缺陷就在于各项规范无法适应太空行业的新局面，这种新局面体现在三个方面：私有化、商业化、国际化。更确切地说，现有的争端解决规则和机制的适用范围实在太过局限，这才是最大的缺陷。况且，多年以前国际法协会（ILA）就已经指出这种短板，该协会在 20 世纪八九十年代曾尝试编制关于太空行业争端解决的公约草案⑲。

尽管对这些规则的全面审视超出了本章分析的范畴⑳，但还是有必要总结这些规则的关键点。

第一，这些规则在本质上是自愿执行的：这意味着《外层空间规则》并不是针对争端解决的强制性机制，且争端的涉事方可自由选择将争端呈交给常设仲裁法院或不这样做，除非各方先前已经决定在合同或国际性条约中写明强制性条款，强制履行争端解决方面的

---

⑱ 关于空间碎片补救中私营实体参与的更详细讨论，参见 S. Kozuka，M. Uchitomi，H. Kishindo，The International Regime for Space Debris Remediation in Light of Commercialized Space Activities，Proceedings of the International Institute of Space Law，The Hague，2013，p. 395 ss。

⑲ 指的是《解决空间法争端公约》（1984 年）及其修订版《解决与太空活动有关争端公约》（1998 年）。关于文本，分别参见 ILA Report of the Sixty - First Conference，Paris，1984，pp. 325 - 355，and ILA Report of the Sixty Eighth Conference，Taipei，1998，pp. 239 - 275。

⑳ 关于本文件的更多分析，另参见 C. Arbaugh，Gravitating Toward Sensible Resolution：The PCA Optional Rules for the Arbitration of Disputes relating to Outer Space Activities，in Georgia Journal of International and Comparative Law，p. 848 ss. ；G. J. Duberti. Optional Rules for Arbitration of Disputes Relating to Outer Space Activities Permanent Court of Arbitration（PCA）. An Excellent Opportunity for Progressive Development of Space Law，in Proceeding of the International Institute of Space Law，The Hague，2013，p. 143 ss. ；C. Guzman Gomez. The Optional Rules of Arbitration of Disputes Relating to Outer Space Activities of the Permanent Court of Arbitration，a Real Option for the Solution of Conflicts in Space Matters?，in Proceedings of the International Institute of Space Law，The Hague，2012，p. 756 ss；F. Pocar. An Introduction to the PCA's Optional Rules for Arbitration of Disputes relating to Outer Space Activities，in Journal of Space Law，2012，p. 185 ss. ；F. Tronchetti. The PCA Rules for dispute settlement in outer space：A significant step forward，in Space Policy，2013，p. 181 ss. ；L. Viikari. Towards More Effective Settlement of Disputes in the Space Sector，in Lapland Law Review，2011，p. 226 ss。关于常设仲裁法院任择仲裁规则针对卫星服务的有效性的更多技术讨论，参见 A. Loukakis. The New HPCA's Optional Rules for Arbitration and Their Relevance to Dispute Arising From Erroneous Navigational Signals，in Proceedings of the International Institute of Space Law，The Hague，2014，p. 53 ss. ；Macedo Scavuzzi Dos Dantos. The PCA's Optional Rules for the Arbitration of Disputes Relating to Outer Space Activities and Dispute Resolution in the ITU Regulatory System，in Proceeding of the International Institute of Space Law，The Hague，2013，p. 157 ss. ；F. Von Der Dunk. About the New PCA Rules and their Application to Satellite Communication Disputes，in M. Hofmann（ed.），Dispute resolutions in satellite communications and space law，Baden - Baden，2015，p. 118 ss。

义务。第二，仲裁方（或仲裁人团）依据任择议定书中写明的规则做出的裁决对于涉事方具有约束力。第三，仲裁是一种灵活的机制，由涉事各方决定哪些法律适用[21]。

此外，这套机制的优点在于它保护了相关信息的机密性，因为仲裁决定不会公之于众，除非协议另有规定。出于安全顾虑，这一特点尤为重要：各国通常不愿意分享他们的牵涉太空资产的敏感信息，原因是这类资产通常具有双重用途。私营企业也必然会对太空资产的数据保密，如为了保护知识产权而保密。另一个不容忽视的要素就是《常设仲裁法院外层空间规则》充分考虑了太空活动的技术性质，且承认必须由专业人士在仲裁程序中提供法律和技术方面的协助。因此，第 10（4）条规定常设仲裁法院秘书长为了协助各方任命仲裁员，会提供一份名单，其中的人员具有太空相关法律事务方面的专业知识。同样，第 29（7）条提及拥有科学或技术专业知识的专业人士的名单。

鉴于上文所述特性，《常设仲裁法院外层空间规则》似乎是适用于碎片主动移除相关争端解决的有效文件。不过，这些规则是否能成功应用于碎片主动移除活动，取决于这些规则的整体效用。权威人士已经明确指出："这些规则的成功应用完全取决于它们能在多大程度上搏得国际社会的信心。"[22] 认为这些规则可成功推行的主要论点强调两个方面：一方面，在法律确定性原则的推动下，常设仲裁法院任择仲裁规则可成功促进国际空间法的发展；另一方面，我们预期《外层空间规则》会像常设仲裁法院制定的其他专用规则以及联合国国际贸易法委员会仲裁规则那样成功推行[23]。

然而，这套规则颁布 6 年多之后，没有任何证据能表明其得到了切实践行，国际法协会空间法委员会在 2016 年约翰内斯堡会议上已经指出这一点[24]。此外，2015 年的常设仲

㉑ 《常设仲裁法院外层空间规则》第 35 条："1. 在解决争端时，仲裁法庭应采用涉事方根据争端内容指定的法律或法律中的规则。若涉事方未能指定该等法律或规则，则仲裁法庭应采用其认为适用的国家和/或国际法律和规则。2. 只有在涉事方明确授权仲裁法庭的情况下，仲裁法庭方可作为友好调解人按公平合理的原则做出裁决。3. 在一切情况下，仲裁法庭应遵照合同条款（如有）做出裁决，且应考虑任何适用于当前案件的交易手段。"

㉒ F. Pocar, An Introduction to the PCA's Optional Rules for Arbitration of Disputes relating to Outer Space Activities, in Journal of Space Law, 2012, p. 185 ss.

㉓ 此外，巴西和阿根廷似乎正在商讨一项协议，其中包含一条明确涉及《外层空间规则》的仲裁条款。显然，欧洲空间局也宣布其愿意在未来的合同中添加类似的条款。在这方面，参见 F. Tronchetti, The PCA Rules for dispute settlement in outer space: A significant step forward, in Space Policy, 2013, p. 187。一名法律学者认为国际电信联盟可能做出同样的选择："最终，这些规则可在国际电信联盟的监管制度内以两种方式轻松实施：（1）直接实施，即修改国际电信联盟的文件以包含这些规则，以任择或强制方式采用这些规则；（2）间接实施，其中国家和卫星服务运营商可在其服务协议、租约或合同中写明特定条款，强制要求采用常设仲裁法院的太空规则，以解决外层空间中的活动产生的冲突。"参见 J. Macedo Scavuzzi Dos Dantos, The PCA's Optional Rules for the Arbitration of Disputes Relating to Outer Space Activities and Dispute Resolution in the ITU Regulatory System, in Proceeding of the International Institute of Space Law, The Hague, 2013, p. 174。

㉔ 这次大会的结语是关于争端解决，"主席指出，极其难以证实一种普遍的负面效果，而对于常设仲裁法院规则的适用则更是如此。因此我们应当继续探讨这些规则是否真正生效，也就是说，迄今为止这些规则是否曾在世界上的任何地方被采用过——无论结果是好是坏。根据 Masson - Zwaan 的建议，常设仲裁法院有助于这项事业。（事实上，主席曾就这套规则的应用情况询问过常设仲裁法院的官员们，而他们的回答是否定的）。她也认为我们应当接洽欧洲空间局这类机构以及私营公司，为他们提供更多关于这套规则的信息，尤其是能让这些规则适应当前实际情况的那些积极要素。这符合弗里兰和马博的建议，即继续审视常设仲裁法院规则在某些案例中的优点和弊端。因此建议在未来的两年期内继续推动我们在这项事务中的事业。"

裁法院年度报告曾简短提及《外层空间规则》，继而证实：在过去多年里，常设仲裁法院发现在外层空间活动领域，由投资方所在国执行仲裁的案例越来越多，其中提及的案例涉及许可证的签发、批准和吊销，所谓的国有化，以及卫星通信行业中的税务重估。其中一个待决案件涉及一项针对印度发起的双边投资条约申诉，具体是关于分配给卫星通信的 S 频段频谱㉕。但值得强调的是，尽管这个案件牵涉太空活动，但是涉事方请求采用联合国国际贸易法委员会仲裁规则。因此，将来的最终结果将表明这个案件是否能证明《外层空间规则》的缺陷，抑或表明各个国家和私营实体更倾向于动用其他那些公认具有实效的程序性规则㉖。

2.2.3　仍未解决的问题

可以肯定地说，各个国家和私营实体可动用某些国际性机制来解决碎片主动移除涉及的争端，但其他一些问题仍未得到解决。

不必赘言，第一个要解决的问题就是适用法律方面的难题。众所周知，国际空间法中不包含任何专门适用于空间碎片管理的条约。此外，甚至没有一个公认的法律定义来界定何为“空间碎片”，因此太空相关条约的适用性就成了问题，原因是人们还未一致决定是否将空间碎片纳入空间物体的定义。最后，必须为“空间碎片”赋予详细的法律定义，如此才能明确识别须移除的物体，并切实制定一套更为精确的制度来有效管理碎片主动移除作业并解决太空相关争端。

此外还出现了其他问题，如管辖与控制原则的解读，以及登记国的权利与义务。

不过，最终需要某个国际法庭根据碎片主动移除的特性来解读空间法并做出裁定，以此作为权威性的解读——无论这种解读是否赞同法律学者们迄今为止表达的观点。况且，人们对这些问题尚未达成共识，这意味着人们很容易因为太空相关条约的解读以及这些条

㉕ CC/Devas (Mauritius) Ltd.，Devas Employees Mauritius Private Limited，and Telcom Devas Mauritius Limited v. The Republic of India.

㉖ 为了推广这份新文件，常设仲裁法院正在举办很多宣传性质的会议，甚至与重要机构开展合作。2015 年的报告指出：“在 2015 年，常设仲裁法院继续接洽空间法领域内的行业代表人士、从业者和学术人士。在国际律师协会召开的维也纳年度会议上，国际律师协会的空间法委员会、通信法委员会和仲裁委员会共同举办了一次座谈会，高级法律顾问朱迪思莱文担任联合主持人，会议主题是仲裁在有效解决各种太空相关争端方面的适宜性。此外在 2015 年，欧洲空间局出席了常设仲裁法院召开的关于政府间机构的信息研讨会，焦点在于常设仲裁法院的争端解决服务。”

约在碎片主动移除方面的应用而产生争端[27]。

2.3 未来的道路

从当前现状（这种现状绝对可以改进）出发，我们不妨推测一下将来会采取何种最优的可行解决方案来制定高效的制度以管理碎片主动移除活动，并最终制定相应机制以解决争端。

本节将具体论述前不久提出的一项提案，即成立一个国际政府组织，负责开发和经营碎片主动移除技术，即国际碎片主动移除组织（ADRO）[28]。

本章作者深知，要想成立这样一个新的专业化国际政府组织，则必将开展漫长的、在政治上阻碍重重的多边谈判。毕竟，人们不容易对太空相关议题达成共识，从国际空间法的发展历程就能看出这一点：五大太空相关条约在很久以前就已签订，且后续的规范性文件永远是以没有法律约束力的软法律文件形式出现，而国际关系在不断变化，参与的行为体也是千变万化的。不过考虑到要确立新的范式，因而成立这样一个组织是最佳办法。

该组织的倡导者认为[29]，碎片主动移除组织可促进和平合作并减少多边干涉，从而促使各个国家和利益相关方打破当前的法律困局。具体而言，碎片主动移除组织可逐渐达成下述效果：

1）填补现有国际空间法中关于空间碎片的法律空白；2）分担成本和责任；3）激起新一轮讨论，并绕过相关讨论会中的政治僵局；4）在新兴的、充满不确定性的太空活动领域中构成制度化的透明性和信任建立措施，而最重要的意义也许就在于此；5）为了人类福祉，促成空间碎片环境快速改善[30]。

在这个意义上，碎片主动移除组织可解决上文所述的大多数难题。具体而言，此组织

---

[27] 下列研究论文包含更多对碎片主动移除相关的法律问题的详细分析：J. Chatterjee，Legal Issues Relating to Unauthorized Space Debris Remediation，in Proceedings of the International Institute of Space Law，The Hague，2014，p. 13 ss.；M. K. Force. Legal Implications of Debris Removal，in Proceedings of the International Institute of Space Law，The Hague，2012，p. 727 ss.；M. K. Force，When the Nature and Duration of Space Becomes Appropriation："Use" as a Legal Predicate for a State's Objection to Active Debris Removal，in Proceedings of the International Institute of Space Law，The Hague，2013，p. 405 ss.；V. Gopalakrishnan，M. Y. S. Prasad，Space Debris Remediation - Common but Differentiated Responsibility，in Proceedings of the international Institute of Space Law，The Hague，2013，p. 379 ss.；O. S. Stelmakh，Space Debris - Emerging Challenges，Common Concern and Shared Responsibility：Legal Consideration and Directions towards Secure and Sustainable Space Environment，in Proceedings of the International Institute of Space Law，The Hague，2013，p. 353 ss. E. Vitt，Space Debris. Physical and Legal Considerations，in Space Policy，May 1989，p. 129 ss.；O. Volynskaya，G. Zhukov，Long - Term Sustainability of Space Activities versus Imminent Danger from Space：Is Space Law Ready to Meet the Challenge?，in Proceedings of the International Institute of Space Law，The Hague，2013，p. 359 ss。

[28] W. Munters，J. Wouters，The road not yet taken for defusing conflicts in active debris removal：a multilateral organization，Working Paper n° 183，May 2017，网址为 https：//ghum. kuleuven. be/ ggs/publications/working _ papers/2017/wp183munters. pdf（访问时间为 2017 年 11 月 23 日）。

[29] Cfr. supra.

[30] Cfr. supra，pp. 27 - 28.

可以一劳永逸地确立适用于碎片主动移除活动的法律。

成立碎片主动移除组织的提议所依据的主要思想（即国际政府组织在当今太空领域发挥的突出作用）得到本章作者的认同。本章作者前不久提议分析国际政府组织在外层空间活动领域实施透明性和信任建立措施方面所发挥的重要作用，尤其是国际电信联盟(ITU)[31]。

考虑到上述内容，我们相信成立碎片主动移除组织的提议可以添加其他要素，即成立一个专门的法庭或争端解决组织，对该组织的成员之间产生的碎片主动移除相关争端行使强制管辖权，且该组织不仅吸纳国家成员，也吸纳私营实体和利益相关方，正如同 1992/1994 年体制改革之后的国际电信联盟。在空间法领域已经频繁出现类似的提案，这是因为欠缺专业的法庭来解决太空相关事务[32]。

2.4　结论

本章的分析旨在全面回顾碎片主动移除问题背景下的争端解决机制，从公共国际法的角度分析，并始终强调当前不存在专门的法律文件。

根据当前机制的可用性对其加以分析。

在履行和平解决争端义务的前提下，涉事国可自由选择通过外交渠道或裁决方法来解决争端，包括全新的《常设仲裁法院外层空间规则》。针对争端解决的裁决方法是更优方法，因为这类方法可形成具有约束力的决定，而不像外交手段那样仅给出提议或建议。然而，一旦出现牵涉碎片主动移除的争端，各国可能优先选择政治解决方案，以保护太空资产信息的机密性。尽管如此，值得提醒的是现有的针对争端解决的裁决方法不具有强制性。

只要牵涉到私营实体，《常设仲裁法院外层空间规则》就成了唯一的途径。这套规则的效用尚未证实，不过它仍然是一份有效的文件，可写入未来的合同或条约中，作为强制性的争端解决条款。

考虑未来的最优解决方案时，我们赞成建立一个碎片主动移除组织，并配以专业的法庭或机构，对碎片主动移除相关争端行使强制管辖权。

㉛ V. Nardone, The Implementation of TCBMs in Outer Space Activities: from the OST Principles to the International Space Governance Action, in Proceedings of the International Institute of Space Law, 2017, (forthcoming). 据称，由于新的约束性条约的订立以及负责太空畅通、安全和可持续性的国际政府机构的成立面临种种困难，因此已经存在的国际政府机构可积极尝试修改透明性和信任建立措施或延长这些措施的有效期。相反，此处提出的思想是基于一种不同的假设，即成立一个新的专业化碎片主动移除机构，且这个机构能够打破碎片主动移除法律体制方面的法律困局。但是国际政府机构在外层空间活动管理中发挥的重要作用仍然不变。

㉜ 在这方面，参见 G. M. Goh, Dispute Settlement in International Space Law. A Multi - Door Courthouse for Outer Space, Leiden - Boston, 2007; V. Veshchunov, E. Morozova, Establishment of a Specialized Tribunal under the International Telecommunication Union to Adjudicate Disputes as a Means to Improve the Efficiency of the Management of the Radio Frequency Spectrum, in Proceedings of the International Institute of Space Law, The Hague, 2013, p. 151 ss。

作者简介

瓦伦蒂娜·纳尔多内拥有公法、比较法和国际法领域的博士学位。她的专攻领域为空间法和电信法，尤其是有害干扰、人权和庇护法的问题。她在这些领域都发表过文章。

第3章 空间碎片移除的管辖和控制问题

戈登·钟*

摘要：近几年来，太空探索国家毫无节制地产生空间碎片，已经让外层空间逐渐变成地球外的垃圾场。鉴于这一问题愈演愈烈，因此必须依照现有的国际空间法制度，由非登记国将空间碎片移除写入法律，以扭转碎片数量日益增多的趋势。《外层空间条约》（OST）第八条仅将空间物体的"管辖和控制权"授予"登记国"，然而这条管辖权条款中的三个特定要素值得注意，即将碎片定性为"空间物体"，"可识别"物体与"不可识别"物体之间的差别，以及授予的"管辖与控制权"的持续性。尤为重要的是，究竟授予的"管辖与控制权"是永久性赋予登记国，还是这种授权会随着有效的物理控制结束而失效。本章建议必须平衡《外层空间条约》的条款（尤其是第一条和第九条，因为这两条似乎赞同后一种观点）与最终确立的需求层次，从而能够依据现代空间法优先解决各国之间的利益冲突。

3.1 引言

在过去几十年里，空间碎片一直是与太空活动关联的一项十分突出的环境问题[①]。在20世纪90年代末期，太空运输联合会（STA）和美国国家航空航天局开展了一项联合研究，其中对空间碎片可能发生的碰撞表示担忧[②]。事实上，科幻作品中想象的东西正在变成现实：在两次产生大量碎片的解体事件之后[③]，2012年7月官方统计中记录了超过5 500块碎片颗粒[④]。鉴于不存在任何用以管理空间碎片的约束性国际规范[⑤]，因此在人类目前

* 戈登·钟（Gordon Chung）（✉）
剑桥大学，英国剑桥

A. Froehlich（ed.），Space Security and Legal Aspects of Active Debris Removal，Studies in Space Policy 16，https：//doi. org/10. 1007/978－3－319－90338－5＿3

① Lotta Viikari，Environmental Aspects of Space Activities，in handbook of space law 719（Frans von der Dunk ed. 2015）.

② Daniel O'Neil et al.，General Public Space Travel and Tourism，vol. 2，Workshop Proceedings，NASA/CP－1999－209146，7－8，10，12－13（1999）.

③ 在2007年，中国执行了一项太空试验。两年后，发生了铱星－33与宇宙－2251卫星意外超高速相撞事件。

④ Viikari，supra note 1，721.

⑤ Fabio Tronchetti，Fundamentals of space law and policy20－21（2013）．机构间空间碎片协调委员会（IADC）于2002年制定了《空间碎片减缓指南》。正是依据这份文件，后来成为联合国和平利用外层空间委员会于2009年颁行了无法律约束力的指南文件。

生存的世界里，天空已经成为“天上的垃圾场”，其中包括数千个废弃的卫星或遗弃的空间物体[⑥]。需要指出的是，空间碎片的速度极快[⑦]，会危及太空资产，原因是它们给国际空间站、航天器以及其他运行中的空间物体造成严重的碰撞威胁[⑧]。此外，空间碎片也可能危及地球上的人——2008年，国际空间站投弃的一块冰箱那么大的早期氨水加注系统坠落在地球上[⑨]。

如今，鉴于空间碎片的数量日趋增多，因此制定空间碎片移除法律可提升太空安全。事实上，各项研究已经证实，必须具备移除现有空间碎片的能力，才能扭转地球轨道上存在的碎片数量日渐增加的趋势[⑩]。某些学者甚至进一步指出，减缓空间碎片已开始成为国际习惯法中的规范，特别是因为一些国家目前不断致力于减少碎片数量[⑪]。然而从法律角度来看，空间碎片移除或脱离轨道是否已成为现有国际空间法之下的法定行为[⑫]？首先要问的问题是，哪个国家在法律上有权移除空间碎片[⑬]。其实，要解答这个问题，首先必须理解当前空间法制度中“管辖与控制权”这个基本概念的性质。

3.2 第八条：国际空间法中“管辖与控制”基本条款的概述

最根本而言，《外层空间条约》（OST）第八条构成一项习惯法义务[⑭]，且明确规定在一段不确定的时期内，空间物体的“管辖与控制权”属于登记国[⑮⑯]。值得注意的是，这一表述起源于1963年《联合国宣言》第7段[⑰]，该条文十分精明地避免了提及地球外环境中的国家主权或国家领土权[⑱]。因此，《外层空间条约》明确禁止任何国家以宣示主权的方

---

⑥ Dirk C. Gibson，Commercial space tourism：impediments to industrial development 97（2012）. 另参见 David Ashford，Spaceflight Revolution 6，48，53，92，96，152（2002）。

⑦ 它们在地球轨道上的运行速度可达7 500 m/s。

⑧ Tronchetti，supra note 1，20.

⑨ Drik C. Gibson，Terrestrial and Extraterrestrial Space Dangers：Outer Space Perils，Rocket Risks and the Health Consequences of the Space Environment 41（2015）.

⑩ Alessandro Chiesa et al.，Enabling Technologies for Active Space Debris Removal：The Cadet Project，in Space Safety is no Accident：The 7th IAASS Conference 29（Tommaso Sgobba & Isabelle Rongier eds. 2015）.

⑪ 参见 Ram S. Jakhu & Joseph N. Pelton，Global Space Governance：An International Study 345 - 346（2017）；I. H. Ph. Diederiks - Verschoor & Vladimír Kopal，An Introduction to Space Law 9 - 10（2008）；Michael Lobban，Custom，Common Law Reasoning and the Law of Nations in the Nineteenth Century，in The Nature of Customary Law：Legal，Historical and Philosophical Perspective 274（Amanda Perreau - Saussine & James Bernard Murphy eds. 2007）。

⑫ Jakhu & Pelton，supra note 11，344.

⑬ Id，344.

⑭ Bin Cheng，Studies in international space law Ch7（1997）.

⑮ OST，art. Ⅷ.

⑯ Lotta Viikari，The environmental element in space law：assessing the present and charting the future 82（2007）.

⑰ Declaration of Legal Principles Governing the Activities of States in the Exploration and Use of Outer Space，annexed to the UNGA Resolution 1962（ⅩⅧ），7.

⑱ Bernhard Schmidt - Tedd & Stephan Mick，Article Ⅷ，in I Cologne Commentary on Space Law - Outer Space Treaty 520 - 521（Stephan Hobe，Bernhard Schmidt - Tedd & Kai - Uwe Schrogl eds. 2017）.

式占有外层空间[19]，可是国家仍然有权对其登记的空间物体行使主权[20]。还有一点值得注意，第八条甚至没有明确规定任何时间限制，即国家对其所登记的空间物体享有的管辖与控制权的持续时间没有限制。第八条作为一条基本规则，似乎是在暗示"任何国家无权出于正当理由遥控、转移或摧毁不受其管辖的空间物体，除非通过协议……"[21]

在专业术语当中，"管辖与控制"这一表述具有主权的含义[22]。第八条，"管辖与控制"应合为一体解读，而不应分开解读。学者加布里埃尔·拉费朗德里曾解释过这两个概念是不可分割的——"管辖意味着施加控制，控制必须以管辖权为基础"[23]。更确切地说，此处的"管辖"一词应理解为登记国对外层空间中的人员和物体行使"立法、行政和司法"的权力[24]。相比而言，"控制"则是指"对空间物体和人员拥有专属权利并对其活动予以实际监管"[25]，具体而言就是旨在"监控空间物体的技术状况"的活动[26]，从而允许国家履行其在《外层空间条约》第六条下承担的义务[27]。由于第八条施加了隐含的限制，因此如果某个国家或国家授权的行为体打算移除某个空间物体，则"只有在对该空间物体拥有管辖与控制权或事先征得登记国许可的情况下"才能合法地移除该物体[28]。如此就产生一个问题：在第八条的规定下，国家如何才有资格成为"登记国"，尤其是在空间碎片移除的背景下。

3.3　依据第八条对空间碎片拥有"管辖与控制权"的严格判定标准

3.3.1　条件 1：空间碎片是否定性为"空间物体"

首先我们必须注意，《责任公约》(LC) 第一 (d) 条定义"空间物体"为包含"空间物体的组成部件以及运载火箭及其部件"[29]。这从一开始就产生了一个问题，即空间碎片是否算作"组成部件"，继而在国际空间法的语境中明确无误地包含于"空间物体"的定

---

⑲ OST, art. Ⅱ.

⑳ Schmidt - Tedd & Mick, supra note 18, 520.

㉑ Clarence Wilfred Jenks, Space Law 238 (1965) (emphasis added).

㉒ 参见 Vladlen S. Vereshchetin, International Space Law and Domestic Law: Problems of Interrelations, 9 Journal of Space Law 31, 32 (1981)。

㉓ Gabriel Lafferranderie, Jurisdiction and Control of Space Objects and the Case of an International Intergovernmental Organization (ESA), 54 German Journal of Air and Space Law (ZLW) 228, 231 (2005).

㉔ 参见 Howard Baker, Space Debris: Legal and Policy Implications 68 (1989); Vereshchetin, supra note 21。更多参见 Schmidt - Tedd & Mick, supra note 18, 521 (notably, a threefold distinction between "territorial," "quasi - territorial" and "personal" jurisdiction is generally made under public international law)。

㉕ Schmidt - Tedd & Mick, supra note 18, 521.

㉖ 参见 Baker, supra note 24, 68。

㉗ Schmidt - Tedd & Mick, supra note 18, 521 - 522.

㉘ Ram Jakhu, Active Debris Removal - An Essential Mechanism for Ensuring the Safety and Sustainability of Outer Space, 49th Session of the Scientific and Technical Subcommittee Committee on the Peaceful Uses of Outer Space, 14 (2012).

㉙ LC, art. Ⅰ (d).

义中。然而，《责任公约》中给出的定义只能被视为“不完全定义”[30]。由于没有明确定义“空间物体”[31] 一词，因此空间法学者们尝试利用两个法律理论来解答这一问题——空间论方法和功能论方法[32]。空间论方法尝试界定空域与外层空间之间的界限，解读这个通用术语时认定其涵盖那些处于地球外环境中的任何航天器、太空飞行器以及卫星[33]。简而言之，人类发射到外层空间中执行航天任务的任何物体都可以被算作“空间物体”[34]。相反，功能论方法[35]则将“空间物体”定义为“处于运行状态的任何太空仪器”，不考虑其物理位置[36]。威廉·威林进一步补充了这一定义，即认为这一表述是指在外层空间中“用以收集和传输信息的物体或者用于运输和制造过程的物体”[37]。因此，根据空间论方法[38]和功能论方法[39]，空间物体似乎应至少包括那些位于月球或其他天体上并发挥作用的物体。

虽然没有公认的定义来界定究竟何为“空间碎片”[40]，但是人们都认为这个词涵盖处于外层空间的但是已丧失功能，因而不发挥任何作用的一切人造物体，包括这类物体的碎片和部件[41]。更确切地说，“丧失功能”的航天器和轨道设备，空间物体意外碰撞或被故意销毁之后产生的碎片，以及“正常任务作业期间意外或蓄意释放的碎片”，都包含于“空间碎片”的定义[42]。乍一看，“丧失功能”这一成分不符合“功能论”的定义，因此在理论上

㉚ Stephen Gorove, Toward a Clarification of the Term “Space Object”: An International Legal and Policy Imperative?, 21 J. Space L. 11, 13 - 14 (1993).

㉛ Baker, supra note 24, 80（批评第1条中的定义“充满了不确定性”）。

㉜ Jakhu & Pelton, supra note 11, 54 - 55.

㉝ Bin Cheng, Space Activities, Responsibility and Liability for, 11 Encyclopedia of Public International Law 299 - 303 (1989); CHENG, supra note 14, 462. 另参见 the Draft definitions submitted to Legal Sub - Committee of the Liability Convention, in which they agree that “space object must be designed for movement in outer space.”

㉞ 参见 John Qu, Alfred Powell & M. V. K. Sivakumar eds, Satellite - Based Applications on Climate Change (2013); Vladimír Kopal. Some Remarks on Issues Relating to Legal Definitions of “Space Object,” “Space Debris,” and “Astronaut,” Proceedings 37th Colloquium 99 - 108 (1994)。

㉟ 参见 Baker, supra note 24。

㊱ Id.

㊲ William B. Wirin, Space Debris and Space Objects, 34 Proc. Coll. L. Outer Sp. 45, 46 (1991).

㊳ 参见 Cheng, supra note 14, 425 (there is a clear line between air and space, although no consensus as to where boundary should be drawn); Vernon Nase, Delimitation and the Suborbital Passenger: Time to End Prevarication, 77 J. Air L. & Com. 747, 754 (2012) (“geographical” boundary between airspace and outer space)。

㊴ 参见 Baker, supra note 24。

㊵ Jinyuan Su, Control Over Activities Harmful to the Environment, in Routledge Handbook of Space Law 79 (2016).

㊶ 参见，例如，Inter - Agency Space Debris Coordination Committee, IADC Space Debris Mitigation Guidelines, IADC - 02 - 01, Revision 1, 5 (2007); United Nations, Technical Report on Space Debris, A/AC. 105/720 1999, 6; I. H. Ph. Diederiks - Verschoor, Harm Producing Events by Fragments of Space Objects (Debris), Proceedings of the 25th Colloquium on the Law of Outer Space of the IISL, 1 - 4 (1982); I. H. Ph. Diederiks - Verschoor, Legal Aspects of Environmental Protection in Outer Space Regarding Debris, Proceedings of the 30th Colloquium on the Law of Outer Space of the IISL, 131 et seq (1987)。

㊷ 例如，参见 Baker, supra note 24, 3 - 9; Detlef Alwes, Marietta Benkö & Kai - Uwe Schrogl. Space Debris: An Item for the Future, in international space law in the making: current issues in the UN Committee on the Peaceful Use of Outer Space 234 (Marietta Benkö & Kai - Uwe Schrogl eds. 1993); Heiner Klinkrad, Space Debris: Models and Risk Analysis 18 - 27 (2006)。

应认为“空间碎片”不具有“空间物体”属性。但是如果这样认为，则会忽视太空探索的客观现实：具体而言，如果将空间碎片（太空活动中可能造成损害的最常见、最危险的物体）排除在“空间物体”的定义之外，则会造成逻辑漏洞，妨害太空安全，并导致国际空间法制度（包括《责任公约》）基本上失去意义[43]。此外，“技术功能性”标准不适合作为决定因素来区分空间碎片与其他物体，因为不活动的人造物体也可能具有价值，它们可以储备起来用于未来的太空活动[44]。无论如何，鉴于当今空间碎片造成的危险越来越严重，因而对“空间物体”予以切合实际的解释似乎更妥当[45]。因此，只要涉及管辖与控制权，一个更合理的主张是：发射到外层空间且符合空间主义做法的任何物体即构成第八条规定的“空间物体”[46]。

3.3.2　条件2：通常能够被识别

3.3.2.1　“可识别”物体与“不可识别”物体之间的差别

另外，在空间碎片移除背景下，“管辖与控制”条款的适用性还受到第二道限制——相关碎片的“来源”必须能够被识别[47]。具体而言，在确证空间碎片的“空间物体”属性时，首先必须明确“可识别”物体与“不可识别”物体之间的差别[48]。实际上，这种理论上的差别长期以来一直存在于国际海洋法中。根据海洋法，国家仅有权销毁任何“不可识别的漂浮物和投弃物”，而禁止其破坏仍然带有来源国标记的废弃船只，除非征得船只所有人及其保险公司的准许[49]。经过这种分析之后，评论员卡吉尔·霍尔得出结论：“根据海洋法可合理推测，太空中的可识别的不活动人造物体的所有权归属于船旗国，且这种权利不会因物体被抛弃而受到影响。《外层空间条约》第八条已经明确规定这一点。”[50]

换言之，一旦确定空间碎片的来源，则可将其合理归类为“组成部件”[51]，因而理应受到第八条的保护。归根结底，仔细解读第八条后可以证明移除或销毁“可识别”空间碎片的权力最终归属于登记国[52]。这使得我们认识到登记空间物体的识别过程的实际重要性。

3.3.2.2　空间物体的识别过程和登记

为了遵照第八条规定促进空间物体的识别，所有国家和私营实体均应将其太空任务的

---

[43] Viikari, supra note 1, 736.

[44] Id, 719.

[45] Viikari, supra note 16, 71.

[46] Diederiks - Verschoor & Kopal, supra note 11, 9.

[47] Wayne White, The Legal Regime for Private Activities in Outer Space, in Space: the Free - Market Frontier (Edward Lee Hudgins & David Boaz eds. 2002) 88 (emphasis added).

[48] Id.

[49] Cargill Hall, Comments on Salvage and Removal of Man - Made Objects from Outer Space, 33 J. Air L. & Com. 288, 294 (1967).

[50] Id, 295.

[51] White, supra note 47.

[52] Hall, supra note 49, 295 - 296 (emphasis added).

详细信息呈交给联合国秘书长[53]。空间物体的识别主要涉及两个过程：探测和识别，然而《关于登记射入外层空间物体的公约》（以下简称《登记公约》）规定的登记机制仅部分地涉及识别过程[54]，其中确立了“国内和国际登记的双重体制”[55]。从一开始，发射国应在国家登记册中登记其所发射到地球轨道或更远太空中的空间物体[56]。更具有开创性的是，《登记公约》创立了有史以来第一个国际性登记制度[57]，并要求各国将其空间物体相关的某些信息提供给联合国秘书长[58]。值得注意的是，根据第八条规定，只有登记国对相应的空间物体拥有专属的管辖与控制权，且只有登记国有权从外层空间移除其空间碎片。

换言之，促成空间物体登记的最有力的动因就是让登记国能够更为有效地监管空间物体的相关活动，对私营运营商施加管制[59]，甚至让国家法律适用于空间物体及其人员[60]。如果某个物体不满足登记要求，则在判定哪个国家对该物体拥有“管辖和控制权”时，发射该物体的行为以及该物体的所有权可能变得十分重要[61]。作为对登记规则的补充，《登记公约》第六条进一步规定“拥有太空监控和追踪设施的国家”必须协助识别造成损害的空间碎片[62]。但无论如何，登记行为可以在国际空间法之下更好地保护登记国及其登记的空间物体（或其碎片）。

3.4 管辖权的持续性：永久性的“国家财产”，还是被遗弃的空间物体

最重要的是，在空间碎片移除的问题上，人们长期以来一直在争论：第八条赋予的管辖权究竟是“永久性赋予，即便该物体的持续控制、有效物理控制或存在终态已经终止”[63]，还是“这种授权随着有效物理控制结束而失效——即该物体被遗弃——正如海洋法规定的那样”。这场争论的结果对空间碎片移除的合法性和可行性非常关键，因此值得特

[53] H. A. Wassenbergh, Principles of Outer Space Law in Hindsight 74 (1991).

[54] Howard Baker, Regulation of Orbital Debris - Current Status, in Preservation of near - earth space for future generations 182 (John A. Simpson ed. 2007).

[55] A. A. Cocca, Registration and Space Objects, in Manual on Space Law 180 (N. Jasentuliyana & R. S. K. Lee eds. 1979).

[56] Registration Convention, art. Ⅱ (1).

[57] Cocca, supra note 55, 180.

[58] Stephen Gorove, Convention on Registration of Objects Launched into Outer Space: Analysis and Commentary, 19 IISL 292 (1976).

[59] Irmgard Marboe, Small is Beautiful? Legal Challenges of Small Satellites, in Private law, Public Law, Metalaw and Public Policy in Space: A Liber Amicorum in Honor of Ernst Fasan 10 (Patricia Margaret Sterns & Leslie I. Tennen eds. 2016).

[60] 参见 Julian Hermida, Legal Basis for a National Space Legislation 63 (2004); Julian Hermida, Space Registry, 24 International Business Lawyers 383 (1996)。

[61] Jakhu & Pelton, supra note 11, 344.

[62] Registration Convention, art Ⅵ. 另参见 National Research Council et al., Orbital Debris: A Technical Assessment 186 (1995)。

[63] Hall, supra note 49, 290 - 291.

别关注。

3.4.1　传统观点：管辖权的绝对性或专属性

其实，大多数文件都倾向于一种观点：空间物体几乎永远受登记国的管辖[64]。在 20 世纪 80 年代早期，维塔利·博尔杜诺夫以坚定的立场提议制定所谓的“空间物体豁免原则”，此原则“杜绝任何国家动用暴力处置属于另一国财产的空间物体”[65]。根据这项提议，第八条保证空间物体的处置权得以保留，且在实质上将登记的空间物体定性为“国家财产”，如此可防止其他国家“篡改空间物体的轨道，捕获空间物体，或破坏空间物体”[66]。事实上，根据第八条的措辞本身，可以进一步推断这种管辖权其实是不可行使的，因为第八条明确规定“发射到外层空间的物体的所有权，包括某个天体上着陆的或建造的物体及其物体的组成部件的所有权不会由于该等物体存在于外层空间或某个天体上或由于该等物体返回地球而受到影响”[67]。换言之，第八条将空间物体的占有权赋予国家仅仅是为了让该物体返回[68]。

根据这种解释，即便任何国家单方面宣布将某个登记的空间物体视为“废弃物”，也不会影响登记国的管辖权。显而易见，“废弃的”空间物体被定义为“被该物体的所有者遗弃和抛弃的物体，且其所有者不希望收回该物体且没有返回该物体的意图”[69]。根据这项定义，空间碎片完全可以描述为被遗弃的空间物体，因此可以构成“抛弃物”——即该物体的所有者已经放弃该物体的所有权[70]。然而根据国际空间法，在判定哪个国家有义务登记空间物体时，所有权完全无关紧要[71]。因此，空间物体的“所有权”与“管辖和控制”该物体的国家之间没有任何关联[72]。换言之，即便所有权发生跨国转让，也没有理由替换原始登记国[73]。

支持这种提法的还有一个事实：联合国关于外层空间的五大条约中“没有明显的法律依据”明确允许空间物体在轨道上运行期间将空间物体的登记资格以及管辖与控制权从一

---

[64] 参见 Wayne White，Salvage Law for Outer Space，Engineering，Construction，and Operations in Space Ⅲ，Space ‘92，Proceedings of the Third International Conference，Denver，Colorado 2412，2417 （1992）；I. H. Ph. Diederiks - Verschoor，The Increasing Problems of Space Debris and Their Legal Solutions，in Proc. Thirty Second Colloquium on the Law of Outer Space IISL，77（1990）。

[65] Vitaliy D. Bordunov，Rights of States as Regards Outer Space Objects，in 24 Colloquium L. Outer Space 89，91（M. Schwartz ed. 1981）.

[66] Id，91.

[67] OST，art. Ⅷ（emphasis added）.

[68] D. M. Wanland，Hazards to Navigation in Outer Space：Legal Remedies and Salvage Law，I J. Astrolaw 1，27（1985）.

[69] Id.

[70] George T. Hacket，Space Debris and the Corpus Iuris Spatialis 194（1994）.

[71] Schmidt - Tedd & Mick，supra note 18，540.

[72] J. Sztucki，Legal Status of Space Objects，9 Proc. Coll. L. of Outer Space 108，115（1967）.

[73] Schmidt - Tedd and Mick，supra note 18，540.

个国家转让给另一个国家[74]。在现有的国际空间法制度下不存在空间物体的管辖权、控制权或责任的转让机制[75]，因此即便某个国家仅仅宣布放弃该物体的所有权，“这个国家仍然无法免除其发射该物体后须承担的义务，也无法摆脱该物体后续产生的后果”[76]。归根结底，仅从字面意思上解读第八条时，似乎表明空间物体在理论上无法被遗弃并成为无主物，因为空间物体在理论上永久性属于登记国的财产。有一种观点认为：根据《外空法典》原则，第八条的条款可以扩展适用于国际组织，这类组织最多只能对登记的空间物体及其人员行使有限的管辖权和控制权[77]，因为该原则规定“公共国际法组织的最高权力仅限于该等组织成立时为其赋予的权力和授权”[78]。

根据这种推理，“管辖与控制权永久存在”这一学说显然适用于空间碎片[79]。由于管辖权具有“绝对”性质，因此若未征得登记国准许，则不得检验空间物体[80]。国际法委员会《国家责任条款》第 20 条反映出国际法中基本的“同意原则”，其中规定“一个国家明确准许另一个国家执行特定的行为，如此防止针对前一个国家做出不法行为，保证该等行为始终处于该等准许的限度之内”[81]。然而，必须由这个国家明确表示准许，而不能假定其准许[82]。因此，若未征得登记国的明确准许，则不得通过“电子手段或其他手段”处置或干涉其空间碎片[83]。若未经准许而这样做，则构成“对主权财产施加的不当管辖权”[84]。话虽如此，不过这个“管辖与控制”条款含有“双重概念”[85]，且这个条款实际执行起来可能会像一柄双刃剑：任何国家无权移除另一个国家的登记空间物体，而登记国作为责任国，须对该等空间物体的碎片造成的损害承担责任。

3.4.2　切合实际的观点：在特殊情况下终止管辖权

鉴于太空拥堵的问题日益严峻，因此应针对“管辖与控制权永久存在”原则制定例外

---

[74] Committee on the Peaceful Uses of Outer Space (“COPUOS”), Responses to the set of Questions provided by the Chair of the Working Group on the Status and Application of the Five United Nations Treaties on Outer Space, UN Doc. A/AC. 105/C. 2/2012/CRP. 11, 4 - 5 (22 March 2012) (hereinafter Responses to the set of Questions)（具体参见比利时代表团的观点）。

[75] Joseph N. Pelton, New Solutions for the Space Debris Problem 74 (2015).

[76] Manfred Lachs, The Law of Outer Space: An Experience in Contemporary Law - Making 73 (1972).

[77] Responses to the set of Questions, 5 (emphasis added).

[78] Id.

[79] Baker, supra note 54, 182.

[80] Baker, supra note 24, 69 - 71 (emphasis added).

[81] Rep. of the Int'l Law Comm'n, 53rd Sess., April 23 - June 1, July 2 - Aug. 10, 2001, Draft Articles on Responsibility of States for Internationally Wrongful Acts, U. N. Doc. A/56/10; GAOR, 56th Sess., Supp. No. 10, art. 20 (2001) [hereinafter ILC articles].

[82] Joyeeta Chatterjee, Legal Issues Relating to Unauthorised Space Debris Remediation, 65 Int'L Astronautical Cong. 1, 6 (2014).

[83] Jenks, supra note 21, 238.

[84] Malcolm Russell, Military Activities in Outer Space: Soviet Legal Views, 25 Harv. Int'l. L. J. 153, 184 (1984). 另参见 Brian Weeden, Overview of the Legal and Policy Challenges of Orbital Debris Removal, 27 (1) Space Policy 41 (2011)。

[85] Schmidt - Tedd and Mick, supra note 18, 524.

规定，并将这些规定有节制地应用于特定情形[86]。如今，有一种对第八条所做的更现代的或更贴合现实的解释，即：依据此条款授予的管辖权是“非专属的”[87]。支持限制性更强的“管辖与控制权”概念的观点主要划分为两大类：1）明确表示或暗示的遗弃行为；2）造成危害的情形。

3.4.2.1　情形 1：“明确表示”或“暗示”的遗弃行为

第一种观点认为：若发生“明确表示”或“暗示”的遗弃行为，则对登记空间物体拥有的合法控制与管辖权不复存在[88]。遗弃可能是因为失去了拥有该等权力的欲望[89]。其实在大多数情况下，不应假设空间物体已被遗弃，除非登记国发布公开声明或宣告表示遗弃[90]。尽管如此，如果登记国在很长时期内未曾尝试收回该空间物体，则可认为其已暗示放弃该空间物体[91]。若有规律的或周期性的使用该空间物体的行为已经结束，或者已失去控制该空间物体的能力且没有立即采取行动恢复控制能力，则表明其被遗弃[92]。根据上述分析，停止运行的空间物体可被视为已被遗弃，因此在特定情形下其国家管辖权已不复存在[93]。

3.4.2.2　情形 2：“危害状态”情形

第二种观点认为：如果登记空间物体对其他国家构成危险，则该物体的“管辖与控制权”应被终止[94]。一般而言，为了合法移除某个空间碎片，则执行移除的国家通常必须：1）向登记国告知该等空间碎片造成的威胁；2）与登记国协商并给予登记国优先移除的权利；3）独立证实空间碎片移除的必要性[95]。

尽管登记国对其空间物体拥有“管辖与控制权”，但是某些学者已经阐明“在特定情况下，可以回避管辖权、控制权和所有权的‘表面上’的绝对性质”[96]。具体而言，如果某国的空间物体产生的危害会威胁到其他太空活动的安全[97]，或者对其他任何法律实体的活

---

[86] Hacket, supra note 70, 209.

[87] Mark J. Sundahl, Legal Status of Spacecraft, in Routledge Handbook of Space Law 44 (Ram S. Jakhu & Paul Stephen Dempsey eds., 2016).

[88] Philip De Man, Exclusive Use in an Inclusive Environment: The Meaning of the Non - Appropriation Principle for Space Resource Exploitation 372 (2016).

[89] Cheng, supra note 14, 416.

[90] Wayne White, Real Property Rights in Space, 40 Proceedings Colloq. L. Outer Space 370, 380 (1998).

[91] Jenks, supra note 21, 240.

[92] 参见 Man, supra note 88, 372; White, supra note 90, 380。

[93] 参见 Hamilton DeSaussure, An International Right to Deorbit Earth Threatening Satellites, 3 Annals Air & Space L. 383 (1978).《外层空间条约》第九条要求国家在执行外层空间活动时必须“适当顾及”其他所有国家的相应利益。

[94] Man, supra note 88, 372.

[95] 参见 DeSaussure, supra note 93, 394; Viikari, supra note 16, 82。

[96] Tiyanjana Maluwa, International Law in Post - Colonial Africa 205 (1999); Craig Fishman, Space Salvage: A Proposed Treaty Amendment to the Agreement on the Rescue of Astronauts, the Return of Astronauts and the Return of Objects Launched into Space, 26 Virginia J Int'l L 965, 965 (1986).

[97] Hamilton DeSaussure, The Application of Maritime Salvage to the Law of Outer Space, 28 Proc. Coll on the Law of Outer Space 127, 127 (1985) (emphasis added).

动造成可能有害的干扰，则遭受损害的国家有权无须征得登记国准许即可拦截该空间物体[98]。这种情形称之为“危险状态”情形。如果登记国得知该有害干扰之后，没有授权移除该空间物体[99]，或者仍然没有将其空间碎片移除出轨道，继而对其他国家的合法太空活动造成损害，则上述观点尤其可取[100]。国际习惯法中也有证据支持这种观点[101]，因为这种法律规定：若某个空间物体对某国构成安全威胁，则该国拥有监管该空间物体的管辖权——即“国家安全管辖权”。

3.4.2.3　国际利益冲突：空间法中的优先次序制度

必须注意：在《外层空间条约》的制度背景下，上文论述的观点的主要来源和合理理由可能在于平衡两项似乎彼此冲突的条款：登记国拥有管辖权[102]；必须遵守“适当顾及”原则[103]。因此，为了理解“管辖与控制”条款的确切性质，必须格外注意《外层空间条约》第九条[104]——此条款要求国家在执行外层空间活动时必须“适当顾及”其他所有国家的相应利益。具体而言，执行太空活动时有义务遵循“注意标准”，即考虑其他国家的权利和正当利益。[105] 同时，该条款要求各国遵守共同的礼仪，采取合理的保护措施以调整各自的太空活动[106]。更为重要的是，这项所谓的“适当顾及”原则是指各国“在（计划的）太空活动之前以及（正在进行的）太空活动期间”，有义务照顾其他国家的合法权利[107]。因此，如果在任何太空任务之前、期间意外产生或故意产生危险的（停止运行）的空间碎片，且有可能损害其他太空探索国家的利益，则在事实上违反“适当顾及”原则。根据这项分析，登记国的管辖权似乎应受到限制，或者至少限制在第九条的范畴内。

除了第九条，所谓的“共同利益”原则进一步表明确实有必要调解国家利益冲突[108]，此原则规定太空活动的实施应服务于“所有国家的福祉和利益”[109]。“共同利益”原则至少使各国承担一项“消极”义务，使其在执行太空活动时不敢罔顾或伤害其他国家的利益

---

[98] Howard A. Baker，The ESA and US Reports on Space Debris - Platform for Future Policy Initiatives，Space Policy 332，336 (1990) (emphasis added).

[99] Id，336.

[100] Wassenbergh，supra note 53，74.

[101] Sundahl，supra note 87，44.

[102] OST，art. Ⅷ.

[103] DeSaussure，supra note 93，390.

[104] OST，art. Ⅸ.

[105] Sergio Marchisio，Article Ⅸ，in I Cologne Commentary on Space Law 175 (Stephan Hobe et al.，eds. 2009)．另参见 Fisheries Jurisdiction (U. K. v Ice.)，Merits，1974 I. C. J. Rep. 3，72 (July 25) (认识到“国家有义务考虑其他国家的权利”)。另参见 Gordon Chung，The Emergence of Environmental Protection Clauses in the Outer Space Treaty：A Lesson from the Rio Principles，in A Fresh View on the Outer Space Treaty 2 (Annette Froehlich ed. 2018)。

[106] Hacket，supra note 70，99.

[107] M. C. Mineiro，Article Ⅸ's Principle of Due Regard and International Consultations：An Assessment in Light of the European Draft Space Code - of - Conduct，The 5th Eilene M. Galloway Symposium on Critical Issues in Space Law 1，3 (2010).

[108] Stephen Gorove，The Geostationary Orbit：Issues of Law and Policy，73 Am. J. Int'l L. 444，448 (1979).

[109] OST，art. Ⅰ (1) (emphasis added).

(“无伤害”要求)[110]。更确切地说，第一条杜绝各国干涉或妨碍其他国家的合法活动[111]。该条款规定应遵守“无伤害”要求，以抵消第八条的限制性效应，这主要是考虑了空间碎片对其他国家正在进行的太空活动造成的可能危害。因此，甚至“共同利益”原则的推行也很可能会引出一个结论：登记国的管辖与控制权（即国家利益）未必一定不可撼动。

上述关于国家利益冲突的分析（尤其是在空间碎片移除方面）使我们不得不解答一个问题：我们如何确定哪种利益是最高利益。《外层空间条约》隐晦地承认不同国家之间的利益冲突[112]，然而现有的空间法制度没有制定任何规则来指定各种利益的优先次序[113]。其实评论员施韦杰（Schwetje）曾经预见，现代空间法必须且最终不可避免地要确立需求层次或优先次序制度[114]。我个人认为这些利益的优先次序从高到低应排列为：(a) 防止威胁生命的危险；(b) 维护外层空间中的国际和平与安全；(c) 促进国家利益（包括战略利益和经济利益）。涉及 (a) 类利益时，国际空间法应赋予国家一定的权利，即：若属于他国的空间碎片直接威胁到人员生命，则该国有权移除他国的空间碎片。换言之，遭受这种威胁的那个国家有权针对该等碎片采取行动，甚至有权摧毁造成威胁的物体[115]。对于 (b) 类利益，必须采用一种更广泛的、超越“传统国家间冲突模式”的“和平与安全”概念[116]，尤其是考虑到空间碎片造成的环境恶化。显然，各国负有维护“国际和平与安全”的“普遍义务”[117]，且在这项义务下也需要保护超越任何特定国家的人类共同利益，其中包括移除那些会阻碍外层空间未来可持续利用的危害性空间碎片[118]。根据这些提议，移除空间碎片这种可能性至少应适用于 (a) 类和 (b) 类利益，原因是数量过多的空间碎片会造成迫切危险或安全威胁。

但是 (c) 类利益的争议更大：若“纯粹出于经济原因”，那么一个国家在何时以及如何移除他国的登记空间物体[119]？在这类情形中，似乎应根据具体情况采取某种平衡手段，

---

[110] Ricky Lee, Law and Regulation of Commercial Mining of Minerals in Outer Space 198 (2012); Edwin W. Paxson, Sharing the Benefits of Outer Space Exploration: Space Law and Economic Development, 4 Mich. J. Int'l L. 487, 494 (1993); H. A. Wassenbergh, Speculations of the Law Governing Space Resources, 5 Annals Air & Space L. 611, 614 (1980). 另参见 the discussion in Gordon Chung, An Incentivising Regime For Private Enterprises: The Enduring Benefits Derived From The Commercialisation Of Outer Space, The Fifth Manfred Lachs International Conference on Global Space Governance and the UN 2030 Agenda (MLC17) 1, 5-6 (2017)。

[111] Paxson, supra note 110, 494; Wassenbergh, supra note 110, 614.

[112] 《外层空间条约》第九条规定：“本《条约》的成员国在执行外层空间（包括月球和其他天体）活动时，应[……]，并适当顾及其他所有成员国的相应利益”(重点强调)。

[113] U. S Congress, Office of Technology Assessment, Orbiting Debris: A Space Environmental Problem - Background Paper, OTA-BP-IS C-72, 30 (1990).

[114] F. Kenneth Schwetje, Space Law: Considerations for Space Planners, 12 Rutgers Computer & Tech. L. J. 245, 279 (1987).

[115] Panel Discussion, in Preservation of Near-Earth Space for Future Generations 240 (John A. Simpson ed. 2007).

[116] Michael Mineiro, Space Technology Export Controls and International Cooperation in Outer Space 174 (2012).

[117] 《外层空间条约》第三条规定：“本条约的成员国实施的外层空间（包括月球和其他天体）探索和利用活动应[……] 维护国际和平与安全 [……]”另参见 Id, 172-173 (emphasis added).

[118] 参见 Id, 172-173。

[119] F. Kenneth Schwetje, Current U. S. Initiatives to Control Space Debris, 30 Proc. on L. Outer Space 163, 165 (1987).

即同时考量提议的空间碎片移除行动可能产生的利益以及登记国在将其空间物体移除出轨道时承担的成本，无论是金钱成本[120]或非金钱成本。无论如何，我们都应认识到空间碎片主动移除行动背后的政策原因：推行这种制度最终可以将当前的环境难题转化为全球太空行业的“商业机遇”，具体做法就是加大力度研发出新的空间碎片减缓技术并设计出不产生碎片的任务[121]。最终，即便可以预期登记国会出资执行空间碎片移除任务，但是登记国仍然对空间物体及其碎片的所有者拥有追索权[122]。

3.5 结论

目前，空间碎片的拥堵问题十分严峻，可能会使太空活动的发展过程陷入瘫痪。鉴于碎片数量不断增多，空间碎片缓解措施几乎势在必行，然而这类措施（即移除他国的登记空间物体或使其脱离轨道）的合法性问题仍然没有解决。很显然，《外层空间条约》第八条规定的“管辖与控制”条款是现有空间法制度下的主要障碍。“管辖与控制”这一表述带有主权的性质，因此只有在符合第八条规定或事先征得登记国准许的情况下，其他国家才能合法移除该国的登记空间物体。因此，要想使空间碎片移除行动更具有可行性，则必须首先理解登记国对其空间物体拥有的管辖权的确切性质。

“空间碎片”一词通常包含外层空间内已丧失功能的一切人造物体，不过这条“技术功能性”标准不适合作为决定因素来区分空间碎片与其他物体，而且似乎不符合“空间物体”的“功能论”属性。实际上，仔细审视第八条的措辞之后发现，虽然空间碎片缺乏明确的法律定义，但是仍然归属于“空间物体”的定义，因此处于登记国的管辖与控制之下。这一论点的理由很简单：从政策角度看，如果“空间碎片”（它是太空中最危险的物体之一）排除在空间物体的范围之外，则现有的空间法，尤其是《责任公约》，将失去意义。此外，要想将空间碎片划入第八条规定的范畴，则其“来源”必须能够被识别，因此必须明确“可识别”物体与“不可识别”物体之间的差别。在现实中，登记国仅拥有移除属于它的“可识别”空间碎片的专属权力。为解决这一问题，《登记公约》创立了“国内和国际登记的双重体制”，以促进识别过程。最终，为了对各自空间物体的活动行使有效的管辖与控制权，各国必定积极遵守登记要求。

值得注意的是，现已出现两种对立的观点：第八条赋予的管辖权永久赋予登记国，或者这种授权随着有效的物理控制结束而失效。根据传统的“空间物体豁免原则”或者“管辖与控制权永久存在”学说，第八条将登记的空间物体定性为“国家财产”。显然，在判定哪个国家有义务登记空间物体时，所有权被认为是无关紧要的。其观点是，空间碎片在理论上无法成为“抛弃物”。由于不存在任何机制来转让登记空间物体的管辖与控制权，

---

[120] 事实上，移除空间碎片的所有方法都必然会产生一定的经济成本。参见 U. S Congress, Office of Technology Assessment, supra note 113, 6。

[121] Stella Tkatchova, Emerging Space Markets 99 (2017).

[122] Wassenbergh, supra note 53, 74.

因此这种管辖权将永久性归属于登记国。然而根据一种针对第八条的更切合实际的解释，任何授予的管辖权都是“非专属的”。

“管辖与控制权”表面上具有的绝对性质在两种特定情形下也许可以回避：(a）明确表示或暗示的遗弃行为；(b）危害状态。更重要的是，只要平衡好《外层空间条约》中的两条似乎彼此冲突的条款，则这两种推理逻辑都可以说得通：登记国拥有管辖权；必须遵守“适当顾及”原则。具体而言，第九条要求各国在执行太空活动时遵循“注意标准”，即考虑其他国家的合法利益。第一条中的“无伤害”要求也反映出这一原则，即各国承担一项“消极”义务，使其在执行太空活动时不敢罔顾或伤害其他国家的利益。

这些原则的施行强化了一种观点：登记国的管辖与控制权未必一定不可撼动。未来，现代空间法势必要确立一种需求层次或优先次序制度，其优先次序从高到低应排列为：(a）防止威胁生命的危险；(b）维护外层空间中的国际和平与安全；(c）促进国家利益(包括战略利益和经济利益)。(a）类和（b）类利益中的空间碎片移除通常是正当的，但是（c）类利益则需要进一步审视。最终，我们应当采取平衡手段，即同时考量空间碎片移除任务可能产生的利益以及登记国在将其空间物体移除出轨道时承担的成本。

作者简介

戈登·钟（Gordon Chung）目前是剑桥大学 2017/18 届公司法学系硕士，兼《剑桥法律评论》期刊的总编辑。身为一名年轻的法律学者，他的文章已经发表于各种国际法律期刊上，包括《欧洲私法评论》《亚太法律评论》和《香港法律学刊》。他前不久出版了《外层空间条约全新认识》一书，书中其中一章，标题为“外层空间条约中出现环境保护条款：里约原则的教训”。

除了这些学术性出版物，他还在 2017 年曼弗雷德·拉克斯国际空间法模拟法庭竞赛（亚太区比赛）中赢得第二名、次优纪念奖以及辩手奖，且从此以后对空间法产生浓厚兴趣。电子邮箱：cwchung25@gmail. com。

第 4 章　空间碎片主动移除与天基武器

马泰奥·弗里戈利*

摘要：空间碎片数量持续增加，可能会严重危害外层空间的探索与通行。目前人们普遍认为，地球轨道的很大一部分即将陷入一种不可逆转的境况，移除丧失功能的空间物体势在必行。用于碎片移除作业的技术正在研发当中，然而外层空间法律制度则远远不足以应对这些挑战。碎片主动移除技术同时带来机遇和风险。这类技术的双重用途性质是最难以解决的问题之一，原因是同一种技术可以用来使碎片脱离轨道，也可以用来破坏功能正常的卫星。鉴于这些考虑因素，在本章分析中将探讨空间法制度如何应用于这些问题，从而根据碎片主动移除技术与太空武器化之间的相互关系找出可行的法律解决方案。

4.1　引言

现已证明外层空间是科技和经济进步所需的基本环境，也牵涉到军事利益与地缘政治利益。国家与太空资产之间的关联已成为在众多领域中发展的关键因素，甚至于如果轨道上没有可靠的卫星，则生活标准会下降①。事实上，如果说 30 或 40 年前，太空资产的发展进步是地球科技的附属物，那么如今地球上科技进步的很大一部分已从根本上与太空资产联动。

一方面，太空活动与太空资产繁荣兴盛，成为国家与国际基础设施的关键性促成要素②；然而另一方面，自从斯普特尼克 1 号发射以来，地球轨道上就开始出现空间碎片，原因是每一次航天飞行都有可能产生空间碎片③。这类物体的来源有很多，例如，蓄意摧毁卫星，抛弃运载火箭的各级或轨道上航天器的部件，以及发动机燃烧或太阳辐射产生的“漆片”或氧化铝颗粒④。

---

* 马泰奥·弗里戈利（Matteo Frigoli）(✉)
帕尔马大学法学、政治和国际研究系，意大利帕尔马

A. Froehlich (ed.), Space Security and Legal Aspects of Active Debris Removal, Studies in Space Policy 16, https://doi.org/10.1007/978-3-319-90338-5_4

① Joseph N. Pelton, New Solutions for the Space Debris Problem (Springer, 2015) at 1.

② NATO Parliamentary Assembly “The space domain and allied defense” (Defense and Security Committee, Draft Report - 068 DSCFC 17 E, (20 March 2017) at 1.

③ SpaceSecurity.org, Space Security 2013, at 23; Lotta Viikari, The Environmental Element in Space Law, Assessing the Present and Charting the Future (Martinus Nijhoff, 2008) at 32.

④ Firooz Allahdadi, Isabelle Rongier, Paul D. Wilde, Safety Design for Space Operations (Elsevier, 2013) at 17.

目前，空间碎片是太空探索和利用所牵涉的最棘手的问题之一，估计地球轨道上尺寸大于 10 cm 的物体有 29 000 个，1～10 cm 的物体有 750 000 个，0.1～1 cm 的物体有 1.66 亿个[⑤]。数量如此庞大的物体可能会妨碍外层空间的持久畅通出入。空间碎片移除是势所必然的，然而现有的外层空间法律制度却无法保证碎片移除作业的合法性。此外，能够执行碎片移除作业的太空资产也可用于军事用途。考虑到外层空间已经高度军事化，且太空大国之间竞争激烈，因此最终单边开展的碎片移除作业可能会彻底改变太空武器化这种风险。

4.1.1　解决日益增多的空间碎片，温和缓解和硬性移除

大体上，目前已开发出两种主要方法用以解决空间碎片的问题。第一种方法是采用“减缓准则”作为主要手段，以遏止新的空间碎片的产生。事实上，这是国际社会目前赖以解决此问题的唯一方法。直到 2002 年，国际社会才开始着手解决这一问题，当时机构间空间碎片协调委员会（IADC）发布了一份文件，题为《空间碎片减缓指南》[⑥]。随后，联合国和平利用外层空间委员会（UNCOPUOS）更为广泛地探讨了这一问题，且该机构于 2007 年正式颁行《空间碎片减缓指南》[⑦]。

和平利用外层空间委员会《空间碎片减缓指南》具体包括：

1）限制正常作业期间释放的碎片；

2）尽可能减少作业各阶段可能发生的解体事件；

3）限制轨道上意外碰撞事件的概率；

4）避免蓄意摧毁活动和其他有害活动；

5）尽可能减少储存能量导致的任务后解体事件发生的可能性；

6）任务结束后，限制航天器和运载火箭轨道级在近地轨道（LEO）区域上的长时间存在；

7）任务结束后，限制航天器和运载火箭轨道级对地球同步轨道（GEO）区域造成的长期干扰。

这些非约束性准则是“用以减缓空间碎片问题的主要的国际性规定”[⑧]，然而人们通常认为这些准则无力从整体上解决空间碎片问题。“IADC 空间碎片减缓指南”规定空间物体的使用寿命为 25 年，寿命结束后即以可控方式使其重返大气层。遗憾的是，这条规定

---

⑤ ESA，“Space debris by the numbers” 网址为 http：//www.esa.int/Our _ Activities/Operations/ Space _ Debris/Space _ debris _ by _ the _ numbers，访问时间为 2017 年 11 月 3 日。

⑥ IADC Space Debris Mitigation Guidelines（2002）网址为 http：//www.iadc - online.org/ Documents/IADC - 2002 - 01，%20IADC%20Space%20Debris%20Guidelines，%20Revision%201.pdf。

⑦ Space Debris Mitigation Guidelines of the Committee on the Peaceful Uses of Outer Space，as annexed to UN doc. A/62/20（2007）.

⑧ Towards Long - term Sustainability of Space Activities：Overcoming the Challenges of Space Debris，A Report of the International Interdisciplinary Congress on Space Debris，January 2011，UN doc. A/AC.105/C.1/2011/CRP.14，at 5.

并未明确重申。其中甚至从未提及环境保护，空间物体的故意摧毁未被完全禁止⑨。这种方法的缺陷与问题本身无关，也不是因为这些措施属于自愿执行的措施，而是出于一种技术考虑：即便不再产生新的空间碎片，已有的空间碎片也不会被移除。其实，人们普遍认为近地轨道（LEO）区域的某些部分已经成为不稳定环境，原因是空间碎片的数量已经多到足以引发一连串碰撞事件，继而产生新的轨道碎片（即凯斯勒效应）⑩。

鉴于上述问题，用以解决空间碎片问题的第二种方法通常专注于碎片主动移除（ADR）和轨道卫星服务（OSS）。之所以推行这种方法，是因为人们渐渐达成共识：鉴于上述问题，只有这些活动才能确保外层空间探索与利用的长期可持续性⑪。这些措施旨在通过不同手段减少已有空间碎片的数量。

1）“碎片主动移除”是指采取行动将丧失作用的航天器、运载工具或空间物体移除出地球轨道。其中包含很多种措施，例如，利用推进器或被动脱离轨道系统增加太空系统寿命结束时的大气阻力以及运载火箭上面级的大气阻力；利用某种定向能装置改变空间物体的轨道；将某种太空系统送入外层空间，以直接或间接改变目标空间物体的轨道⑫。

2）在碎片主动移除的大背景下考虑实行轨道卫星服务（OSS）。具体而言，轨道卫星服务考虑采用机器人设备技术，以延长正常运行卫星的寿命。这种技术可修改、回收或升级丧失作用的空间物体，或将其附加于其他空间物体以形成有作用的子系统或完整的功能正常的卫星，从而减少轨道碎片的数量⑬。在这一方面，美国国防部高级研究计划局（DARPA）的凤凰项目打算开发出机器人卫星服务和组装技术，以收回仍然完好的空间物体的部件，并形成功能正常的卫星⑭。欧洲空间局（ESA）也在研发空间碎片补救技术，具体就是欧洲第一套网式碎片主动移除系统（ADR1EN）在地面上测试碎片移除网技术，

---

⑨ 根据指南 4，“蓄意解体”可能是“有必要的”。此时，“应在足够低的高度执行解体，以限制所产生的碎片的轨道寿命”。Space Debris Mitigation Guidelines（n. 7）。

⑩ Joseph N. Pelton, Space Debris and Other Threats from Outer Space（Springer，2013）p. 2；Firooz Allahdadi，Isabelle Rongier，Paul D. Wilde（n. 4）at 18，576；“‘凯斯勒现象’是一个轨道碎片相关术语（……），最初出现于《地球物理研究》于 1978 年发表的一篇论文，该文预测称：近地轨道内的已编目物体之间的随机碰撞产生的碎片将从大约 2000 年开始成为大量小尺寸碎片的来源（……）这一术语已成为流行词，可能夸张和扭曲了 1978 年那篇论文的结论，不过迄今为止所有的研究都证实我们目前正进入一个新时代，轨道碎片环境将日益被随机碰撞事件所主导。”Donald J. Kessler，Nicholas L. Johnson，J. - C. Liou，Mark Matney “The Kessler Syndrome：Implications to Future Space operations”（33rd annual AAS guidance and control conference，Breckenridge，Colorado，February 6 - February 10 2010）at 1，网址为 http：//webpages. charter. net/dkessler/files/Kessler%20Syndrome - AAS%20Paper. pdf ，访问时间为 2017 年 10 月 21 日。

⑪ Lotta Viikari，“Environmental aspects of space activities” in Frans vor den Dunk，Fabio Tronchetti（eds.），Handbook of Space Law（Edward Elgar，2015）p. 757；Active Debris Removal - An Essential Mechanism for Ensuring the Safety and Sustainability of Outer Space，A Report of the International Interdisciplinary Congress on Space Debris Remediation and On - Orbit Satellite Servicing，27 January 2012，U. N. Doc. A/AC. 105/C. 1/2012/CRP. 16，pp. 8 - 15；Firooz Allahdadi，Isabelle Rongier，Paul D. Wilde（n. 4）p. 18；Pelton（n. 1）at 7.

⑫ Pelton（n. 1）at 8.

⑬ Ibid.

⑭ C. G. Henshaw，“The DARPA Phoenix Spacecraft Servicing Program：Overview and Plans for Risk Reduction”，Proceedings of 12th International Symposium on Artificial Intelligence，Robotics and Automation in Space（Montreal，Canada，2014）；Active Debris Removal（n. 11）at 27.

旨在将来实现这类技术的商业化[15]。

在本项分析的语境中，碎片主动移除技术包括用以执行碎片移除作业的轨道卫星服务技术。

下文将会解释，即便用以实现这些目标的技术目前已达到先进水平，它们的应用也会遭遇法律和政治上的严重阻碍。主要顾虑之一就是这类技术的应用与外层空间的武器化之间的相互影响。考虑到这一点，这种技术所要面临的不仅是现有的法律体制以及空间碎片移除活动涉及的主要法律问题，还将面临上述相互影响。

4.1.2　《外空法典》与空间碎片，始料未及的挑战?

《关于各国探索和利用包括月球和其他天体在内外层空间活动的原则条约》（以下简称《外层空间条约》）[16] 是国际空间法中的基本法律规定，已有 106 个国家批准，有 25 个国家签署[17]。此条约被视为准宪法条约。此外，人们普遍认为早期版本的《各国探索和利用外层空间活动的法律原则宣言》以下简称《宣言》中的原则[18]（这些原则大部分已写入《外层空间条约》）已构成一般的习惯法，对所有国家具有约束力[19]。

在编制《外层空间条约》之时，人们并没有意识到空间碎片会对太空通道和太空活动造成长期威胁，因此其中未包含明确的相关条款。后来颁行的涉及外层空间的其他国际协

---

⑮ Jason L. Forshaw, Guglielmo S. Aglietti, Thierry Salmon, et al, "Final payload test results for the Remove Debris active debris removal mission" (2017) 138 Acta Astronautica 326；另参见 Hrishik Mishra and Phillip Schmid, "Motion And Parameter Estimation For The Robotic Capture Of A Non - Cooperative Space Target Considering Egomotion Uncertainty" (Symposium on Advanced Space Technologies in Robotics and Automation ASTRA, 20 - 22 June 2017, Leiden) asserting "The Deutsche Orbitale Servicing Mission (DEOS) from German Aerospace Center (DLR) was considered pivotal in steering the narrative in On - Orbit Servicing (OO - Servicing) towards capture of a non - cooperative spacecraft as a mission objective to secure and de - orbit uncontrollable satellites"。

⑯ 于 1966 年 12 月 19 日颁布、1967 年 1 月 27 日在华盛顿、莫斯科和伦敦公开签署，并于 1967 年 10 月 10 日生效，610 UNTS 205。

⑰ Status of International Agreements Relating to Activities in Outer Space as at 1 January 2017, U. N. doc. A/AC. 105/C. 2/2017/CRP. 7，网址为 http://www.unoosa.org/documents/pdf/ spacelaw/treatystatus/AC105 _ C2 _ 2017 _ CRP07E. pdf。访问时间为 2017 年 11 月 3 日。

⑱ Declaration of Legal Principles Governing the Activities of States in the Exploration and Use of Outer Space, GA Res. 1962 (XⅧ)（以下简称《宣言》）.

⑲ (……)"《原则宣言》的条款几乎等同于《外层空间条约》的条款，这些条款很可能被视为已固定于国际习惯法。" Ricky J. Lee, Steven R. Freeland, "The Crystallisation of General Assembly Space Declarations into Customary International Law" (54th International Astronautical Congress of the International Astronautical Federation, the International Academy of Astronautics, and the International Institute of Space Law 29 September - 3 October 2003, Bremen, Germany); J. I. Gabrynowicz, "The Outer Space Treaty and enhancing space security", UNIDIR, Building the Architecture for Sustainable Space Security: Conference Report 30 - 31 March 2006, at 113。

议也存在同样的弊端[20]。制定国际空间法并不是直接为了解决这一问题[21]；《外层空间条约》以及构成所谓《外空法典》的其他四项协议都不包含针对空间碎片的专设监管制度，也不包含旨在保护外层空间本身的法律制度。

不过，即便相关条款中的条文不牵涉轨道碎片，也不能仅仅依靠字面意义上的解释来探讨这一问题。

相反，《外层空间条约》主要是一项原则性的条约，因为这套条约中的很多条款只是重申或重复了《宣言》中的条款。因此，《外层空间条约》确立的规范不可能在其条文中包含任何明确的法律制度来解决那些影响到外层空间现状的问题。有一项假设需要注意：法律解释者的职责之一就是在法律条文缺失且语意模糊的情况下，研究并澄清理应使用的那项规则[22]。然而，《外层空间条约》确立的相关规范以及关于外层空间的其他协议在解决空间碎片问题时似乎陷入无法逃避的法律困局，因而法律解释者寻求可能的解决方案的历程会变得更为复杂。

其实已经有人准确地指出问题所在："空间碎片的补救面临的第一道重大障碍就是令人费解的法律制度。"[23] 碎片主动移除和轨道卫星服务势在必行[24]，然而《外层空间条约》以及其他外层空间相关协议的条款完全不足以激励空间碎片移除行动，并造成各种法律问题。需要解决其中很多问题，才能执行碎片移除作业。

4.1.3 《外层空间条约》与空间碎片：法律保护的摇篮

《外空法典》中没有任何条款适用于空间碎片问题；相反，这些条约采用"空间物体"这一词。因此在空间碎片以及空间碎片补救方面，只能从这种法律制度得出推测性质的结论。若宽泛解释"空间物体"这一词的含义，则可以说它确实包含"空间碎片"，因为寿命结束的空间物体以及轨道上空间物体的碎片都属于空间碎片。

本章分析中并不会分析词义解释的问题，但是仍然必须指出：如果空间碎片不属于空间物体，那么整个问题就大体上脱离了外层空间相关条约的适用范围[25]。

考虑到这一点，在牵涉空间碎片移除问题时，《外层空间条约》的第八条是最有意义的规范，且应被视为法律体制的核心，原因是该条款包含空间碎片以及空间碎片补救所适

---

[20] Convention on International Liability for Damage Caused by Space objects, 29 March 1972, 961 UNTS 187（以下简称责任公约）；Convention on Registration of Objects Launched into Outer Space, 29 November 1971, UNGA Res. 3235（XXIX）（以下简称登记公约）；Agreement on the Rescue of Astronauts and the Return of Objects Launched in Outer Space, 22 April 1968, 672 UNTS 119; Agreement Governing the Activities of States on the Moon and Other Celestial Bodies, 18 December 1979, 1363 UNTS 3.

[21] Active Debris Removal (n. 11) at 33.

[22] Boleslaw Adam Boczek, International Law: A Dictionary (The Scarecrow Press, 2005) at 328.

[23] Joshua Tallis, "Remediating Space Debris, Legal and Technical Barriers" (2015) 9 (1) Strategic Studies Quarterly 86.

[24] Lotta Viikari, "Environmental aspects of space activities" (n. 11) at 757.

[25] Lotta Viikari, The Environmental Element in Space Law, Assessing the Present and Charting the Future (n. 3) at 70 - 71; Marietta Benko, et al., Space Law: Current Problems and Perspectives for Future Regulation (Eleven International Publishing, 2005) at 41 - 42.

用的其他规范的基本法律条款。

《外层空间条约》第八条的第一部分规定：若本条约的成员国登记了发射到外层空间的物体，则在该物体处于外层空间内或其他天体上时，该国对该物体以及该物体内任何人员拥有管辖与控制权。

第八条的第二部分指出：发射到外层空间的物体的所有权，包括某个天体上着陆的或建造的物体及其物体的组成部件的所有权不会由于该等物体存在于外层空间或某个天体上或由于该等物体返回地球而受到影响。本条约的成员国登记的且超出该国界限的该等物体或组成部件应返还给该成员国，且在该等物体返回之前，该国应提供识别数据。

外层空间是无主权的区域，空间物体的登记会在空间物体与登记国之间产生一种归属权链条。这类归属权包括：空间物体的管辖与控制权；所有权；国家太空活动的国际责任；所有发射国的责任[26]。这些原则代表着国际空间法的基本要素，原因是这些原则首先在《宣言》中提出，然后写入《外层空间条约》。

"管辖与控制"条款写在第八条的第一句中，即"在该物体处于外层空间内或其他天体上时，登记国对该物体以及该物体内任何人员拥有管辖与控制权"。在这种背景下，《登记公约》的第二（2）条尤为重要："若该等空间物体有两个或更多发射国，则这些国家应共同确定哪个国家应登记该物体。"其规定是，只有登记国能行使空间物体的管辖与控制权。

这种权力包括"该国依照国际法对人员、财产和客观环境予以监管或施加影响的权力，且体现出国家主权、各国平等以及不干涉他国内政这些原则"[27]。

依据这套条款，"管辖与控制"条款似乎会阻碍碎片主动移除作业，因为此条款将空间物体定性为"准领土"要素，从而让登记国能够将不与国际法冲突的任何国家法律应用于其太空资产和人员[28]。第三国单方面执行的碎片移除作业会违反《外层空间条约》。

事实上，即便登记国已无法控制空间物体，该国对该等物体以及该物体的部件和碎片拥有的管辖权仍然不会作废。确定某个空间物体是否"失去控制"或"丧失功能"可能比预期的更复杂。其他国家可能会认为某个空间物体完全失去作用，但实际上该物体可能仍然具有一定价值。例如，不活动的空间物体可以储备起来用于未来的太空活动，可能携带有价值的机密信息，或者具有其他国家不知晓的某种利益[29]。

考虑到空间物体的所有权，这一问题就更有意义。

在判定哪个国家可行使管辖与控制权时，空间物体的所有权是一项决定性因素。第八条没有明确界定空间物体的"所有者"，因此必须指出：在国家所有权的意义上，空间物

㉖ Stephan Hobe, et al., Cologne Commentary on Space Law, vol. 1 (Carl Heymanns Verlag, 2009) at 495.

㉗ Micheal N. Shaw, International Law (8th edn, Cambridge University Press, 2017) at 483.

㉘ Gbenga Oduntan, Sovereignty and Jurisdiction in Airspace and Outer Space: Legal Criteria for Spatial Delimitation (Routledge, 2012) at 180; Fabio Tronchetti, The Exploitation of Natural Resources of the Moon and Other Celestial Bodies: a proposal for a legal regime (Martinus Nijhoff, 2009) at 202.

㉙ Lotta Viikari, The Environmental Element in Space Law, Assessing the Present and Charting the Future (n. 3) at 33.

体的登记是判定时要考虑的因素[30]。《登记公约》将登记国定义为登记了空间物体的发射国，因此所有权国必须是发射了空间物体或出资实施空间物体发射的那个国家，或者在其领土上或设施内发射空间物体的那个国家[31]。

空间物体的所有权是永久性的，且事实上“不会由于该等物体存在于外层空间或某个天体上或由于该等物体返回地球而受到影响”。这一点尤为重要，因为即便某个国家实际上已无法控制空间物体，或者该空间物体已解体为数百个空间碎片，其所有权仍然存在，无论该物体在何处，也无论该物体的功能状态或实物状态如何[32]。更不用说，丧失功能或不受控制的空间物体在寿命结束时也无法被遗弃[33]。这意味着，无论登记国是否已无法控制整个空间物体或该物体的细小碎片，该物体的所有权不会受任何影响，因而登记国对其空间物体造成的损害负有国际责任，尽管该物体已经无法控制。

《外层空间条约》规定了所有发射国的全面责任。根据第七条规定：“本条约下将物体发射到外层空间，包括月球、其他天体，或出资实施发射的每个成员国，以及在其领土上或设施内发射空间物体的每个成员国，在国际上对该等物体或其组成部件对本条约的其他成员国或其他成员国在地球上、领空内或外层空间（包括月球和其他天体）内的自然人或法人造成的损害承担责任。”此条款尤为重要，因为它扩展了空间物体或其组成部件造成的损害的责任，且适用于任何地方发生的损害：地球上、领空内、外层空间内[34]。

《责任公约》中针对涉及不同国家的“太空损害”制定了更为详细的规则，从而补充了上述条款。事实上，《责任公约》确立了两个单独的责任制度：一个是绝对责任，适用于“空间物体在地球表面上造成的损害或对飞机飞行造成的损害”；另一个是过失责任，适用于外层空间发生的损害[35]。

然而涉及碎片主动移除作业时，这些制度只有在碎片移除作业造成损害时才会适用，即国家或其法人由于其他国家的太空活动而遭受损害。唯一应补偿的损害是造成“人员死亡、人身伤害或健康损害；或者对国家、自然人或法人的财产或国际政府间机构的财产造成损失或损害”的损害。姑且不论外层空间发生损害时“过失”概念的复杂性，《责任公约》甚至不包含外层空间环境本身遭受的损害，且没有考虑外层空间发生损害时执行碎片移除作业的义务。为了保护空间物体并确保外层空间和平活动而制定的外层空间法律制度

---

[30] Ogunsola O. Ogunbanwo, International law and outer space activities (Martinus Nijhoff, 1975) at 82.

[31] Joyeeta Chatterjee, Legal Issues Relating To Unauthorised Space Debris Remediation (65th International Astronautical Congress, Toronto, Canada, 2014) at 7.

[32] Active Debris Removal (n. 11) at 31; Joshua Tallis (n. 23) at 91; Lotta Viikari, The Environmental Element in Space Law, Assessing the Present and Charting the Future (n. 3) at 82.

[33] Lyall and Larsen, Space Law: A Treatise (Routledge, 2016) at 84; Ram S. Jakhu, Joseph N. Pelton, Global Space Governance: An International Study (Springer, 2017) at 123.

[34] 《外层空间条约》第七条规定：“本条约下将物体发射到外层空间——包括月球或其他天体——或出资实施发射的每个成员国，以及在其领土上或设施内发射空间物体的每个成员国，在国际上对该等物体或其组成部件对本条约的其他成员国或其他成员国在地球上、领空内或外层空间（包括月球和其他天体）内的自然人或法人造成的损害承担责任。”

[35] Lotta Viikari, The Environmental Element in Space Law, Assessing the Present and Charting the Future (n. 3) at 65.

的条款也保护着空间碎片[36]，因而移除空间碎片或改变空间物体轨道的任何尝试都面临法律障碍。

下面将会讲到，如果没有“过失责任”法律制度的掣肘，碎片主动移除作业将会更有效。事实上，考虑到为保护外层空间环境以及外层空间出入自由权而制定的基本法律标准，首先应阐明碎片主动补救措施造成的影响[37]。

从上文论述可以明显看出：一方面，国际空间法没有任何适用于空间碎片和空间碎片移除作业的条文。另一方面，对被移除的碎片不拥有所有权的国家执行的碎片移除作业会构成国际上的不法行为，原因是登记国拥有空间物体的管辖与控制权以及所有权，即便该物体被击碎成数以千计的碎片。

至少有一种法律机制有益于空间碎片移除作业——事先征得所有权国的准许。事先征得准许以执行碎片移除作业，即可消除该等作业的非法性质[38]。然而，在解决空间碎片问题时，这种法律机制被视为一种“过于迟缓的方法”。地球轨道全面清理如今势在必行，而要事先征得准许，则必须事先识别空间碎片，但并非总能识别[39]。由于需要大规模的碎片移除作业，尤其是在近地轨道和地球同步轨道上（GSO），因此需要多方授权才能执行碎片主动移除作业的制度不适合于解决现实问题。如果碎片移除措施超出了已授予的许可的限度，则授权会造成国际争端[40]；若碎片移除作业中损坏了某个空间物体，则有可能产生更多的空间碎片[41]。

4.1.4　太空武器化与碎片主动移除：全面的法律视角

外层空间法律制度为空间碎片赋予的法律地位是碎片主动移除作业中面临的主要法律障碍之一。解决空间碎片移除问题的主要法律手段其实集中于《外层空间条约》第八条。“所有权”条款和“管辖与控制”条款似乎会阻碍地球轨道上任何合法的碎片主动移除。

鉴于现有法律体制为空间碎片赋予的法律地位，这种法律手段可能被视为基础性手段，然而一旦牵涉到碎片主动移除作业，这种方法绝不是最妥善的手段。

外层空间的环境保护需求可以让合法的碎片移除作业有据可依。其实，第一，碎片主动移除技术可能首先会关联于促使国际社会对《外层空间条约》达成共识的基本问题之

---

[36] Benko (n. 25) at 43.

[37] 《外层空间条约》第一条第二句规定：“根据平等原则并依据国际法，所有国家应有权自由探索和利用外层空间——包括月球和其他天体，不得存在任何形式的歧视，且应自由出入天体的一切区域。”

[38] International Law Commission, “Draft Articles on Responsibility of States for Internationally Wrongful Acts” Official records of the General Assembly, 56th Sess., Supp. no. 10 (A/56/10); International Law Commission, Yearbook Of The International Law Commission, vol. II pt. 2 (Report of the Commission to the General Assembly on the work of its fifty-third session, 2001) U. N. Doc. A/CN. 4/SER. A/2001/Add. 1 (Part 2) at 72-74.

[39] Firooz Allahdadi, Isabelle Rongier, Paul D. Wilde (n. 4) at 583; Lotta Viikari, The Environmental Element in Space Law, Assessing the Present and Charting the Future (n. 3) at 36.

[40] International Law Commission, Yearbook Of The International Law Commission (n. 38) at 74.

[41] 为了规避这些问题，某些作者甚至提出“未来的碎片移除监管机制甚至可以要求宣布空间碎片不受任何人的‘管辖与控制’；否则，如果碎片移除机制无法区别不同类型的物体，则可能违反联合国空间法。”Lotta Viikari, The Environmental Element in Space Law, Assessing the Present and Charting the Future (n. 3) at 83。

一：所有国家可自由出入并探索外层空间。

这意味着外层空间应当是一个和平的环境，即用以执行太空活动的无害媒介。第二，碎片主动移除技术关联于外层空间的环境保护，且在当今也关联于一种迫切的需求：必须清除空间碎片，以确保外层空间的可持续通行和利用。上文已经说过，外层空间环境几乎没有自我清洁的能力。产生空间碎片的太空活动会立即对外层空间环境产生可能永久性的影响[42]。

“外层空间应为和平的环境，是用以执行太空活动的无害媒介”这一论点以及“保护并补救外层空间环境以确保所有国家可自由出入并探索外层空间”这一论点关联于碎片主动移除技术，不过同时也关联于太空武器化造成的影响。避免外层空间无限制武器化这种意志也曾有助于国际社会达成共识，从而促成《宣言》的制定以及《外层空间条约》的进一步修改。

《外层空间条约》曾是一种必不可少的工具，旨在避免各国在外层空间使用武器（尤其是在冷战期间），并确保所有国家能够自由通行和探索外层空间并开展和平的太空活动—— 这是国际社会追求的一项关键目标。可是如果将武器放入太空中，这一目标必定彻底破灭。此外，太空武器化会威胁外层空间环境，很容易使外层空间演变为战场，并产生更多的空间碎片。因此，“外层空间应为和平的环境，是用以执行太空活动的无害媒介”这种属性会因太空武器化而被破坏。

根据这项论述，可以说碎片主动移除技术以及太空武器化在法律上和事实上互相关联，且关联于当初国际社会达成共识制定《外层空间条约》时所探讨的那些关键问题。

这种互相关联意味着需要采取一种独特手段，因为将某种权力让与某一方，必定会得罪另一方。曾经早有人准确指出：“若规避为登记国赋予管辖与控制权的现有法律中的条款，则可能会对太空安全造成负面影响。”[43] 能够捕捉空间碎片的航天器也可能被用以破坏或扰乱功能正常的卫星。

若采用上文所述的全面环境保护观点，似乎能从根本上解决空间碎片问题：为碎片主动移除作业赋予合法性，然后以此为出发点制定详细的规定。

在这一方面，《外层空间条约》的第一条和第九条尤为重要，因为这些条款都关涉到“外层空间应为和平的环境，是用以执行太空活动的无害媒介”这一根本前提。

《外层空间条约》第一条确立了各项基本原则，这些原则以各种方式影响外层空间中的所有国家活动，且可被视为国际习惯法的组成部分[44]。上述假设对于第一条而言尤为重要，因为该条款的模糊措辞使其难以得到实际应用。《外层空间条约》第一条规定：外层空间（包括月球和其他天体）的探索和利用应服务于所有国家的福祉和利益——无论各国的经济或科技发展达到何种水平，且应由全人类参与。根据平等原则并依据国际法，所有

---

[42] SpaceSecurity. org，Space Security 2008，at 25 特别提出“600 千米以上的轨道碎片将会成为几十年甚至几个世纪的威胁。”网址为 http：//spacesecurityindex. org/ wp－content/uploads/2014/10/SSI2008. pdf。

[43] Active Debris Removal (n. 11).

[44] Fabio Tronchetti (n. 28) at 24－25；See also Ricky J. Lee，Steven R. Freeland (n. 19).

国家应有权自由探索和利用外层空间——包括月球和其他天体，不得存在任何形式的歧视，且应自由出入天体的一切区域。在外层空间中（包括月球和其他天体）应有开展科学研究的自由，且各国应促进和鼓励这类研究中的国际合作。

第一（2）条为所有太空探索国家赋予三项基本权利：自由出入的权利、自由探索的权利、自由利用的权利。此外，该条款确立了这三项权利的行使所对应的具体规范，即外层空间内的出入以及外层空间的探索和利用应“不得存在任何形式的歧视”且“依据平等原则”。不得妨碍任何国家行使这三项权利。一旦某国妨碍这些权利，则违反本条约[45]。

在这种背景下，《外层空间条约》第九条就显得很重要，因为它针对外层空间活动和外层空间环境提出了一项很有价值的规定。

第九（1）条提出一项基本原则。根据此原则，在外层空间的探索和利用当中，“本条约的成员国应遵循合作与互相援助的原则……并适当顾及其他所有国家的相应利益”。第九（2）条特别补充道：“本条约的成员国应研究外层空间（包括月球和其他天体）并探索这些天体，以避免这些天体受到有害污染，并避免地球环境发生不利的变化”，同时采取措施以实现此目的。第九（3）条包含一条强制性国际协商条款，即“如果本条约的某个成员国有理由相信该国或其国民计划在外层空间中执行的某项活动或实验……会对其他成员国的活动造成可能有害的干扰”或者“本条约的某个成员国有理由相信另一个成员国计划在外层空间中执行的某项活动或实验……会对外层空间的和平探索和利用活动造成可能有害的干扰”，则该国“可请求针对该等活动或实验发起协商”。

第一条和第九条确立的法律体制创造了一定的基本方针，从而据此确定碎片主动移除作业与“外层空间应为和平的环境，是用以执行太空活动的无害媒介”这种假设之间的法律关系。下述原则十分重要：

1）所有国家能够自由通行、利用和探索外层空间，不得存在任何歧视，且以公平为基础；

2）禁止对外层空间造成有害污染以及禁止对外层空间活动造成有害干扰；

3）采取适当措施避免外层空间遭受环境污染并避免太空活动相互干扰；

4）若外层空间的和平探索和利用活动受到可能有害的干扰，则强制要求开展国际协商。

可以认为，碎片主动移除技术是一种基本工具，旨在确保这些原则得到践行。为了消除外层空间本身所承受的环境危害，并补救违反上述原则的太空活动，这类技术可以说是标准应对措施。

对于高度拥挤的轨道区域，这些原则假定《外层空间条约》的法律体制具有重大价值且可构成碎片主动移除作业的法律依据。事实上，空间碎片数量不断增多导致外层空间日渐拥堵，正在使外层空间环境即将陷入一种不可逆转的境况[46]。因此，针对空间碎片以及

---

[45] Ibid.

[46] “当前近地轨道环境已经超出某个临界密度，即便近地轨道遵守这些空间碎片减缓指南，也无法阻止碎片数量继续增加。”Donald J. Kessler，Nicholas L. Johnson，J. -C. Liou，Mark Matney（n. 10），12 - 13。

碎片主动移除提出的环保手段应被视为解决这一问题的主要方法。

既然考虑到这种情形，有一个根本性问题不容回避：对现有法律制度能做何种修改？

在评估可行的法律解决方案之前，应简要考虑空间武器化问题，因为此问题可能是碎片主动移除背景下的负面问题。经过测试的碎片主动移除技术能够定位、拦截和捕捉空间碎片，如机器臂、拦截网技术以及电动力系绳[47]。而太空武器也具有这些能力，这就体现出碎片主动移除技术的双重作用。任何有能力执行碎片移除作业的航天器都可能被用于军事用途，例如捕获或操控卫星，以遏止潜在敌方利用外层空间。

外层空间其实是一个高度军事化的环境。由于外层空间具有特殊性质，它能让那些发起战争的国家拥有决定性优势。例如，利用太空可实现持续监控——空间物体借助轨道力学以极高的速度移动，地球表面以及空域内没有任何位置能避过外层空间内的侦测。天基系统可实现精确导航和定位，提供实时气象数据，可能实现即时全球通信，并执行监控和侦查任务[48]。拥有先进太空能力的军队十分依赖太空资产，以至于在没有轨道上的可靠卫星时，其大多数作战能力会下降。

此外，大多数太空资产（如通信卫星、气象预报卫星、观测卫星）可同时用于军事用途和非军事用途。因此，民用卫星和军用卫星之间存在密切关联。

已经有人指出："从军事角度看，如今地球上发生的每一次军事行动都离不开太空……包括人道主义救援行动以及大规模作战行动内在每一次行动都严重依赖太空能力。"[49]

各国基本上都在开发外层空间以将其用于被动军事用途，如卫星定位、通信和侦察。这些活动就是所谓的太空军事化的组成部分。其中，天基系统不直接用于交战但是仅用于支持作战部队的每一种利用太空的形式也算入太空军事化。由于这类活动被视为非攻击性活动，因此国际社会历来普遍认为外层空间的军事化不违反《联合国宪章》第2（4）条[50]。尽管如此，外层空间的每一种被动军事用途是否都具有非攻击性质还是值得怀疑，如利用卫星直接轰炸袭击。

此外，太空的武器化或者外层空间的主动军事用途被描述为"在外层空间或地面上部

---

[47] Active Debris Removal (n. 11) at 24 - 28.

[48] M. N. Schmitt, "International Law and Military Operations in Space" in A. von Bogdandy, R. Wolfrum (eds.) Max Planck Yearbook of United Nations Law (vol. 10, 2006, Brill Academic Publishers) at 90 - 94.

[49] Air Force Gen. John E. Hyten, commander of the United States Strategic Command, "U. S. Strategic Command Perspectives on Deterrence and Assurance"（2017年1月24日在加利福尼亚州斯坦福大学国际安全与合作中心的演讲）网址为 http://cisac.fsi.stanford.edu/sites/default/files/transcript_stratcom_-_hyten_160125_no_qa.pdf；另参见 Michael Krepon & Christopher Clary, Space Assurance or Space Dominance? The Case Against Weaponizing Space (Henry L. Stimson Center, 2003) at 10 - 27（认定"如今，太空资产在实时加强军事行动方面发挥更大的作用"，并描述了卫星对军事导航、遥感、通信和武器的贡献）。

[50] 联合国宪章第2（4）条陈述如下："所有成员国应在其国际关系中克制使用武力威胁或武力手段侵害任何国家的领土完整性或政治独立性，或克制做出任何违背联合国宗旨的行为。" United Nations, Charter of the United Nations, 24 October 1945, 1 UNTS XVI。

署攻击性质的武器以攻击位于太空中的目标"[51]。在冷战期间，美国和苏联都发展出利用反卫星武器（ASAT）摧毁卫星的能力。如今，随着科技的快速扩散，更多国家也拥有了反卫星能力[52]。这类武器的利用和扩散风险是牵涉外层空间活动的重大关键性问题。外层空间目前尚未实现武器化[53]，然而主要太空大国的军事准则都含有在外层空间开展进攻作战和防御作战的思想[54]。太空武器化造成的日益严峻的威胁深刻地体现在空间碎片以及外层空间环境的恶化上。

反卫星武器本质上划分为动能武器和定向能武器。动能武器直接撞击目标或在目标附近爆炸，从而达到摧毁目标的效果。绝大多数反卫星武器都是动能武器，如标准导弹、电磁炮发射的小型炮弹以及进入目标卫星的轨道并摧毁目标的"杀手卫星"[55]。另外，反卫星武器也可以是定向能武器。这种武器可发射定向能量束以破坏或摧毁目标[56]。这类武器包括：高能激光器、粒子束炮，以及太空中核爆炸或非核电磁炸弹（E - BOMB）产生的电磁脉冲[57]。这类武器能够暂时削弱卫星子系统或永久性破坏航天器，而无须利用物理投射物。

区分反卫星武器的一个主要特征就是空间碎片的产生。如前文所述，动能反卫星武器以物理撞击的方式摧毁目标，因而会产生数以千计的空间碎片。

尽管尚无反卫星武器用于敌对活动的记录[58]，但是各国很少依据国际法反对这类技术的研发和测试。例如，中国于 2007 年进行了一项太空试验[59]。据报道称当时英国的一名发言人曾说："我们十分担心碎片在太空中产生的影响，且曾表达过这种担心……我们认为，这并不会违反国际法。"[60]

---

[51] Fabio Tronchetti "A Soft Law Approach to Prevent the Weaponisation of Outer Space" in Irmgard Marboe (ed) Soft Law in Outer Space: The Function of Non - binding Norms in International Space Law (Böhlau Verlag 2012) 361 - 386.

[52] "中国、俄罗斯和美国都拥有这些能力。印度前不久开发出多层导弹防御系统，这表明该国可能会拥有直接升入轨道的反卫星武器（至少在不久的将来）。日本、以色列和法国也可被视为当今国际太空防御环境中拥有反卫星能力的国家，因为他们仅仅受到政治意愿的限制，而不是受到技术能力的限制。" NATO Parliamentary Assembly (n. 2) at 6.

[53] Unidir, Outer Space and Global Security (Unidir/2003/26) at 15; John Kierulf, Disarmament under International Law (McGill - Queen's University Press, 2017) at 154; Adam G. Quinn, "The New Age of Space Law: The Outer Space Treaty and the Weaponization of Space" (2008) 17 Minn. J. Int'l L. 475, 494.

[54] Steven Freeland, Jackson Maogoto, "Space Weaponization and the United Nations Charter Regime on Force: a Thick Legal Fog or a Receding Mist?" (2007) 41 (4) The International Lawyer 1091.

[55] Detlew Wolter, Common Security in Outer Space and International Law (UNIDIR 2005) [emphasis added] at 34 - 37.

[56] Bahman Zohuri, Directed Energy Weapons: Physics of High Energy Lasers (HEL) (Springer, 2016) at 81 [emphasis added].

[57] Detlew Wolter (n. 55); CARLO KOPP, "The E - Bomb: A Weapon Of Electrical Mass Destruction" Proceedings Of Infowarcon V, Washington, DC, September 1996.

[58] SpaceSecurity. org, Space Security 2014, at 7. 网址为 http: //spacesecurityindex. org/wp - content/uploads/2014/11/Space - Security - Index - 2014. pdf。

[59] Ibid.

[60] Pavle Kilibarda, "The Militarization of Outer Space and Liability Convention" (2015) 40 (3) Air and Space Law 271.

《外层空间条约》第四条直接关涉太空军事化和武器化问题，仅规定外层空间的部分非军事化，具体如下：

本条约的成员国保证不在地球周围的轨道内部署任何携带有核武器或其他任何大规模杀伤性武器的物体，不会在天体上安装此类武器，也不会以任何方式在外层空间内布设此类武器。本条约的所有成员国应只能将月球和其他天体用于和平用途。禁止在天体上设立军事基地、设施和防御工事，测试任何类型的武器，以及执行军事演习。军事人员参与科学研究或其他和平活动不应被禁止，月球和其他天体的和平探索所必需的设备或设施的使用不应被禁止。

禁止《外层空间条约》的成员国以任何方式在外层空间部署、安装或布设核武器或其他大规模杀伤性武器。反卫星武器的部署或利用不被禁止[61]。此外，人们曾争论“和平用途”条款的含义是“非军事性”还是“非攻击性”。最终外层空间的“非攻击性”使用获得认可，并在国家惯例中得以践行。

第四条下法律体制的模糊性可能来源于一个事实：当年《外层空间条约》编制之时，美国和苏联已经向外层空间发射卫星用于军事用途。在冷战时期，太空大国极其谨慎地确保该条约的条款不会妨碍他们针对外层空间的有限军事用途制定的计划[62]。

因此，太空军事科技朝着太空武器化方向的发展填补了第四条遗留下来的法律空白。如今，太空资产是主要大国的军事装备中不可或缺的部分，而且可能由于法律和政治上的脆弱平衡，各国愿意在可能的冲突中保持克制，不使用反卫星武器。

太空大国的法律规定不够明确，且彼此缺乏诚信，因此外层空间局势越来越微妙。为解决此问题而进行的关于订立约束性条约的谈判目前已停滞[63]。

在这种背景下，太空武器化与上文所述的四项原则有何关联呢？

《外层空间条约》第一条确立的“所有国家能够自由通行、利用和探索外层空间，不得存在任何歧视，且以公平为基础”这一原则会因太空武器的部署或使用而被破坏，且后续不断增加的空间碎片会暂时或永久性地妨碍整个国际社会在外层空间的通行和探索。动能反卫星武器的大规模使用会造成一个问题：一次撞击即可产生数量相当多的碎片，可能会无差别地损害本国自己的卫星以及其他国家的卫星[64]。

在这种背景下，“禁止对外层空间造成有害污染以及禁止对外层空间活动造成有害干

---

[61] Fabio Tronchetti，Fundamentals of Space Law and Policy（Springer，2013）at 9；Johannes M. Wolff “Peaceful uses’ of outer space has permitted its militarization：does it also mean its weaponization?’（2003）Disarmament Forum at 7.

[62] Paul G. Dembling，Daniel M. Arons “The Evolution Of The Outer Space Treaty”（1967）33 Journal Of Air Law And Commerce 419，433；Detlew Wolter（n. 55）at 17.

[63] “最近“就太空武器化达成条约”的尝试是俄罗斯/中国《防止在外空放置武器、对外空物体使用或威胁使用武力条约草案》，该条约于2008年和2014年呈交给裁谈会……这份条约草案可能被视为禁止外层空间武器化的条约制定的起点，不过反对这份草案文件的国家政府也发出批评的声音，因而这份文件不太可能被大多数国家接受……况且，似乎还有人在质疑俄罗斯和中国制定这份条约草案的动机，某些观察员认为这两国的动机是企图遏制敌方的军事能力。” Anél Ferreira - Snyman “Selected Legal Challenges Relating to the Military Use of Outer Space，with Specific Reference to Article IV of the Outer Space Treaty”（2015）18（3）Potchefstroom Elec. L. J. 488.

[64] Ram S. Jakhu，Joseph N. Pelton，Global Space Governance：An International Study（n. 33）at 274.

扰”尤为重要，因为在研究和探索外层空间的过程中，可避免“外层空间的有害污染”并避免“对其他成员国的外层空间活动造成有害干扰”。地球轨道日渐拥堵，导致产生两项义务，即，防止“外层空间的有害污染”以及防止“对其他成员国的外层空间活动造成有害干扰”；认识到《外层空间条约》法律制度日益凸显的重要价值。

《外层空间条约》第九条规定：采取适当措施避免外层空间遭受环境污染并避免太空活动相互干扰；若外层空间的和平探索和利用活动受到可能有害的干扰，则强制要求开展国际协商。这些条款并没有充分得到实际遵行，主要是因为太空大国之间存在太空竞争，且人们开始重新关注反卫星武器的研发[65]。此外，各国不愿意过多披露其太空活动的相关信息，主要因为这种信息具有很高的地缘政治价值。

因此，第九条可以被视为未来太空活动监管的核心规定，因为此条款适用于军事性质和非军事性质的太空活动。作为外层空间探索不可或缺的条件，外层空间活动首先必须遵守“防止外层空间的有害污染”和“防止对其他成员国的外层空间活动造成有害干扰”这两项义务。

只要符合第九条的法律规范，则这项规定不排除外层空间的军事用途，也不排除这种用途的演变。该条款应被视为每一项太空活动的合法性的基本判定依据。

鉴于太空资产是非常脆弱但十分重要的基础设施，因此太空探索国都认识到必须保护太空资产。可以说，如果太空武器化违反了国际法且对太空活动造成实实在在的威胁，则外层空间活动中的透明性和信任建立措施必定会确立一种不同的“太空安全”概念。国际社会目前正在讨论这类措施，因而可利用这次宝贵的机会消除关于外层空间内可能有害的活动的误解、误判和忧虑[66]。

4.1.5 选择性清理作业：可能的临时性解决方案

可促进碎片主动移除作业的一种可行的法律解决方案不可能规避和缓解太空武器化问题。此问题是碎片主动移除技术的一个关键层面。

碎片主动移除技术的双重用途会造成各种现实后果和法律后果，而太空资产当前具有的双重用途性质已经造成这样的后果。

例如，民用太空资产（如通信卫星或观测卫星）用于军事用途仍然属于外层空间的被动军事用途范畴，这类被动用途得到国际社会普遍认可且得到《联合国宪章》第 2（4）条允许——该条款本质上禁止“武力威胁或武力使用”[67]。

此外，如果将专门用于碎片移除作业的卫星用于军事用途，则构成外层空间的主动军事用途，这种卫星即成为天基武器，因而构成“外层空间中的武力威胁或武力使用”，而国际社会一直在竭力避免这种局面。

---

[65] NATO Parliamentary Assembly (n. 2) at 1.

[66] Transparency and confidence - building measures in outer space activities, Report of the Secretary - General, 16 February 2017, U. N. Doc. A/72/65.

[67] Wolff (n. 61) at 8.

2013 年 9 月，中国在外层空间进行了一些试验，涉及在轨服务。这类活动引起国际社会担忧："这类测试超出了官方声明的目的，实质上是轨道上反卫星技术测试的幌子。"[68]碎片主动移除技术与天基武器之间仅有细微的区别，而且可以说如果在未来的监管制度中忽视这一事实，则会导致外层空间"暗地里被武器化"。

既然如此，那么对现有法律制度能做何种修改？《外层空间条约》第一条和第九条奉行的四条原则如何用以监管碎片主动移除作业并确保"外层空间应为和平的环境，是用以执行太空活动的无害媒介"？

若要解答这些问题，则必须参考另一条原则：若外层空间的和平探索和利用活动受到可能有害的干扰，则强制要求开展国际协商。这条原则可阻绝外层空间的通行。

实际上，空间技术日益散播，已经催生出众多太空行为体和太空资产。结果，外层空间日渐成为国家基础设施的基本组成部分。此外，太空资产在安保、全球通信和导航、气象预报以及数据传输这些至关重要的领域起着决定性作用，而这些领域共同造就了价值 78 万亿美元的、极其复杂的全球经济[69]。在不远的将来，个人将越来越便利地参与外层空间的通行和利用。这一预测的依据在于商业化太空飞行以及亚轨道或轨道太空旅游活动的发展[70]。

可以说，第一条和第九条确立的原则已越来越具有更大的价值，因为外层空间的通行已成为各国以及个人所依赖的必备要素。

"若外层空间出现有害污染或外层空间活动受到可能有害的干扰，则强制要求开展国际协商"这一强制性条款可能是解决当前空间碎片问题的工具。这一条款更重要的意义体现在，如果发生"碰撞级联"（即凯斯勒现象），则会导致几个世纪都无法使用某些轨道[71]，从而阻绝外层空间的通行、利用和探索。

国际层面的讨论可最大限度消除太空武器化的威胁，如此最终会促成不同国家联合开展单边碎片移除作业。

然而，当国际社会就碎片主动移除问题开展广泛的协商时，事情会变得极其复杂。哪些标准最适用于碎片移除？

在这一方面，大规模和小规模碎片移除作业会产生不同的后果和结局。

大规模碎片移除作业将遭遇硬性法律障碍，需要从空间物体的所有权国获得多方授权，或者至少需要将空间物体的管辖与控制权转让给执行碎片移除的那个实体或国家。此外，这种方法可能没有效果。事实上，并非所有的碎片都能追踪到。每追踪到一块碎片，在厘米级别上就有 30～50 个不可追踪的物体，对太空资产造成实实在在的危险[72]。

---

[68] Space Security 2014 (n. 58) at 78; Kevin Pollpeter "China's Space Robotic Arm Programs" (2013) SITC Bulletin Analysis.

[69] NATO Parliamentary Assembly (n. 2) at 1.

[70] OECD, The Space Economy at a Glance 2014 (2014, OECD publishing) at 64.

[71] C. M. Scaparotti, "Joint Publication 3 - 14, Space Operations," US Department of Defense, Joint Chiefs of Staff, Washington, D. C., 2013, at 9. 网址为 http: //www. dtic. mil/doctrine/new _ pubs/ jp3 _ 14. pdf。

[72] Firooz Allahdadi, Isabelle Rongier, Paul D. Wilde (n. 4) at 583.

若采取这种方法，则必将集中注意力移除那些追踪到的且已编目的物体，而不会移除那些未编目的“致命性”碎片。因此，在探讨大规模移除作业时，必须考虑安全问题，因而达成一项协议就更加困难。

另一方面，如果执行小规模移除作业，并更加遵守《机构间空间碎片协调委员会空间碎片减缓指南》，尤其是遵守“空间物体最大寿命为 25 年，且寿命结束后应重返大气层”这条规则，则会有实效，并为确立更普遍的方法奠定基础。

现已证实，在完全遵守碎片减缓规则的情况下每年移除五个空间物体，可防止编目碎片数量的继续增加[73]。若空间碎片导致“外层空间出现有害污染”或“外层空间活动受到可能有害的干扰”，则开展广泛的国际协商。通过这种协商，各国可商定这种选择性方法，每年移除一些空间物体。

根据第九条，若某国“有理由相信该国或其国民计划在外层空间（包括月球和其他天体）中执行的某项活动或实验会对其他成员国和平探索和利用外层空间的活动造成可能有害的干扰”，或者某国“有理由相信另一个成员国计划在外层空间（包括月球和其他天体）中执行的某项活动或实验会对外层空间的和平探索和利用活动造成可能有害的干扰”，则应请求发起国际协商。

第九条所依据的原则是“合作与互相援助”原则以及“适当顾及其他所有国家的相应利益”原则。第九条的条文不够明确，没有说明何为“有害干扰”，也没有指定相应机构帮助各国进行此种评估，但是国际协商条款应至少被解释为：若本条约的成员国和平探索和利用外层空间的活动将经历可能有害的干扰，则必须联系该等国家。

这是一种“逐步实施”的方法，旨在达成协议以每年移除若干空间物体，并就未来的全面移除作业协议达成共识，以移除已编目的和未编目的空间物体，因为用以实现此目的的技术可能很快就问世[74]。

4.2　最终结论

《外层空间条约》第八条规定登记国在一定时期内拥有空间物体的管辖权、控制权和所有权，此规定会阻碍另一实体单边开展的空间物体移除活动。某些作者提出空间碎片不应受空间法“保护”[75]。这种提法可能会在太空武器化方面造成严重的安全问题。一系列单边开展的碎片移除作业可能会将外层空间武器化的威胁转变为现实。

《外层空间条约》以及其他四项外层空间的协议针对外层空间的通行、利用和探索制

---

[73] Donald J. Kessler，Nicholas L. Johnson，J. - C. Liou，Mark Matney（n. 10）at 13.

[74] Eugene Levin，Jerome Pearson，Joseph Carroll，“Wholesale Debris Removal From Leo”（2012）73 Acta Astronautica 100.

[75] “已经有人提出，几十年前，《外层空间条约》第八条中‘管辖与控制’条款相关的原则与第九条的原则相平衡，而第九条规定各国有义务在外层空间内开展活动时适当顾及其他国家的相应利益，如此可实现移除不活动卫星的合法权利”，Lotta Viikari，The Environmental Element in Space Law，Assessing the Present and Charting the Future（n. 3）at 82。

定了一些基本规则，这些规则适用于所有的太空活动，无论军事活动还是非军事活动。根据《外层空间条约》第一条和第九条可以得出一条推论：“外层空间应为和平的环境，是用以执行太空活动的无害媒介”这项假设是国际空间法的基本理论依据。小规模碎片移除作业的合法性取决于对第九条的宽泛解读，且太空行为体应参与国际协商，商定每年将若干空间物体移出轨道。

尽管如此，仍然需要制定详细的未来监管制度，尤其是针对大规模碎片移除作业，因为《外层空间条约》确立的基本规则仅仅是初步规则，尚需进一步制定直接解决空间碎片移除问题的法律文件。已经有人准确指出：“《外层空间条约》是一套准宪法，它不仅是一项成果，也会促成其他成果。”[76]

在这一方面，应明确考虑太空武器化所起的作用，因为太空武器化与碎片主动移除技术有着密切关联。事实上，当今存在的法律空白可能会在未来产生无穷无尽的问题——太空军事化与武器化方面的法律制度不确定性可能会让外层空间变成一个名副其实的战场。

不过，目前人们似乎正越来越达成一项共同的认识：外层空间环境保护具有重大价值，且需要确保外层空间活动的长期可持续性。据估计，“我们似乎即将进入一个新纪元，外层空间的环境保护具有新的意义，我们意识到不仅迫切需要在短期内保护有价值的太空资产，而且要确保太空活动的长期可持续性”[77]。国际社会（尤其是空间技术专家、政策制定者以及法律制定者）应采取的下一步行动就是齐心协力制定一套可行的法律制度，因为碎片主动移除技术已经达到足够成熟的地步，能够提供低成本的大规模近地轨道碎片移除解决方案[78]。

作者简介

马泰奥·弗里戈利是一名年轻的研究生，他前不久获得帕尔马大学的法学硕士学位，其学位论文涉及国际法以及外层空间和天体的军事用途。他目前正在从事的一项新研究是关于外层空间军事用途与外层空间环境之间的关系，并打算继续从事空间法和太空政策领域的研究，专注于太空武器化带来的挑战。电子邮箱：matfrigoli@gmail. com。

---

[76] George S. Robinson, Harold M. White, Envoys of Mankind: A Declaration of First Principles for the Governance of Space Societies (Smithsonian Institution Press, 1986) at 181.

[77] Active Debris Removal (n. 11) at 8.

[78] Eugene Levin, Jerome Pearson, Joseph Carroll (n. 74) at 16.

第5章　在外层空间实施自卫以减少空间碎片

安妮特·弗勒利希*

摘要： 目前人们正在广泛探讨碎片主动移除，因为仅仅减缓新的空间碎片的产生已不足以保证外层空间的持续利用。然而这类探讨遭遇重重阻碍，因为专业的联合国太空相关条约的起草者们在编制这些条约时未曾考虑到太空活动数量增加可能造成的后果，如空间碎片等问题。目前缺乏明晰的规定来说明如何处理这一问题，其中不仅涉及“空间碎片”的定义，也涉及解决这一问题的途径和方法，包括涉事运营商的权利和义务。

在这种背景下，联合国提出的制定《外层空间活动国际行为准则》的倡议可以说是在该领域制定明晰规则的一次尝试，尤其是因为这份倡议提出利用自卫权来避免空间碎片的产生。必须在现有国际规范的背景之下评估这种权利，如联合国宪章中关于自卫概念的条款。某些成员国质疑这种权利在空间碎片移除事务中的适用性，且俄罗斯目前主张在联合国和平利用外层空间委员会发起关于自卫的讨论。联合国第一委员会的讨论和倡议也必须考虑在内，因为它们也是从自卫角度出发谋求外层空间的安全与畅通。

若要分析空间碎片主动移除造成的法律影响，则必须理解空间碎片问题的本质。自从苏联（USSR）于1957年10月发射第一颗人造卫星“斯普特尼克1号”以来，已经有超过5250次发射。如今，地球轨道上光是已追踪到的物体就超过42 000个①。其中23 000个物体仍然处在太空中，美国的太空监视网定期追踪这些物体②。该网络是空间碎片相关信息的主要来源。这个数量远远超出目前轨道上正在运行的卫星数量——大约1 200颗③④。

---

* 安妮特·弗勒利希（Annette Froehlich）（✉）
由德国航空航天中心（DLR）临时调派给欧洲空间政策研究所（ESPI），奥地利维也纳
开普敦大学太空实验室，南非开普敦，电子邮箱：annette. froehlich@espi. or. at；annette. froehlich@dlr. de

A. Froehlich（ed.），Space Security and Legal Aspects of Active Debris Removal，Studies in Space Policy 16，https：//doi. org/10. 1007/978 - 3 - 319 - 90338 - 5 _ 5

① ESA，Space debris，http：//www. esa. int/Our _ Activities/Operations/Space _ Debris/ FAQ _ Frequently _ asked _ questions.

② 他们的目录中登记了近地轨道（LEO）上尺寸为5～10 cm的物体以及地球同步轨道（GEO）上尺寸为30 cm～1 m的物体。

③ ESA，About space debris，https：//www. esa. int/Our _ Activities/Operations/Space _ Debris/About _ space _ debri；另参见，Orbital Debris Quarterly News，https：//www. orbitaldebris. jsc. nasa. gov/ quarterly - news/newsletter. html。

④ 地球轨道上所有空间物体的总质量约为7 500 t，欧洲空间局设于欧洲空间操作中心的空间碎片办公室提供的统计数字，http：//www. esa. int/Our _ Activities/Operations/Space _ Debris/ Space _ debris _ by _ the _ numbers。

欧洲空间局（ESA）的 Envisat 卫星（环境卫星）就是停用空间物体的典型范例，这是目前地球轨道上体形最大的民用地球观测卫星（发射重量 8 211 kg）。欧洲空间局于 2012 年 4 月 8 日意外地与这个卫星失去联系，随后于 2012 年 5 月 9 日正式宣布该环境卫星任务终止[⑤]。据推算，这颗卫星可能需要大约 150 年时间才能脱离轨道并进入地球大气层。已发起各种项目和分析以使这颗丧失功能的卫星脱离轨道，不过这颗卫星仍然存在碰撞风险。

由于级联效应（凯斯勒现象），空间碎片产生无限数量新碎片的风险很高。过去发生的种种事件足以证明这种风险的严重性。2007 年中国太空试验就是这类事件的其中之一[⑥]。此外，2009 年 2 月 10 日发生的史上第一起两颗在轨卫星碰撞事件（美国私营公司的通信卫星铱星-33 和俄罗斯的军用卫星宇宙-2251）也必须引起注意。这两颗卫星以 11.7 km/s 的速度相撞，导致其完全被毁，产生了超过 2300 个可追踪的碎片[⑦]。空间碎片的速度极快，因此，国际空间站（ISS）以及其他卫星运营商不得不多次执行避让措施，以避免国际空间站以及其内的人员遭受损伤。事实上，运行中的太空基础设施已经受到过空间碎片的伤害，航天飞机的窗户就曾因油漆碎片造成的损坏而不得不更换[⑧]。

因此出现了一个问题：能否利用自卫原则来移除空间碎片，以避免或减少更多有害事件发生的风险？尤其是当今各国为了确保关键性服务系统保持运作，因而必须保护运行中的空间物体。

因此在编制《外层空间活动国际行为准则》草案时，欧盟（EU）明确援引了自卫权。下文也将分析目前出于相同目的而提出的其他若干倡议。另一件重要的事就是，在联合国和平利用外层空间委员会（UNCOPUOS）等大会上，俄罗斯代表团的表现预示着在空间碎片主动移除背景下，必将讨论在外层空间行使自卫权的问题。

然而已经存在大量的空间碎片，仅仅在发射或运行阶段避免产生新碎片这种做法远远不足以保证太空的可持续利用。因此，在空间碎片主动移除领域需要审视一些问题。首先，必须分析空间碎片的法律定义（第 5.1 节），然后将在现有国际法律规范的背景下深入研究是否存在移除空间碎片的权利或义务（第 5.2 节），以确保太空中的和平行为（第 5.3 节），但同时也考虑目前依据自卫权提出的减缓空间碎片的倡议（第 5.4 节）。

5.1　空间碎片的法律定义

当前的主流观点将太空中的任何人造物体都视为空间物体。然而，不同空间物体造成的风险程度各不相同（如碰撞风险）。功能正常的空间物体可以机动操作，而丧失功能的空间物体则不一定能机动操作，空间碎片机动操作的可能性则更小，尤其是不可追踪的碎

---

⑤ ESA，Earth Online，https：//earth. esa. int/web/guest/missions/esa - operational - eo - missions/envisat.

⑥ ESA，About space debris，https：//www. esa. int/Our _ Activities/Operations/Space _ Debris/About _ space _ debris.

⑦ ESA，About space debris，https：//www. esa. int/Our _ Activities/Operations/Space _ Debris/About _ space _ debris.

⑧ NASA，Space Debris and Human Spacecraft，https：//www. nasa. gov/mission _ pages/station/news/ orbital _ debris. html.

片。空间碎片造成的风险程度很高，因为它们会严重危及所有太空活动。因此需要予以监管，首先要明确空间碎片的法律定义。

5.1.1　缺乏明晰的法律规定：缺乏空间碎片定义

“空间碎片”一词缺乏法律定义，这深刻影响着空间碎片移除作业的合法性。国际空间法（主要是依据联合国的五大太空相关条约和宣言）没有给出空间碎片的定义。这种法律空白导致制度上的模糊，尤其是牵涉空间碎片与丧失功能的物体之间的差别（后者可以有意地保留在太空中作为备用设备，或者在维修卫星能够发射到轨道中时将其修好）。此外，“有用”物体这一概念很难定义，因为不同行为体所想的“用途”可能不同[⑨]。

不过可以参考《外层空间条约》（OST）第七条。该条款规定发射国[⑩]“在国际上对该等物体或其组成部件对本条约的其他成员国或其自然人或法人造成的损害承担责任（……）”。另外，《关于登记射入外层空间物体的公约》（REG）的第 1b 条规定：“‘空间物体’一词的含义包括空间物体的组成部件以及运载火箭及其部件”[⑪]。

联合国的太空相关条约明文规定空间物体包括其组成部件，但是这些条约在定义空间物体时都没有考虑其功能性。这一点很重要，因为《外层空间条约》第八条规定：“若本条约的成员国登记了发射到外层空间的物体，则该国应拥有该物体的管辖与控制权”。若空间物体的分类必须考虑功能性原则，则在空间物体停止运行时，登记国将失去空间物体的管辖与控制权。如此会违背《外层空间条约》第七条，因为该条款规定了空间物体造成的损害的赔偿责任。若国家必须为其空间物体造成的损害承担责任，则国家理应有权对影响其空间物体的所有行动行使控制与管辖权，否则太空作业的控制权与发生损害时承担的责任之间的关联将被打破。

5.1.2　定义空间碎片的倡议

联合国太空相关条约中缺乏空间碎片的法律定义，因此现已提出各种倡议来定义空间碎片。

2007 年，根据机构间空间碎片协调委员会（IADC）阐释和采纳的定义[⑫]，在《空间碎片减缓指南》的框架下，联合国和平利用外层空间委员会科学和技术小组委员会编制了一份草案，联合国大会于同年批准了这份草案[⑬]。在联合国和平利用外层空间委员会的《空间碎片减缓指南》中，“空间碎片”的定义为：在本文件的语境中，空间碎片定义为已

---

⑨ Reconsidering Space Debris：Can Space Junk Be Useful? In：Futurism，https：//futurism. com/ reconsidering - space - debris - space - junk - useful/.

⑩ 《外层空间条约》第七条将发射国定义为“向外层空间发射了空间物体或出资实施发射的那个国家……以及在其领土上或设施内发射空间物体的每个成员国”。

⑪ Art. 1b REG.

⑫ 机构间空间碎片协调委员会是一个国际性政府机构，负责在全世界协调太空内人造碎片与天然碎片事务涉及的活动，https：//www. iadc - online. org/。

⑬ UNGA Res. 62/217，21 December 2007，International cooperation in the peaceful uses of outer space，para. 26.

经丧失功能但是仍然处在地球轨道上或正在返回大气层的一切人造物体，包括其碎片和部件[14]。

应强调，“空间碎片”的这个定义是在“该文件的语境中阐释和采纳的”，且不构成任何具有约束力的国际性法律定义。不过，一些成员国和机构已经采纳这个定义。因此，欧洲空间局（ESA）将空间碎片解释为：“空间碎片定义为处在地球轨道上或正在返回大气层的一切丧失功能的人造物体，包括其碎片和部件”[15]。美国国家航空航天局也宣称“空间碎片包含天然颗粒（流星体）和人造颗粒。流星体处于围绕太阳的轨道上，而大多数人造碎片则处于围绕地球的轨道上。因此，人造碎片通常称之为‘轨道碎片’。轨道碎片是存在于围绕地球的轨道上但不发挥任何实用功能的任何人造物体。这类碎片包括丧失功能的航天器、被遗弃的运载火箭级、任务产生的碎片以及解体碎片。”[16] 此外，国际宇航科学院（IAA）的《太空交通管理宇宙研究》强调：“法律上没有区分有价值的活动航天器和无价值的空间碎片”[17]。然而，这些声明和倡议不构成具有法律约束力的规则。

5.2 移除空间碎片：权利，义务，还是自愿选择

空间碎片尚无具有法律约束力的定义，而存在多种可能的手段用以移除空间碎片，于是就存在一个问题：是否存在移除空间碎片的义务？如果存在，这是一种权利还是自愿选择？

至于国际空间法，《外层空间条约》第一条强调外层空间的自由利用：“外层空间……的探索和利用应服务于所有国家的福祉和利益……根据平等原则并依据国际法，所有国家应有权自由探索和利用外层空间，不得存在任何形式的歧视，且应自由出入天体的一切区域”。此条款明确规定所有国家应有权自由利用外层空间且应自由出入。因而所有的太空行为体都应有权自由利用外层空间。如果某个国家的空间物体阻碍其他国家自由利用太空，则这种现象违反《外层空间条约》第一条。此外，《外层空间条约》第九条明确规定了外层空间自由利用的限度，即强调太空行为体在外层空间内开展活动时必须“适当顾及本条约其他所有成员国的相应利益”[18]。此外，应避免“有害污染”[19]。

没有为有害污染赋予具有法律约束力的定义，不过可能对太空活动造成风险的空间碎片可被视为有害污染，因为这种碎片会污染地球环境以及地球轨道。在这一方面，可参考

---

⑭ Space Debris Mitigation Guidelines of the Committee on the Peaceful Uses of Outer Space, p. 1, pt. 1, http://www.unoosa.org/pdf/publications/st_space_49E.pdf.

⑮ ESA, Space debris, http://www.esa.int/Our_Activities/Operations/Space_Debris/FAQ_Frequently_asked_questions.

⑯ NASA, Space Debris and Human Spacecraft, https://www.nasa.gov/mission_pages/station/news/orbital_debris.html.

⑰ Corinne Contant - Jorgenson, Petr Lála, Kai - Uwe Schrogl (eds.), IAA Cosmic Study on Space Traffic Management, 2006, p. 40, https://iaaweb.org/iaa/Studies/spacetraffic.pdf.

⑱ Art. Ⅸ OST.

⑲ Art. Ⅸ OST.

其他国际规定，尤其是《联合国人类环境会议宣言》，这份文件于1972年确立了第21条原则，即“遵照联合国宪章以及国际法的原则……，各国有责任确保各自管辖范围或控制范围内的活动不会破坏其他国家的环境以及超出国家管辖范围的区域的环境”[20]。1992年《里约热内卢环境与发展宣言》的第2条原则也认同这项义务[21]。

因此可以推论认为，各国有明确的义务以确保各自管辖范围内的太空活动不会破坏天体环境。但现实是当初联合国制定这些宣言之前，大多数空间碎片就已经产生了。不过我们可利用国际法院（ICJ）的法律体系。在盖巴斯科夫-拉基玛洛工程案件中，该法院明确裁定，如果采用新的国际规定来保护环境，则这种新标准不仅适用于即将发生的作业，且适用于已经发生的作业：古往今来，人类出于经济原因和其他原因不断干扰大自然。以前，这种干扰行为从未顾及环境所受的影响。得益于新的科学观念，且人们越来越深刻地意识到这种毫无顾忌、毫无节制的干扰对人类（当代人和未来若干代人）造成的风险，因此在过去的二十年里，为数众多的文件中制定了新的规范和标准。在各国考虑发起新的活动以及继续进行以前发起的活动时，这类新规范必须考虑在内，且这类新标准必须得到应有的重视[22]。对于国际法院而言，这种方法是赖以维系可持续环境的唯一手段[23][24]。

5.2.1　谁有权移除空间碎片：空间碎片与所有权之间是否存在必然关联

根据上文所述的国际规定以及国际法院的法律体系，可以推断确实存在移除空间碎片的义务，但是移除空间碎片的权利或义务必须厘清。此外，本国空间碎片移除与他国空间碎片移除之间的差别必须澄清。

如上文所述，《外层空间条约》第八条规定登记国行使管辖与控制权：“若本条约的成员国登记了发射到外层空间的物体，则在该物体处于外层空间内或其他天体上时，该国对该物体以及该物体内任何人员拥有管辖与控制权。”[25] 此外，“发射到外层空间的物体的所有权……包含其组成部件。”[26] 在考虑执行任何空间碎片移除行动时，执行管辖与控制的权利是很重要的因素。

---

[20] The United Nations Conference on the Human Environment，Stockholm，5 – 16 June 1972，http：// www. un – documents. net/unchedec. htm.

[21] The United Nations Conference on Environment and Development，Rio de Janeiro，3 – 14 June 1992，http：// www. un. org/documents/ga/conf151/aconf15126 – 1annex1. htm.

[22] ICJ，Case concerning the Gabčíkovo – Nagymaros Project（Hungary/Slovakia）judgment of 25 September 1997，para. 140，http：//www. icj – cij. org/files/case – related/92/092 – 19970925 – JUD – 01 – 00 – EN. pdf.

[23] ICJ，Case concerning the Gabčíkovo – Nagymaros Project（Hungary/Slovakia）judgment of 25 September 1997，para. 140.

[24] 在软法律领域，联合国和平利用外层空间委员会《空间碎片减缓指南》中的指南6要求各方“在任务结束后限制航天器和运载火箭轨道级在近地轨道（LEO）区域上的长时间存在”，并建议“航天器和运载火箭轨道级在结束轨道上的运行阶段后并经过近地轨道区域时，应以受控的方式移除出轨道”，http：// www. unoosa. org/documents/pdf/spacelaw/sd/COPUOS – GuidelinesE. pdf。联合国和平利用外层空间委员会的这条指南不具有法律约束力，且很难说指南6是否涵盖所有的空间碎片，因为其中仅仅是明确提到航天器和运载火箭轨道级。不过可以得出结论认为此规定也涵盖组成部件。

[25] Art. Ⅷ OST.

[26] Art. Ⅷ OST.

《登记公约》规定了更多详细条款，以澄清登记义务。《登记公约》第二条第 1 款规定："发射国应登记空间物体"[27]，且第 2 款明确规定："若该等空间物体属于两个或更多发射国，则这些国家应共同确定哪个国家应登记该物体。"[28]

可以得出结论认为：登记国有权移除本国的空间碎片，但是也有义务为了避免环境损害而执行移除[29]。显然，登记国有权请求或允许其他国家执行碎片移除作业。可是，如果某个国家不履行其国际义务，该当如何？另一国是否有权履行这些义务？这方面不存在任何具有约束力的规定，不过人们已多次尝试制定这方面的规则，如《外层空间活动国际行为准则》。

5.2.2 《外层空间活动国际行为准则》(ICoC)

为确保共有外层空间的可持续利用，欧盟（EU）提出了《欧洲外层空间活动行为准则》，随后改名为《国际行为准则》（ICoC）[30]。欧盟提出这套准则是为了加强和促进外层空间的畅通、安全和可持续性，它是欧盟的太空政策中旨在"鼓励外层空间中负责任的行为"的举措之一[31]。此外，提出这套准则"也是为了响应联合国大会两项决议发出的所有太空行为体推行'透明性和信任建立措施'的呼吁"[32]。这两项决议的标题都是"外层空间活动中的透明性和信任建立措施"，第一项决议于 2006 年颁布[33]，第二项于 2007 年颁布[34]，旨在更为安全地利用外层空间。

然而《欧洲外层空间活动行为准则》这一倡议遭遇了重重阻碍，尤其是第 4.2 条造成的阻碍。此条款规定：各国承诺不得在太空中从事直接或间接损坏或摧毁空间物体的行动，除非有正当理由做出这种行动。这种正当理由的依据是三种可能的情形：防止人员生命或健康遭受可能的损害；防止或减少新的空间碎片的出现；《联合国宪章》规定的措施，包括自卫权[35]。

第 4.1 条用户国决心制定并实施相关政策和程序，以最大限度减少太空事故的风险、

---

[27] Art. Ⅱ para. 1 REG.

[28] Art. Ⅱ para. 2 REG.

[29] 参见上面。

[30] European External Action Service (EEAS) (2014): Draft International Code of Conduct for Outer Space Activities, Version 31 March 2014, https://eeas.europa.eu/sites/eeas/files/space_code_conduct_draft_vers_31-march-2014_en.pdf.

[31] EU External Action, Security and Sustainability in Outer Space, 14.01.2015, https://eeas.europa.eu/headquarters/headquarters-homepage/8466/security-and-sustainability-outer-space_en.

[32] EU External Action, Security and Sustainability in Outer Space, 14.01.2015, https://eeas.europa.eu/headquarters/headquarters-homepage/8466/security-and-sustainability-outer-space_en.

[33] Resolution 61/75 on Transparency and confidence-building measures in outer space activities, 2006, A/RES/61/75.

[34] Resolution 62/43 on Transparency and confidence-building measures in outer space activities, 2007, A/RES/62/43.

[35] "克制做出任何直接或间接损坏或摧毁空间物体的行动，除非该等行动有正当理由", European External Action Service (EEAS) (2014): Draft International Code of Conduct for Outer Space Activities, p.6, https://eeas.europa.eu/sites/eeas/files/space_code_conduct_draft_vers_31-march-2014_en.pdf。

空间物体互相碰撞以及对其他国家和平探索和利用外层空间的活动造成的任何形式的有害干扰。

第 4.2 条在执行外层空间活动的过程中，用户国决心：

- 克制做出任何直接或间接损坏或摧毁空间物体的行动，除非该等行动有正当理由：

○ 出于必要的安全考虑，尤其是人员生命或健康承受风险的情况；

○ 减少空间碎片的产生；

○ 遵守《联合国宪章》，包括固有权利以及单独或集体的自卫权。

若必须采取此类特殊行动，则其执行方式应在最大程度上减少空间碎片的产生；

- 采取适当措施尽可能减少碰撞风险。

因此，《国际行为准则》设想存在“预先性干预”这种可能情况，其中利用自卫权来避免空间碎片的产生，以防止其损坏其他太空资产。然而这种情况下动用自卫权会引起争议。自卫权或者以摧毁空间物体的方式避免碎片产生尤其遭到俄罗斯质疑，该国认为这种规定会为摧毁他国空间物体提供借口。在这种情况下应再次强调：完好的太空基础设施不仅对工业化国家的生存至关重要，而且对众多其他国家同样重要。因此，俄罗斯在联合国和平利用外层空间委员会上提出一些提案，旨在讨论太空内行使自卫权[36]。同时，某些拉丁美洲国家认为援引《联合国宪章》第 51 条以及该条款规定的自卫权会引发冲突并进一步导致太空军事化，而不会保护太空活动。在这种背景下，必须深入分析这一领域的相关国际法律规范。

5.3 旨在确保太空内和平行为的国际法律规范

联合国颁行专业的太空相关条约（尤其是《外层空间条约》）是为了监管外层空间中的活动，以确保太空的安全与和平。其他一般性国际规定（如《联合国宪章》）也可能有一定意义。

5.3.1 联合国专业的太空相关条约

关于太空活动的大宪章——《外层空间条约》第三条规定：

本条约的成员国实施的外层空间（包括月球和其他天体）探索和利用活动应符合国际法，包括《联合国宪章》，以维护国际和平与安全，并促进国际合作与谅解[37]。

此条款明确规定执行太空活动必须“符合国际法，包括《联合国宪章》”，旨在“维护国际和平与安全”。此外，《外层空间条约》第四条提及未来外层空间中可能发生的军事干预。

本条约的成员国保证不在地球周围的轨道内部署任何携带有核武器或其他任何大规模

---

[36] 参见：Ⅳ.1. Russian approach for a uniform interpretation of the right of self－defence in outer space in conformity with the UN Charter. p. ⅩⅩ。

[37] Art. Ⅲ OST.

杀伤性武器的物体，不会在天体上安装此类武器，也不会以任何方式在外层空间内布设此类武器。

本条约的所有成员国应只能将月球和其他天体用于和平用途。禁止在天体上设立军事基地、设施和防御工事，测试任何类型的武器，以及执行军事演习。军事人员参与科学研究或其他和平活动不应被禁止。月球和其他天体的和平探索所必需的设备或设施的使用不应被禁止[38]。

《外层空间条约》第四条强调太空的和平利用这一重要问题，但是其他很多问题还不清楚，因为当初各国在编制《外层空间条约》时，未曾设想全面禁止军事干预，况且在冷战时期推行这种禁止规定也是不现实的。

不过，如果为了碎片主动移除而执行太空任务（如欧洲空间局的 e. Deorbit 任务）[39]，则也可能考虑动用军用设备。可惜，由于《外层空间条约》第四条中的某些定义含义不明，因此这种活动可能引发更多质疑和不确定性。因此应详细分析《外层空间条约》第四条。

5.3.1.1 将武器送入太空（《外层空间条约》第六条第 1 款）

《外层空间条约》第六条第 1 款已经导致各种争议性的解读，这是因为“不部署”这一规定含义不明——就算不把武器放入轨道中，也能激活武器，只须简单地飞越也足以投放武器。因此，外层空间可用以运输或投送核武器或大规模杀伤性武器[40]。此外，《外层空间条约》没有说明如何处理那些未曾明确提及的武器，因为《外层空间条约》第六条第 1 款中仅提到“核武器或其他任何大规模杀伤性武器”。这意味着核武器/大规模杀伤性武器以外的其他武器系统不受这一条款的约束，且可以部署于太空中。

在这种情况下，应参考《防止在外空放置武器、对外空物体使用或威胁使用武力条约》(PPWT)。俄罗斯和中国于 2008 年 2 月将这份提案提交给日内瓦裁谈会（CD）。根据这份提议的条约，携带任何武器的物体皆不应被送入地球轨道，且不应在天体上部署任何武器。2014 年 6 月，这份文件的修订版再次提交，但仍然遭到批评。例如，美国提出了安全方面的顾虑且认为此文件欠缺验证机制[41]。

5.3.1.2 和平利用的定义（《外层空间条约》第四条第 2 款和第 4 款）

此外，《外层空间条约》第四条第 2 款规定：只能将月球和其他天体用于“和平用途”。然而“和平用途”一词并未进一步阐释，且其解读存在争议。“和平用途”是否意味

---

[38] Art. Ⅳ OST.

[39] ESA，Clean space，http：//www. esa. int/Our _ Activities/Space _ Engineering _ Technology/Clean _ Space/e. Deorbit.

[40] 因此弹道飞行不违反此条约，然而存有另一项争议：是否允许武器系统，因为武器系统仅经过太空中飞行路径的一部分。因此，美国和苏联于 1972 年签署了 ABM（反弹道导弹）条约，以限制导弹防御系统，因为当时尚不清楚这类天基系统是否被《外层空间条约》第四条所禁止。

[41] Jeff Foust，U. S. Dismisses Space Weapons Treaty Proposal As “Fundamentally Flawed”，in：Spacenews. com，11. 09. 2014，http：//spacenews. com/41842us - dismisses - space - weapons - treaty - proposal - as - fundamentally - flawed/.

着禁止军事用途？还是仅禁止攻击性军事活动？如果“和平”被解释为“非军事”，则所有军事活动都将被禁止。如果“和平”被解释为“非攻击性”，则在太空中仅禁止攻击性活动，但是不禁止军事人员和设施的使用（包括军事人员执行的太空活动）。一般而言，假设“和平”应解释为“非攻击性”，除非《外层空间条约》规定“只能用于和平用途”（《外层空间条约》第六条第 2 款）。在这种前提下，任何具有军事性质的活动和设施都是不允许的。

不过，可以说《外层空间条约》本身也设想了某些军事活动。一切类型的武器的测试都是被禁止的（《外层空间条约》第四条第 3 款），但是“军事人员参与科学研究或其他和平活动”是允许的（《外层空间条约》第四条第 4 款），这条规定可能也适用于空间碎片移除活动。由于这个原因，出现了针对太空中“双重用途”活动的质疑，欧洲空间局（ESA）十分重视这个问题。根据该机构章程的第二条，该机构的使命是“完全出于和平目的，在太空研究和技术领域以及太空相关应用中支持和促进欧洲国家之间的合作”。此处必须强调：众多应用和任务可能同时具有民用性质和军用性质。因此，论及外层空间的和平用途时，可以得出结论认为《外层空间条约》保障了外层空间的使用权，但是第四条做出了限制性规定：这种用途必须是和平的。空间碎片主动移除肯定必须是和平的。但是持异议的人可能会说，碎片主动移除只不过是为摧毁他国的太空基础设施提供借口。因此必须分析这方面的基本规定，尤其是《联合国宪章》中的规定。

5.3.2　联合国宪章与武力使用

《外层空间条约》第三条规定：各成员国执行太空活动“应符合国际法，包括《联合国宪章》”[42]。《联合国宪章》是于第二次世界大战之后制定，其中某些规定涉及武力的使用。不过，首先必须澄清一些先决问题，即《联合国宪章》是否普遍适用于地球外的圈层，因为当初编制和颁行《联合国宪章》之时，联合国的规则主要是为了确保地球上的和平。但是如今人们普遍认同国际法可扩展适用于地球外的两层空间：地球与月球之间的空间以及行星际空间（太阳系以内）。因此，分析涉及和平与安全的相关条款有一定启发意义，尤其是第 2（4）条和第 51 条。

5.3.2.1　联合国宪章第 2（4）与禁止武力使用

《联合国宪章》第 2（4）条总体上禁止武力威胁或武力使用：“所有成员国应在其国际关系中克制使用武力威胁或武力手段侵害任何国家的领土完整性或政治独立性，且克制做出任何违背联合国宗旨的行为。”[43] 国际法院（ICJ）在尼加拉瓜案件中的判决进一步阐释了此条款的含义[44]，该案件的判决为这一条款及其原则赋予国际习惯法的地位。

《联合国宪章》第 2（4）条不仅提及“使用武力侵害领土完整性”，还提及“任何违背

[42] Art. Ⅲ OST.

[43] Art. 2 (4) UN Charter.

[44] Nicaragua Case, Military and Paramilitary Activities in and Against Nicaragua (Nicaragua v. United States of America), I. C. J. Report 1986, para. 190.

联合国宗旨的行为”，从而使自卫权的适用范围大幅扩展。此外必须强调：第 2（4）条不仅关涉领土完整性，也关涉“任何国家的政治独立性”，因而此条款不是将这一权利局限于领土准则。国际法院在尼加拉瓜案件中也赞同这一观点，即强调此条款适用于宣示主权的国家的多种权利。如前文所述，各国必须登记其空间物体。登记之后，登记国即有权管辖和控制空间物体，这意味着登记国可行使宗主权。

5.3.2.2 联合国宪章第 51 条与“预先性自卫”概念

《联合国宪章》第七条阐释“威胁和平的行为、打破和平的行为以及攻击行为”。《联合国宪章》第 51 条阐释“自卫”概念，即规定国家在遭受武装攻击时有做出自卫的固有权利：

现行宪章中的任何条款不得妨害联合国成员国在遭受武装攻击时，单独或集体做出自卫的固有权利，直至安全理事会采取必要措施维护国际和平与安全。成员国在行使自卫权时采取的措施应立即汇报给安全理事会，且不得以任何方式影响安全理事会依据现行宪章采取行动的权力和义务，即安全理事会可随时采取其认为必要的行动，以维护或恢复国际和平与安全[45]。

首先必须注意：《联合国宪章》第 51 条仅在“联合国成员国在遭受武装攻击时”适用，但没有详细说明武装攻击发生的地方。唯一明确的适用对象是联合国成员国遭受的攻击。根据三要素原则，一个国家由国家领土、国家人民和国家权力构成。外层空间中不存在领土，且《外层空间条约》第七条禁止任何国家占有外层空间，因此可以推论认为只能在地球上牵涉领土纠纷时针对另一成员国行使自卫权。然而登记行为会产生上文所述的那种关联，因此空间物体属于登记国且处于该国的宗主权之下，登记国有权保卫归其管辖的人员和物体[46]。

同时，自卫行为必须遵守特定标准，否则将被视为非法行为。在尼加拉瓜案件中，国际法院判定：“至于适用于自卫权的规定，由于各方认为这项权利的存在属于国际习惯法，因此各方专注于讨论该项权利的行使须满足的条件。……各方还同意，被攻击后做出的反应的合法性取决于是否遵守必要性原则以及自卫时采取的措施的相称性。”[47] 为了判定这些要素，可参考《国家对国际不法行为的责任条款草案》，此文件更为详细地阐释了“必要性”的要素。

（1）防止空间碎片移除活动的非法性

国际法委员会（ILC）制定的《国家对国际不法行为的责任条款草案》[48] 给出各种具

---

[45] Art. 51 UN Charter.

[46] 因此，登记空间物体这种做法的优点在于，唯有如此才能对空间物体行使宗主权并在发生危险时保护它们。

[47] Nicaragua Case, Military and Paramilitary Activities in and Against Nicaragua (Nicaragua v. United States of America), I. C. J. Report 1986, para. 194. http://www.icj-cij.org/files/case-related/70/070-19860627-JUD-01-00-EN.pdf.

[48] 国际法委员会，《国家对国际不法行为的责任条款草案》，由国际法委员会在 2001 年第五十三次会议上制定并提交至联合国大会，http://legal.un.org/ilc/texts/instruments/english/draft_articles/9_6_2001.pdf。

体手段以消除某种行为的非法性。首先，第 20 条阐释“准许”（即一个国家明确准许另一个国家执行特定的行为，如此防止针对前一个国家做出不法行为，保证该等行为始终处于该等准许的限度之内）[49]。在碎片主动移除的背景下，只要登记国准许移除其空间碎片，则另一国移除登记国的空间碎片时即不构成非法行为。第 21 条阐释“自卫”（“若某国遵循《联合国宪章》采取合法措施进行自卫，则该国的自卫行动不构成非法行为”）[50]。上文已经分析过一种可能性：在空间碎片移除背景下，动用自卫权以避免危害其他太空作业。

另一个重要的要素就是第 25 条中所述的“必要性”[51]。只要一国的行动具有“必要性”，则其行动即不构成违反国际义务的非法行为[52]。不过，要确保行动的必要性，必须满足各种标准。这种行动“必须是该国在面临严峻且迫切的危险时赖以保护其基本利益的唯一手段”[53]，且“不得严重危害该项义务所保护的一个或多个国家的基本利益，且不得损害整个国际社会的利益。”[54] 在空间碎片问题上，国际社会的利益体现在：空间碎片不会构成进一步威胁，且空间碎片的移除不会以任何可设想的方式危害所有权国的基本利益（除非该国不将太空中的这个物体视为空间碎片，而是将其视为停止运行但是未来作业中必须用到的空间物体）。即便某种危险情形是在中期或远期的未来发生，这种危险也会被视为“严峻且迫切的危险”。国际法院在盖巴斯科夫-拉基玛洛工程案件中判定：“只要在相关的时间点上判定某种很久后才会发生的‘危险’是确定的且必然的，则无论过多久才发生，该等危险也可被视为‘迫切’危险。”[55]

（2）预先性自卫概念与预防措施

第 51 条规定：“现行宪章中的任何条款不得妨害联合国成员国在遭受武装攻击时，单独或集体做出自卫的固有权利”。如果严格解读，则只有在“发生武装攻击”时，此条款才适用。可是，如果攻击显然已经迫近，且可能严重损害受害国，该当如何呢？该国是否应当等待并首先忍受攻击？受害国能否依法提前采取行动并发起自卫，以避免其国家、人民或财产遭受损伤？（尤其是考虑到联合国安全理事会要经过一定时间后才能采取《联合国宪章》第 51 条中规定的措施）。若一次动用大规模杀伤性武器的攻击会对受害国造成巨大的，甚至灭绝性的毁坏作用，那么此时可合法动用预先性自卫权，因为如果不这样做，受害国将不复存在，或者无法行使其自卫权。

早在《联合国宪章》编制之前，人们就已经在广泛争论预先性自卫权的问题，尤其是

---

[49] ILC，Draft articles on “Responsibility of States for Internationally Wrongful Acts”，Art. 20.

[50] ILC，Draft articles on “Responsibility of States for Internationally Wrongful Acts”，Art. 21.

[51] ILC，Draft on “Responsibility of States for Internationally Wrongful Acts”，2001，http：//legal. un. org/ilc/texts/instruments/english/draft _ articles/9 _ 6 _ 2001. pdf.

[52] Art. 25，para. 1.

[53] Art. 25，para. 1a.

[54] Art. 25，para. 1b.

[55] ICJ，Case concerning the Gabčíkovo – Nagymaros Project (Hungary/Slovakia) judgment of 25 September 1997，para. 54.

考虑加洛林案的情况下[56][57]。早在19世纪，国际习惯法就认同先发制人的合法武力使用是自卫。在加洛林案期间精心阐释了行使这项权利的条件，即“必要性”（“自卫的必要性意味着攻击迫在眉睫，势不可挡，没有其他可选的手段，且没有时间从容商议”）[58]，攻击已经迫近（“攻击是指已经发生的和预期发生的武装攻击”）[59]，以及“相称性”条件（考虑在自卫时采取的措施是避免威胁/攻击的唯一手段）。

2001年9月11日的惨剧发生后，乔治·W. 布什总统领导下的美国政府决定必须重新考虑并采用（预先性）自卫权，以应对高科技武器造成的威胁。当时提出一项新策略，其中包含“先发制人”概念。美国《国家安全战略》（NSS）宣布，虽然存在用以判定预先性自卫的迫切性的传统标准，但是美国“必须采用新的迫切威胁概念，以适应当今敌人的能力和目标”[60]。该文强调：“威胁越大，不作为造成的风险就越大，且采取预先性行动以保护我们自己的理由就越充分，即便敌方发起攻击的时间和地点仍不确定。”[61] 在存在“不确定性”时仍然可动用预先性自卫，因此先发制人的行动就成了纯粹的政治决策[62]。

5.4 主张动用自卫权以缓解空间碎片的其他倡议

其他大会上也曾讨论过自卫权，例如，在联合国和平利用外层空间委员会的会议上，俄罗斯联邦的代表团曾主张发起讨论。此外，联合国第一委员会内部曾发起讨论，以期达成可能的条约和决议。除了《国际行为准则》，欧盟还针对太空安全提出一些不具有法律约束力的多边协议文件，以保障外层空间的安全和可持续的利用，具体如下文所述。

5.4.1 俄罗斯提出遵照《联合国宪章》统一解释外层空间中的自卫权

多年以来，俄罗斯代表团在联合国和平利用外层空间委员会上一再提起外层空间内的自卫权以及这种权利符合《联合国宪章》的问题。俄罗斯提出统一解释这项权利，并于2015年呈交了一份研究报告，题为“遵照《联合国宪章》统一解释自卫权，将这项权利适用于外层空间，以确保外层空间始终是安全且无冲突的环境，并促进外层空间活动的长期可持续性”[63]。俄罗斯在2017年6月12日发布的声明中称：“这项权利对于整个太空安

---

[56] “加洛林”号小型船于1837年12月20日被摧毁。

[57] The Caroline Case, British - American Diplomacy, http://avalon.law.yale.edu/19th_century/br-1842d.asp.

[58] Daniel Webster, Letter from Daniel Webster, US Secretary of State to Henry Fox, British Minister in Washington, 24 April 1841, p. 1138.

[59] Kinga Tibori Szabó, Anticipatory Action in Self-Defence, 2011, p. 292.

[60] The National Security Strategy of the United States, September 2002, www.whitehouse.gov/nsc/nss.html.

[61] The National Security Strategy of the United States, September 2002, www.whitehouse.gov/nsc/nss.html.

[62] Edward G. Ferguson/John J. Klein, It's Time for the U.S. Air Force to Prepare for Preemption in Space - Without a preemption strategy, the United States is vulnerable -, 22 April 2017, https://warisboring.com/its-time-for-the-u-s-air-force-to-prepare-for-preemption-in-space/.

[63] UNCOPUOS, 58th session, Vienna, A/AC.105/L.294, 29 April 2015.

全纪律具有重要意义”。该国还声称：

遗憾的是，某些国家不愿意讨论这个问题，其原因是多方面的。某些人坚持认为，提出外层空间中自卫这一问题是不可容忍且偏激的。这种立场的道德观念可以理解，但是坦率地说，这种立场并不契合实际。当然，某些人可能不太热衷于在委员会上讨论这个议题，仅仅是因为提出太空内自卫这个概念后，就会促成外层空间内的预防性的、先发制人的乃至预先性的自卫，从而超越《联合国宪章》第51条规定的自卫概念。《联合国宪章》当然不允许这种极端形式的自卫，在地球和其他地方上都不行。某些国家政策文件将外层空间内的自卫视为习惯性规范。这种观点肯定值得探讨，因为习惯包括各国的习惯性做法，对所有国家都有约束力。这是对习惯法的本质的传统描述。我们发现以往从来没有任何事件能被解释为外层空间内自卫的持久惯例[64]。

在后来的议论中，俄罗斯宣称：“绝大多数国家都不会认同这样的习惯法规范真实存在。”此外，俄罗斯联邦的代表团明确声明：“俄罗斯坚持的立场是，国际社会必须达成共识，一致解读《联合国宪章》中的相关条款，因为这些条款也许适用于外层空间。若达成这种共识，则必须经过联合国大会和安全理事会批准。”[65] 出于这些原因，俄罗斯主张对这一要素进行细致分析。(“对外层空间内自卫这一问题进行探究之后，可能会得出一些十分有意思的结果。”[66])

此外，俄罗斯联邦的代表团再次表示对《国际行为准则》草案保留意见：

众所周知的《外层空间活动国际行为准则》草案中引人瞩目的是第4.2款，此条款阐释了一种十分奇怪的概念的理由和合理性。此概念主张针对外国空间物体采取跨越管辖权的强迫性措施，而其依据却十分荒谬，如空间碎片减缓和优先安全考虑。我们曾尝试理解此条款的意图。然而解释此条款是徒劳的，因为解释这种新范式的尝试一直效果不佳。我们可以绝对肯定地说，提出这一思想的那个国家也绝不可能允许其他国家摧毁它的空间物体。坦率地说，这种概念似乎是依据一种假设，即某个国家垄断了外层空间中的强迫性力量[67]。

因此，俄罗斯代表团敦促联合国和平利用外层空间委员会进一步讨论这个议题。“我们由衷地认为委员会应担当起一项非常有实际意义的任务，即分析各种不同的行为表现和行为反应。达成共识可满足缓解冲突爆发这种现实需求[68]。这种积极的思维过程会自然而

---

[64] Statement by the Delegation of the Russian Federation at the 60th session of the Committee on the Peaceful Uses of Outer Space on agenda item 5：Ways and means of maintaining outer space for peaceful purposes，12 June 2017，pp. 1 - 2.

[65] Statement by the Delegation of the Russian Federation at the 60th session of the Committee on the Peaceful Uses of Outer Space on agenda item 5：Ways and means of maintaining outer space for peaceful purposes，12 June 2017，p. 2.

[66] Statement by the Delegation of the Russian Federation at the 60th session of the Committee on the Peaceful Uses of Outer Space on agenda item 5：Ways and means of maintaining outer space for peaceful purposes，12 June 2017，p. 2.

[67] Statement by the Delegation of the Russian Federation at the 60th session of the Committee on the Peaceful Uses of Outer Space on agenda item 5：Ways and means of maintaining outer space for peaceful purposes，12 June 2017，pp. 2 - 3.

[68] Statement by the Delegation of the Russian Federation at the 60th session of the Committee on the Peaceful Uses of Outer Space on agenda item 5：Ways and means of maintaining outer space for peaceful purposes，12 June 2017，p. 3.

然促使人们商定一种更为保守的（克制的）自卫方式。”

此外，俄罗斯代表团在其“综合意见交流”中声明[69]：

不同国家以不同方式对待外层空间内自卫这一问题。……需要讨论他们的观点。……为什么某些参会者认为这个议题超出了本委员会的使命？为什么某些参会者总是拒绝“审查外层空间内自卫的法律依据”这种合理提议？俄罗斯的研究报告 A/AC. 105/L. 294 的根本关注点是解释外层空间内自卫所涉及的问题，而不是倡导这种原则[70]。

俄罗斯代表团于 2015 年呈交的研究报告分析了外层空间内自卫涉及的若干议题，该文件题为：“遵照《联合国宪章》统一解释自卫权，将这项权利适用于外层空间，以确保外层空间始终是安全且无冲突的环境，并促进外层空间活动的长期可持续性。”此文件强调：太空活动的安全和安保的各个要素与众多进行中的倡议和项目密切相关，包括外层空间活动透明性和信任建立措施政府专家组，以及负责制定外层空间活动长期可持续性相关准则的工作组[71]。

此外，俄罗斯的这份文件强调，即便俄罗斯主张讨论外层空间内行使自卫权的法律依据，“这项倡议也不会以任何方式违背‘确保外层空间始终是无冲突的环境’这一基本原则；相反，此倡议旨在精简外层空间内一切安全要素之间的相互关系的研究中的逻辑，并设计出一种系统性的合作方法来确保外层空间安全。”[72] 因此，这份文件的目的是要发起一场讨论，以达成共识并统一解释“自卫”概念，因为俄罗斯代表团认为“自卫”是一种政治概念，而非国际法律概念。因此可能存在一种风险，即并非所有国家愿意遵照《联合国宪章》的规定提出他们的外层空间自卫概念，继而导致冲突发生，尤其是因为可能牵涉不同的地缘政治利益[73]。

总而言之，俄罗斯的这项倡议尚未带来其他任何成果，如发起讨论或者在联合国和平利用外层空间委员会以内成立专门的工作组。这可能是因为其他成员国深知这项议题是针对少数几个国家提出的，如中国、美国和俄罗斯，这些国家拥有的在轨无功能空间物体的占比最高。不过，在联合国和平利用外层空间委员会上，俄罗斯始终反对下述观点：若其他国家认为碎片主动移除是确保外层空间可持续发展的手段，则由这些国家移除空间碎片。

---

[69] Statement by the Delegation of the Russian Federation at the 60th session of the Committee on the Peaceful Uses of Outer Space on agenda item 4: General exchange of views, 7 June 2017.

[70] Statement by the Delegation of the Russian Federation at the 60th session of the Committee on the Peaceful Uses of Outer Space on agenda item 4: General exchange of views, 7 June 2017, pp. 3 – 4.

[71] UNCOPUOS, 58th session, Vienna, A/AC. 105/L. 294, 29 April 2015, p. 1, pt. 1.

[72] UNCOPUOS, 58th session, Vienna, A/AC. 105/L. 294, 29 April 2015, p. 2, pt. 2.

[73] UNCOPUOS, 58th session, Vienna, A/AC. 105/L. 294, 29 April 2015, pp. 2 – 3, pt. 3.

5.4.2　欧盟针对太空安全提议制定不具有法律约束力的多边协议文件

2017 年 6 月 16 日召开了裁军谈判会议“未来道路”工作组会议[74]，当时欧盟在其《关于防止外层空间军备竞赛的声明》中强调：其成员国将“在平等且互相认可的基础上继续促进安全且畅通的空间环境以及外层空间的和平利用。”鉴于行为体和活动的数量越来越多，欧盟声明“适用于太空中人类活动的新规范和新规则的制定更加复杂且更加必要”。对于其所提出的《行为准则》，欧盟强调该文件表明“欧盟作为领导机构愿意与国际社会合作解决太空相关问题”。因此，欧盟坚持认为需要确立更多全球性原则，以确保安全且畅通的空间环境。这些新原则应补充现有的规则和倡议，且“应适用于一切太空活动以及相关的挑战，如空间碎片、太空交通管理、碰撞规避以及防止外层空间军备竞赛，因此应构成长远目标：加强太空中的国际合作，共同参与碎片减缓，避免干扰外层空间的和平探索和利用，促进外层空间的公平通行，以及增强太空活动执行的透明性。”[75] 对于欧盟，这份新的、无约束力的文件是促进太空安全与畅通的工具，且其中明确提及空间碎片。

5.4.3　考虑到空间碎片与自卫权时旨在加强太空安全的其他倡议

在空间碎片主动移除的问题上，应首先参考中国和俄罗斯于 2008 年 2 月在联合国第一委员会上共同提交的一份条约草案[76]，题为“防止在外空放置武器、对外空物体使用或威胁使用武力条约”（PPWT）[77]。这份条约草案中阐释了若干定义。第 1b 条将“外层空间中的武器”定义为“制造或改装后用于下述用途的任何外层空间物体或其部件：摧毁、破坏或扰乱外层空间中、地球表面上或大气中正常发挥功能的物体，以及消灭人口或者人类生存所必需的生物圈中的要素，或者利用任何物理原理对这些要素施加伤害”[78]。此外，第 1c 条明确阐释了“部署于外层空间”的含义（“若某个装置围绕地球轨道运行至少一次，或者在离开该轨道之前在一段轨道上运行，或者放置于外层空间中的任何位置或地球之外的任何天体上，则该装置被视为‘部署于外层空间’”）[79]。此外，PPWT 草案第四条规定：“本条约不以任何方式妨碍《联合国宪章》第 51 条规定的成员国做出单独或集体自卫

[74] European Union/External Action，Statements on behalf of the EU，Geneva，16 June 2017，https：//eeas. europa. eu/headquarters/headquarters - homepage/28329/conference - disarmament - working - group - way - ahead - eu - statement - prevention - arms - race - outer - space _ en.

[75] European Union/External Action，Statements on behalf of the EU，Geneva，16 June 2017，https：//eeas. europa. eu/headquarters/headquarters - homepage/28329/conference - disarmament - working - group - way - ahead - eu - statement - prevention - arms - race - outer - space _ en.

[76] Draft “Treaty on the Prevention of the Placement of Weapons in Outer Space，the Threat or Use of Force against Outer Space Objects”（PPWT），https：//www. unog. ch/80256EDD006B8954/（httpAssets）/C4CD83AD4A8B4797C1257CF3003AC425/%24file/1319＋Russian＋Federation＋Draft＋Updated＋PPWT＋. pdf.

[77] United Nations General Assembly Session 61 Verbatim Report 67，A/61/PV. 67，p. 6，6 December 2006.

[78] Art. 1b draft PPWT.

[79] Art. 1c draft PPWT.

的固有权利"[80]，但是没有进一步详细阐释这项权利。这份条约草案明确认可自卫的固有权利，但是没有采纳这项权利。在其他方面，出于对美国太空资产的安全顾虑，遭到了美国的反对。

然后，这份条约草案未能通过，但是当时通过了一份题为"不首先在外层空间部署武器"的决议（NFP)[81]，其中126个国家投赞成票，4个国家投反对票（格鲁吉亚、以色列、乌克兰、美国)[82]，46个国家弃权[83]。这促使各国做出不首先在太空部署武器的政治承诺。欧盟投了弃权票。欧盟解释了投弃权票的原因，强调欧盟及其成员国始终主张安全的太空旅行和太空的和平利用，且认为太空的可持续利用是人们共同的优先事项。于是，欧盟制定了《国际行为准则》，其中涵盖空间碎片和自卫。对于当时提交的决议，欧盟的观点是"这项特殊倡议没有充分促进'增强国家之间的信任与信心'这一目标，反而增加了太空中发生冲突的风险"[84]。此外，这项决议欠缺一项定义来界定何为"太空中的武器"。这可能导致误解（"NFP倡议没有解决定义外层空间中的武器这一棘手问题，这可能会导致某国错误地认为另一国在外层空间部署了武器。若无法对太空中的武器的定义达成共识，则某国无意投放到太空中的某个物体可能会被另一国视为武器"）[85]。

此外，欧盟成员国还担心未来反卫星武器的发展。因此，欧盟认为国际社会迫切需要采取措施避免太空中的军备竞赛。因此，相比于NRP承诺，更合理的做法是将太空行为体的行为作为促进和平利用太空的核心（"以约束外层空间内的行为以及外层空间的利用，从而推进各项有意义的讨论和倡议，从而防止太空演变为冲突的战场，并确保空间环境的长期可持续性"）[86]。

5.5 结论：各种讨论会议上商讨"太空和平利用"时已经遭遇阻碍

2017年6月，联合国和平利用外层空间委员会的会议开幕，当时会上的讨论表明外层空间和平利用的评估极其艰难，因为该委员会还必须审议朝鲜民主主义人民共和国提出的以观察员身份出席该委员会第六十次会议的申请。事实上，"某些代表团表示出强烈担忧……"。这些代表团的观点是：朝鲜民主主义人民共和国一再违反安全理事会的1718号（2006年）、1874号（2009年）、2087号（2013年）、2094号（2013年）、2270号（2016

---

[80] Art. Ⅳ draft PPWT.

[81] Resolution A/RES/69/32, 12 December 2014, initially co-sponsored by Brazil, China and Russia.

[82] United States Mission to the United Nations, Explanation of Vote in the First Committee on Resolution L. 54, Agenda Item 97 (b): No First Placement of Weapons in Outer Space, New York, 30 October 2017, https://usun.state.gov/remarks/8084.

[83] Staff Writers, UN passes resolution banning arms race in outer space, SpaceDaily, 05.12.2014, http://www.spacedaily.com/reports/UN_Passes_Russian_Proposed_Resolution_Banning_Arms_Race_in_Outer_Space_999.html.

[84] Explanation of Vote delivered by Estonia on behalf of European Union Member States, pt. 8.

[85] Explanation of Vote delivered by Estonia on behalf of European Union Member States, pt. 9.

[86] Explanation of Vote delivered by Estonia on behalf of European Union Member States, pt. 10.

年)、2321 号（2016 年）和 2356 号（2017 年）决议，因而无权获得观察员身份。这些代表团认为，如果让朝鲜参加该委员会的会议，则会让人误以为朝鲜的太空项目是和平活动，但事实绝非如此，因为朝鲜每次利用弹道导弹技术发射航天器都直接违反安全理事会的决议，且会让朝鲜更接近其公开声明的目标——打造可携带核弹头的洲际弹道导弹[87]。然而，该委员会的其他成员国认为“这个委员会是所有成员国赖以讨论的平台，且应包容所有国家——无论各国的社会和经济发展达到何种水平，因此所有成员国均以平等身份有权熟悉涉及外层空间和平利用的时事问题”[88]。这种观点让朝鲜有机会以观察员的身份参与联合国和平利用外层空间委员会内部关于外层空间和平利用的谈论，且证明现在仍然需要做大量的工作来定义“外层空间和平利用”这一概念，而在空间碎片主动移除相关活动方面，这项工作将更为艰难。

作者简介

安妮特·弗勒利希是一名科学专家，由德国航空航天中心（DLR）临时调派给设于维也纳的欧洲空间政策研究所（ESPI）；而且她是开普敦大学（SA）太空实验室的一名荣誉兼职高级讲师。她毕业于斯特拉斯堡大学（法国）欧洲与国际法学系，随后完成事业导向型研究生学习，并获得维也纳大学（奥地利）的博士学位。弗勒利希博士是德国航空航天中心和德国派往联合国和国际机构的代表人，她还曾是联合国和平利用外层空间委员会德国代表团的成员和代理领导人。此外，弗勒利希博士是众多专业出版物的作者，并在全球多所大学担任讲师，主讲太空政策、法律和社会事务。她的学术专攻领域是欧洲太空政策、国际和地区空间法、新兴航天国家（非洲、拉丁美洲和中欧）、太空安全以及太空与文化。电子邮箱：Annette. Froehlich@espi. or. at 和 Annette. Froehlich@dlr. de。

---

[87] Report of the Committee on the Peaceful Uses of Outer Space, Sixtieth session, 7 - 16 June 2017, A/72/20, pt. 8.

[88] Report of the Committee on the Peaceful Uses of Outer Space, Sixtieth session, 7 - 16 June 2017, A/72/20, pt. 9.

第 6 章　当前空间碎片监管规定的欠缺及建议

安东·德·瓦尔·阿尔贝茨*

摘要：本项研究的目的是分析空间碎片管理问题方面的现有国际法律制度（即“第一代空间法”），尤其是碎片减缓与消除。依据这项分析引入一种技术框架，以持续关注现有的和未来的空间碎片移除技术，并据此设计出一种框架性的法律制度，以解决空间碎片日益增多的问题。空间碎片管理方面的现有国际法律不利于找出空间碎片问题的解决方案，而当前国际法律制度的分析以及框架性法律制度的设计有助于理解现有国际法律的不确定性。因此提出新的论点：现在应当制定该领域的第二代空间法。

缩略语

COPUOS	联合国和平利用外层空间委员会
FGSL	第一代空间法
《责任公约》（LC）	《外空物体所造成损害之国际责任公约》
《月球协定》（MA）	《指导各国在月球和其他天体上活动的协定》
《外层空间条约》（OST）	《关于各国探索和利用包括月球和其他天体在内的外层空间活动的原则条约》
《登记公约》（CR）	《关于登记射入外层空间物体的公约》
《营救协定》（RA）	《营救宇航员、送回宇航员和归还射入外层空间的物体的协定》
SDRR	空间碎片监管制度
SGSL	第二代空间法
UN	联合国

* 安东·德·瓦尔·阿尔贝茨（Anton. de Waal Alberts）（✉）
南非高等法院，南非开普敦
南非议会，南非开普敦
议会贸易与工业专门委员会，负责太空规定监管
南非开普敦
电子邮箱：anton. alberts@prevoyance. co. za

A. Froehlich（ed.），Space Security and Legal Aspects of Active Debris Removal，Studies in Space Policy 16，https：//doi. org/10. 1007/978－3－319－90338－5_6

6.1　引言

自从 1957 年“斯普特尼克”卫星发射以来，太空活动带来诸多科学发现、积极的技术进步以及通信和遥感领域的众多天基服务系统，以及其他成果。遗憾的是，太空活动也产生了数量庞大的绕地运动的空间碎片，这些碎片以危险的速度运动，因而现有太空资产和人类作业遭受损害和危险的概率极大。

目前航天工业正在形成新太空格局，具体表现为太空开发和活动中私营企业投资越来越多，无怪乎越来越多的研究专注于空间碎片的减缓和移除。利他精神也可以促使人们开发此类技术，但是经济利益才是真正推动该领域众多技术开发项目的驱动因素。

不少技术研究项目正在寻求各种机制来减缓和/或移除空间碎片，然而存在诸多法律问题。这些问题包括：这个领域内是否存在有效的国际法律制度？如果不存在，是否需要建立该制度？如果需要，应采用何种形式？要解答这些问题，必须审视正在成形的技术环境，以形成一种前瞻性范式，从而应对未来可能出现的任何形式的发展局面。

本项研究将探讨现有国际法律制度以及正在成形的技术环境，以确立合乎需求的规章制度，并设计出可行的框架性法律制度来解决空间碎片日益增多的问题。

在研究过程中提出两种新思想：制定一套空间法体系，以促进现有法律的理解和新法律的制定；采用适合于技术资产的分类学工具，以协助设计空间碎片监管制度以及太空活动其他领域内的法律制度。

6.2　空间法律新视角

空间法是一种公共国际法，与其他领域的法律存在切向关系和横向关系；在日趋复杂的环境内，太空行业的老牌参与者和新参与者发起的太空活动越来越多，因而空间法也在不断演进。因此，有必要审视空间法在历史上的系统性定位，从而确保形成一种逻辑上保持一致的法律范式，以方便法律的应用和系统性开发，因为过去、现在和未来的现实世界在不断演变当中。

考虑到空间法的历史沿革、当前状态以及可能的未来趋势，空间法可划分为下述类别。

1）“宏观”法律：这种法律包含“硬法律”和“软法律”。“硬法律”包含五大外层空间相关条约、在切向上约束太空活动的相关条约以及国际习惯法。只要国家认同或实施这些法律，则所有这些法律对国家具有约束力。“软法律”本质上不具有约束力，仅具有指导意义，包括联合国（UN）的各项原则、宣言和决议，以及各类国际机构和地区性机构（无论其是否隶属于联合国）颁布的指导原则，如行为准则、示范法律等。

2）“微观”法律：包括各国通过双边或多边交涉达成相互同意后签署的国家间合作协议，适用于立约国的事务或项目，且通常遵循和参考“宏观”法律。

重要的是，"宏观"法律主要包含广泛适用的哲学原理、基本原则、各种义务以及特定禁例。"宏观"法律通常不会涉及具体的太空活动、倡议或项目的细枝末节，只是规定整体上适用的或通用的普遍规则。对于各项太空活动、倡议或项目的具体规定，则由"微观"法律领域中产生的法律工具加以阐释（如合同），以确保达成共识并确立约束性的义务。因此，"宏观"法律是空间法的骨骼架构，而"微观"法律则是法律体制的肌肉和肌腱。

为更好地理解这一点，必须从时间尺度上注意一个事实：这种系统性法律体制适用于现有的空间法体制，而这套体制起源于冷战时期，因而这套体制在未来不一定适用。当前的趋势是制定和应用"软法律"，而且人们普遍认为五大条约现在已成公论。显然，国际惯例仍然会演进，因为新的活动会成为众所公认的惯例。迄今为止存在的这套法律体制可称为第一代空间法（FGSL）。

然而，随着新太空时代到来，新的太空活动正在挑战第一代空间法以及空间法条约的核心条款的解读，例如，《关于各国探索和利用包括月球和其他天体在内的外层空间活动的原则条约》［以下简称《外层空间条约》］（OST）第二条规定的且适用于所有太空活动的"不得占有"规则。一方面，鉴于越来越大的压力，必须做出修改，以确保太空中和天体上的私人所有权，但同时另一派观点主张重新启用《指导各国在月球和其他天体上活动的协定》（《月球协定》），其中强调禁止占有，并专注于利益分享。

为太空行业内新兴的私营企业提供更为可靠的法律以及起促进作用的法律制度至关重要。设计第一代空间法时，将民族国家视为主要的参与者，且主要专注于国际安全和科学探索，但是这套法律体制可能不利于新太空时代，或者在更糟的情况下被作废，因为各国会颁行本国法律以促成私人参与的太空开发和活动，而忽略第一代空间法。因此现在时机已经成熟，需要考虑制定明晰的法律，促成新的开发项目并监管太空活动，以谋求整个地球更崇高的利益。因此现在必须制定第二代空间法（SGSL）。

下文将证明，空间碎片减缓和移除活动的监管将成为第二代空间法的组成部分。

6.3 空间碎片监管

第一代空间法已经涵盖空间碎片减缓与移除（本章中统称为空间碎片监管制度，SDRR）。下文简要介绍各项参考法律。

6.3.1 五大太空相关条约（硬法律）①

其起点是空间法中的大宪章，即《外层空间条约》。

① United Nations Treaties and Principles on Outer Space, related General Assembly resolutions and other documents, UN Office for Outer Space Affairs, 2013, http://www.unoosa.org/res/oosa-doc/data/documents/2013/stspace/stspace61_0_html/st_space_61E.pdf（访问时间为2017年12月20日）。

6.3.1.1　《关于各国探索和利用包括月球和其他天体在内的外层空间活动的原则条约》

《外层空间条约》是国际空间法制度的基础性法典，起源于联合国《关于各国探索和利用外层空间活动的法律原则宣言》（以下简称《外层空间宣言》）（OSD）。《外层空间宣言》得到一致采纳，被视为国际习惯法[②]。《外层空间条约》是该宣言的法律形式，为后来四项空间法条约奠定了基础。

在空间碎片监管制度领域，《外层空间条约》没有明确提及这种制度，但是该条约确立的某些原则和义务会影响这套制度，具体如下所述。

- 第一条：重要的是，各国为探索和利用太空而自由出入太空的权利正式确立。然而，绕轨运行的空间碎片数量日益增多会在将来抑制这项基本权利。现在的问题是，是否应通过航天发射技术，以及向发射国征收轨道税，以创立一个“清理基金”，资助研发用以移除空间碎片的新技术，从而由《外层空间条约》的所有成员国保护全球公域（即所谓的“人类活动范围”）的这个部分？
- 第六条：本条正式确立一项义务：《外层空间条约》的成员国应承担“国家太空活动的国际责任”。后来《外空物体所造成损害之国际责任公约》［以下简称《责任公约》］（LC）全面阐释了这项义务。下文将探讨此条款是否确立了空间碎片相关责任。
- 第七条：此条款正式确立太空内造成的损害赔偿责任方面的义务，并在《责任公约》中详细阐释。下文将论述。对于空间碎片监管制度而言，一个重要的事实就是发射到外层空间中的物体的组成部件也被视为造成损害的可能原因，且会产生责任。
- 第八条：实施登记制度，从而确立空间物体及其组成部件的管辖权、控制权和所有权之间的关联。此条款促成《关于登记射入外层空间物体的公约》［以下简称《登记公约》］（CR）的颁行。下文将论述。
- 第九条：确立一项重要义务：国家以及受其管辖的人员研究和探索外层空间的方式应避免造成有害污染。考虑到空间碎片问题的影响范围，很显然《外层空间条约》的成员国没有履行这项义务。现在的问题在于：一方面需要进一步减缓空间碎片的增加；另一方面要恢复轨道空间，以确保遵守这项义务。

适用于空间碎片监管制度的下一个空间法条约是已颁行的第二个空间法条约，《营救宇航员、送回宇航员和归还射入外层空间的物体的协定》（以下简称《营救协定》）（RA）。

6.3.1.2　营救宇航员、送回宇航员和归还射入外层空间的物体的协定

编制《营救协定》是为了确保营救和归还不属于“发射当局”（在这个语境中称之为“负责发射的国家”）管辖区的宇航员和空间物体及其组成部件。然而，第 5.3 条确实规定：在“发射当局”的领土范围以外寻回的空间物体或其组成部件应归还给“发射当局”[③]。

---

② Dugard，J. 2012. International Law. A South African Perspective. Cape Town：Juta.

③ 参见注释 2。

这就产生一个问题：此条款是否适用于某国或受其管辖的机构或公司寻回的轨道空间碎片？目前这一点尚未澄清，不过可以肯定的是，《营救协定》的重点在于地球上的领土范围内发现的空间物体及其组成部件理应归还，因此这份协定不针对外层空间内寻回的碎片。

6.3.1.3　《外空物体所造成损害之国际责任公约》

《外空物体所造成损害之国际责任公约》（以下简称《责任公约》）旨在处理空间物体造成的损害，并确立“发射国”的责任。发射国的定义是“向外层空间发射了空间物体或出资实施发射的那个国家或者在其领土上或设施内发射空间物体的那个国家”。对于空间碎片监管制度而言，还有一点很重要：“空间碎片”的定义包含“空间物体的组成部件以及运载火箭及其部件”。于是产生一个问题：“空间物体”的定义是否足以包含空间碎片？还引出另一个问题：空间碎片究竟为何物？空间碎片是否可被视为“发射国”遗弃在太空中的整个组成部件（无论其是否受损）？反之，空间物体的遗弃碎片和解体碎片（无论其尺寸大小）是否可被视为《责任公约》语境中的“空间物体”？

这些问题的答案十分重要，因为它们会影响《责任公约》中责任条款之于空间碎片的适用性。若认定空间物体的确包含空间碎片，则此项条约将对“发射国”的责任产生深远影响，因为此条约确立了十分广泛的责任规定。这种情况下，“发射国”将对属于发射国的且定性为空间物体的空间碎片造成的损害承担责任。这意味着，必须首先证实过失或意图，然后才能追究责任；因此，如果“发射国”无法控制的事件导致碎片产生且造成损害，则发射国无须承担责任。

因此，为“空间物体”赋予确切的定义至关重要。这一问题的答案可能存在于《关于登记射入外层空间物体的公约》（以下简称《登记公约》）（RC），因为此条约将空间物体的登记关联于《责任公约》中规定的责任。

6.3.1.4　关于登记射入外层空间物体的公约

《登记公约》将空间物体的识别关联于其“所有者”（即登记国）以及空间物体造成损害所引发的任何责任。“发射国”（其定义类似于《责任公约》中的定义）有义务在“适当登记册”中登记“其所发射到地球轨道或更远空间中的空间物体……”④。该登记册中的信息必须传达给联合国秘书长。

“空间物体”的定义等同于《责任公约》中的定义，因此该定义也像《责任公约》中的定义一样难以解释。此处面临同样的问题：“组成部件”一词的含义是否包含空间碎片？通常而言，空间碎片应该是发射国遗弃的空间物体的部件和碎片，无论是蓄意遗弃，还是因为无法回收该等部件或碎片而必须遗弃。然而，如果认为“空间物体”的定义包含空间碎片，那么即便遗弃之后也应承担责任，因为即便发射国早已对遗失的空间物体失去兴趣，但是当初登记时确立了所有权和管辖权，因此空间物体仍然是可识别的。

《外层空间条约》第一条规定了自由出入太空的权利，且《外层空间条约》第九条规

---

④　参见注释②。

定了防止太空污染的义务，因此可以认为，空间碎片必须属于《责任条约》和《登记条约》定义的“空间物体”，且发射国将为其可识别的空间碎片造成的损害承担责任。若发射国没有采取措施减缓空间碎片，则构成过失责任。基于意图的责任也会产生[⑤]。

不过现已制定一份软法律文件来处理空间碎片监管制度（下文论述），于是产生其他问题：国际太空业界是否打算将空间碎片纳入“空间物体”的定义？

五大空间法条约中的最后一项——即《指导各国在月球和其他天体上活动的协定》[以下简称《月球协定》]（MA）——用以处理地球周围轨道空间以外的太空活动，因此目前不适用于本章研究。

6.3.2　相关条约（硬法律）

没有证据表明相关条约可对空间碎片监管制度施加强制性法律规定。不过一项研究从经济角度揭示了环境保护协议相关规定的应用对空间碎片减缓可能产生的影响。辛格与穆萨乔认为可以创立国家联盟以管理航天器任务后脱离轨道事务，其中可实行公平转让以缓和成员国之间成本和收益不平衡的问题。这意味着，在“微观”法律欠缺明确解释的情况下，应采用国际协议中的“微观”法律工具以建立所提议的联盟[⑥]。

因此必须继续在第一代空间法的范畴内寻求法律的确切解释，即参考国际习惯法和软法律。

6.3.3　国际习惯法（硬法律）

目前，国际习惯法不包含任何已知适用于空间碎片监管制度的规则，只不过《外层空间宣言》以及后来颁行的《外层空间条约》中规定了“不得污染太空”的义务。如果国家予以实施且其意图受到约束，则这项软法律（下文论述）最终可能会变成国际习惯法。然而这些规则本质上仅仅是缓解性规则。

至于任何空间碎片移除过程中适用的规则，不存在任何实际移除碎片的国家惯例，仅存在空间物体寿命惯例以及重返大气层烧毁程序，而这些惯例也是下文所述的缓解性软法律准则的组成部分。可以认为这些规则构成国际习惯法，因为现已广泛践行这些规则以减缓和移除新增的空间碎片，但是这些规则也包含于下文论述的软法律中，似乎尚未成为法律。

至于大量已存在空间碎片的移除（而不仅仅是缓解措施），存在一个尚未解决的问题：可制定何种规则？这个问题的答案取决于为移除空间碎片采用的技术和做法。

6.3.4　软法律

联合国和平利用外层空间委员会（COPUOS）于 2007 年引入一套非约束性技术措施，

---

⑤　Russian Satellite hit by debris from Chinese anti - satellite test，Space. com，8 March 2013，https：// www. space. com/20138 - russian - satellite - chinese - space - junk. html（访问时间为 2017 年 12 月 20 日）。

⑥　Singer，M. J，& Mussachio，J. T. 2009. Model of an International Environment Agreement among Asymmetric Nations applied to Debris Mitigation. International Astronautical Congress. IAC - 09. A6. 4. 11.

即《空间碎片减缓指南》，联合国大会已正式颁行这套准则⑦。然而，这些准则尚未成为具有法律约束力的规则，不过已经有观点认为，如果太空探索国家持续采用这套准则，则它可以成为国际习惯法。这套准则可减缓空间碎片的增加，但是无法帮助减少轨道中已经存在的空间碎片。因此空间碎片移除仍然处于法律空白之中。

航天器和运载火箭级的“任务规划、设计、制造和运行（发射、任务和废弃）阶段”所适用的七条准则已经制定出来，具体如下：

• 限制正常运行期间释放的碎片；

• 尽可能减少运行各阶段可能发生的解体事件；

• 限制轨道上意外碰撞事件的概率；

• 避免故意摧毁活动和其他有害活动；

• 尽可能减少储存能量导致的任务后解体事件发生的可能性；

• 任务结束后，限制航天器和运载火箭轨道级在近地轨道（LEO）区域上的长时间存在；

• 任务结束后，限制航天器和运载火箭轨道级对地球同步轨道（GEO）区域造成的长期干扰。

6.4 现有空间碎片监管制度的缺陷

6.4.1 现有空间碎片监管制度的效力

《空间碎片减缓指南》对航天工业的参与者没有约束力，这对现有空间碎片监管制度的效力造成负面影响。而且目前不存在任何全球性太空交通管理体系，这使得局面更加糟糕。每个国家和实体至多只能利用空间碎片追踪信息来实施空间物体发射管理以及其中的轨道管理。

按照目前的情况，大型太空资产之间发生严重碰撞时，很可能会释放更多的碎片，并增大碎片增加和伤害这种级联循环发生的概率。因此，必须通过制定新规则以确保这种现象不会发生，这一点至关重要。

空间碎片监管制度目前的缺陷可总结如下：它是第一代空间法的组成部分，其中对硬法律的解释存在不确定性，且软法律本质上不具有强制性。鉴于空间碎片造成损害的概率日渐增加，在第二代空间法中制定一套新的约束性法律显得越来越迫切。

6.4.2 新的技术、机遇和业务模式

新技术开发项目催生出种种新思想、研究、计划和业务模式，以创造和推行空间碎片移除技术和飞行器，并在太空中使用它们，从而开始减少轨道空间碎片的数量。然而，在

---

⑦ Space Debris Mitigation Guidelines of the Committee on the Peaceful Uses of Outer Space，United Nations Office for Outer Space Affairs，2010，http：//www. unoosa. org/pdf/publications/st _ space _ 49E. pdf（访问时间为 2017 年 12 月 19 日）。

推行和利用这类新技术时，第一代空间法存在的诸多不确定性，如前文所述。

本章的目的不是列举当前正在进行中的所有项目，而是建立一套系统性框架，并在这个框架内理解这种技术，以引导法律的确切解释并制定新法律。在这方面，可参考范维克的著作，以确立适用于这种技术的统一规范[⑧]。他借鉴新出现的用以描述物理现实三大基本要素［即物质（M）、能量（E）和信息（I）］的关键概念，并利用其“连结所有的技术并将这些技术呈现于一个相干矩阵中”。

在这个领域，范维克设计出一种十分有用的九单元功能分类矩阵，并利用这个矩阵沿着纵轴和横轴将各种技术分类。纵轴表示物理现实的关键要素，横轴表示技术活动的三种模式——过程、运输和储存。技术活动的这三种模式可描述如下。

- “过程”必须“输入一种类型的输入物并转化为另一种类型的输出物”。
- “运输”必须“接收输入物并将其移动一定距离，然后释放它们”。
- 最后，“储存”必须“接收输入物并将其保留一段时间，然后释放它们”。

技术分类矩阵详见于表 6－1。

表 6－1　技术分类矩阵

		技术活动的三种模式		
		过程	运输	储存
物理现实的三大基本要素	物质(M)			
	能量(E)			
	信息(I)			

表 6－2 所示为一项实例分析，其中采用太空运输技术的技术分类矩阵。注意，可对太空运输技术的每个子系统进行这项分析，且适当情况下这项分析可放大为更大的单位，或缩小为更小的次级单位。

表 6－2　太空运输技术的技术分类矩阵

		技术活动的三种模式		
		过程	运输	储存
物理现实的三大基本要素	物质(M)	单级火箭或多级火箭在发射期间抛弃火箭级	火箭进入轨道(借助火箭发动机)	火箭携带有效载荷
	能量(E)	火箭发动机和电子电路的内部过程	利用燃料箱运输燃料，利用化学燃烧实现火箭推进	燃料箱和电池
	信息(I)	电子电路和通信系统	ICT 系统和软件	ICT 系统和软件

为进行本项研究，采用技术分类矩阵以包含相关法律领域的应用，如表 6－3 所示。执行本项分析时采用了德国轨道服务任务（DEOS）项目，这是德国的一种在轨服务卫星概念。此概念中采用一种服务卫星，用以找到停用的或退役的但是无法脱离轨道的卫星，然后与该卫星汇合，手动捕捉该卫星并将其移出轨道。这种服务卫星将利用轻质操纵器或

⑧　Van Wyk，R. 2004. Technology－A Unifying Code. Cape Town：Stage Media Group.

机器臂捕捉停用的卫星，然后将自身以及被捕捉的卫星移动到预定的再入走廊，以便在大气中烧毁⑨。

表 6 - 3 所示为 DEOS 服务卫星的法律-技术分析。

表 6 - 3 所示为首次尝试设计的一种法律-技术框架，其中不仅规定了适用于项目用途的相关空间法，而且有助于确定将来哪些相关法律适用于在过程、运输和储存这三项活动中识别的各种部件。

这种框架也有助于就空间碎片监管制度的现状以及该项目适用的法律得出结论，因为合同中的“微观”法律的确定性高于“宏观”法律。

制定这种框架是用于空间碎片监管制度方面的研究，不过它也可以应用于任何太空活动。

表 6 - 3　空间碎片移除项目所用的技术与法律分类矩阵

		技术活动的三种模式			用途相关的空间法
		过程	运输	储存	
物理现实的三大基本要素	物质(M)	服务卫星发射	当事卫星所用的空间推进火箭和机器臂	当事卫星所用的机器臂	第一代空间法“宏观”法律(硬法律)：不确定的“微观”法律(软法律)：空间碎片减缓指南，但是尚不存在任何关于空间碎片移除的法律。必须利用“微观”法律(合同)消除不确定性。
	能量(E)	空间推进火箭和电子电路的内部过程，以及太阳能电池获取能量	利用燃料箱运输燃料，利用化学燃烧实现火箭推进	燃料箱和电池	
	信息(I)	电子电路，通信系统利用地球同步轨道卫星馈送	ICT 系统和软件	ICT 系统和软件	
其他法律		物质：发射协议 能量：设计和制造协议，以及知识产权 信息：地球同步轨道卫星使用协议	物质：设计和制造协议，以及知识产权 能量：燃料采购协议 信息：ICT 设计与建造协议；软件授权或开发协议	物质：设计和制造协议，以及知识产权 能量：设计和制造协议，以及知识产权 信息：ICT 设计与建造协议；软件授权或开发协议	

6.4.3　新法律和新思想

本项研究已经证实，太空行业机遇的未来发展以及太空经济的扩张所需的明确法律规定尚未制定。在目前阶段，人们似乎不愿意修改现有条约或订立新条约，不过人们愿意制定软法律，如《空间碎片减缓指南》。

如前文所述，《空间碎片减缓指南》的作用仅仅是限制减缓空间碎片继续增加。因此，

⑨ Deutsche Orbitale Servicing Mission, Deutsches Zentrum für Luft - und Raumfahrt e. V., (Undated), http: //robotics. estec. esa. int/ASTRA/Astra2011/Presentations/Plenary%202/04 _ wolf. pdf (访问时间为 2017 年 12 月 19 日)。

真正需要做的是制定一套新的指南，以管理空间碎片移除，从而使德国轨道服务任务这类项目的融资、开发和发射有法可依。就如《空间碎片减缓指南》，这类准则也有可能转变为国际习惯法，且由于太空活动增加，可能在短时间内实现这种转变。随后，在不远的将来应能正式成为成文法。这项新法律将成为正在发展中的第二代空间法的组成部分。第二代空间法将以公平、公正的方式处理新太空时代的事务，且不会阻碍私营企业。

目前，“宏观”法律缺乏确切的解释，因此合同中的“微观”法律工具将发挥日益重要的作用，至少能让参与空间碎片减缓和/或移除事业的各方有确切的规则可依。这种现状并不理想，但是快速发展的商业化航天工业决不允许法律空白阻碍其各项活动，日益膨胀的新空间环境足以证明这一点。

条约法律让所有国家有权出入和利用太空。若空间碎片仍然阻碍这种权利，且没有主动的法律干预，则自主措施和合同关系很有可能变成事实上的新空间法。这种局面发生时，就来不及订立新的条约了，因为新确立的惯例已经固定成为国际习惯法。

必须寻求新思想和创新思想，以解决空间碎片日益增多这一危险的问题。有一种思想可能会随着时间推移而被普遍接受，即在现有体制内建立国际发射和轨道税，以确保有足够的资金发起国际联合行动，从而移除轨道上的空间碎片，这类似于南非的每一个矿场必须建立的复原基金——旨在确保执行复原作业。

6.5　结论

新空间法同时明确界定“宏观”法律和“微观”法律，一方面可让我们认识到，在“宏观”法律发展不够迅速时，“微观”法律工具赋予的必要的确切法律解释具有重要意义。另一方面，第一代空间法与第二代空间法之间的界限凸显出一个事实：需要制定新的空间法以确立明晰的规定和充分的法律框架，从而以公平且积极的方式应对正在成形的新太空世界。

分析空间碎片监管制度之后可得出这样一个结论：需要尽快制定新的法律。鉴于国际法的执法过程十分复杂，因此可以先行制定软法律，然后使其快速转变为国际习惯法，因为软法律的推行速度很快，希望随后订立条约使其正式成为成文法。

空间法具有技术性质，因此不仅需要法律上的理解，而且需要了解太空活动所依赖的那些技术。在这方面，法律-技术框架内所采用的技术分类矩阵可能有助于制定适用于空间项目的相关法律。可根据实际情况的需要，进一步优化该法律，但至少这是法律-技术分析的出发点。本章采用这个框架进行的分析也表明硬法律欠缺明确解释且只能继续应用软法律。

本质上，此项研究提出的问题多于找出的答案。必须尽快解答这些问题。如果不这样做，航天工业只能自主寻求出路，长此以往可能会导致不公平的后果，并给全球公域带来新的危险。

作者简介

安东·德·瓦尔·阿尔贝茨是南非高等法院的辩护律师，擅长于媒体法、ICT和空间法这些法律领域。他目前是南非议会的议员，而且是议会贸易与工业专门委员会的正式成员。他还经常为在南非投资的外国ICT公司担任法律顾问。他曾担任M－Net公司（非洲最大的收费电视运营商）法务部主管。他在约翰内斯堡大学接受法律教育，并获得斯坦陵布什大学颁发的未来研究哲学硕士学位。他是一位多产的研究员，出版了数部法律著作，多数作品发表于《娱乐、互联网、电信和网络法》期刊。

第 7 章　制定空间碎片主动移除的国际协议

田庄*

摘要：太空应用技术带来了巨大的益处，但是太空活动的兴起也产生副作用：地球轨道上存在为数众多的空间碎片。随着这一问题日益严重，人们也越来越广泛地意识到空间碎片问题，且已就此提出众多倡议。本章论述空间碎片主动移除（ADR）的实施所涉及的若干法律问题。第一个问题：应移除什么物体，即“空间碎片”一词的定义；“空间碎片”与“空间物体”之间的相互关系，而联合国（UN）太空相关条约中频繁提及“空间物体”一词。

联合国太空相关条约通常称之为“联合国五大外层空间相关条约”，具体如下所述。

1）《关于各国探索和利用包括月球和其他天体在内的外层空间活动的原则条约》，18 UST 2410（1967）（简称《外层空间条约》）；

2）《营救宇航员、送回宇航员和归还射入外层空间的物体的协定》（简称《营救协定》）；

3）《外空物体所造成损害之国际责任公约》，119（1968）24 UST 2389（1972）（简称《责任公约》）；

4）《关于登记射入外层空间物体的公约》，28 UST 695（1975），（简称《登记公约》）；

5）《指导各国在月球和其他天体上活动的协定》，1363 国家条约系列 3（1979）（简称《月球协定》）。

所有这些条约的原文详见下述网站＜http：//www. unoosa. org/oosa/en/ourwork/spacelaw/treaties. html＞。

下一个问题就是：谁有权移除空间碎片，以及谁承担该等活动的实施可能产生的责任。最后，本章将探讨创立一个轨道维护基金，用以促进空间碎片主动移除领域的技术开发。

---

* 田庄（Zhuang Tian）（✉）

航空和航天法法学硕士高级学位，莱顿大学，2017。法学学士，中山大学，2014。作者感谢助理教授塔尼娅·马松-兹万博士在作者的硕士研究中给予的宝贵指导和鼓励。作者也感谢安妮特·弗斯利希博士在本文撰写过程中给予的深刻见解和启发。

A. Froehlich（ed.），Space Security and Legal Aspects of Active Debris Removal，Studies in Space Policy 16，https：//doi. org/10. 1007/978－3－319－90338－5＿7

7.1 引言

太空科学与太空应用技术提升了我们对宇宙的基本认识；同时实施环境监控、自然资源管理、采用早期预警系统缓解自然灾害并协助灾害管理、气象预报、气候建模、卫星导航和通信，从而改善了全世界所有人的日常生活[①]。太空科学与技术为人类福祉做出巨大贡献，帮助实现联合国各项大会和峰会的目标，在地球的经济、社会和文化发展中的各个方面发挥了关键性作用[②]。太空应用技术带来巨大的益处，但是太空活动的兴起也产生有害的副作用：地球轨道上存在为数众多的空间碎片，不仅威胁着空间物体以及其中的宇航员，也威胁着地面上的人员和财产。

空间碎片的自我生成效应使空间环境的状况更加恶劣。1978 年，美国国家航空航天局的科学家唐纳德·J. 凯斯勒提出一项理论，即所谓的"凯斯勒现象"。他认为，随着地球轨道上人造卫星数量增多，卫星之间相互碰撞的概率也随之增加[③]。卫星碰撞事件会产生绕轨运动的碎片，其中每个碎片都会增加其他碰撞事件发生的概率，久而久之会导致空间物体的指数增加，继而形成一个围绕地球存在的碎片带[④]。前不久发布的关于近地轨道上碎片数量不稳定性的研究表明：空间环境已经恶化到一定程度，现有物体之间的碰撞会导致近地轨道物体数量增加——至少在未来 200 年是如此，即便没有新发射的空间物体[⑤]。事实上，实际情况会远比这种"未来无发射"的情形更糟糕，因为卫星发射活动将继续开展，预料之外的大规模解体事件会继续发生[⑥]。联合国关于碎片主动移除和在轨服务的报告也证实了这一结论，其文如下：

> 近地轨道上存在的完好物体数量约为 2 500，这个数量可被视为轨道稳定性阈值。一旦超出这个阈值，近地轨道上的碎片数量将自动增加。估算显示这个稳定性阈值已经被突破，目前近地轨道上完好物体的数量已达到 2 683[⑦]。

贡纳尔·莱因贝格认为，若轨道空间碎片以当前增长率增加，将来空间碎片必定会严重阻碍太空作业[⑧]。若国际社会不施加妥善控制，则轨道空间碎片的持续积累最终会使人

---

① UN Doc. A/AC. 105/L. 308，Guidelines for the long - term sustainability of outer space activities (15 February 2017)，at 11. 参见 http：//www. unoosa. org/oosa/oosadoc/data/documents/2017/ aac. 105l/aac. 105l. 308 _ 0. html。

② Id.

③ Donald J. Kessler and Cour - Palais B. G. "Collision frequency of artificial satellites：The creation of a debris belt." Journal of Geophysical Research：Space Physics 83，No. A6 (1978)：2637.

④ Id.

⑤ J. C. Liou， "An Active Debris Removal Parametric Study for LEO Environment Remediation." Advances in Space Research 47，No. 11 (2011)：1865.

⑥ Id.

⑦ UN Doc. A/AC. 105/C. 1/2012/CRP. 16，"Active Debris Removal — An Essential Mechanism for Ensuring the Safety and Sustainability of Outer Space，A Report of the International Interdisciplinary Congress on Space Debris Remediation and On - Orbit Satellite Servicing." (27 January 2012) (在本章称为碎片主动移除与在轨服务报告) at 20. 参见 http：//www. unoosa. org/pdf/ limited/c1/AC105 _ C1 _ 2012 _ CRP16E. pdf。

⑧ Gunnar Leinberg，"Orbital Space Debris." 4 J. L. & Tech. (1989)：93.

类无法利用外层空间[9]。

随着这一问题日益严峻，人们也越来越广泛地意识到空间碎片问题，且已就此提出众多倡议。欧洲空间局（ESA）目前正在策划一项碎片主动移除任务——eDeorbit，其目标是捕捉欧洲空间局拥有的一块沉重的空间碎片，并将其从一条高度为 800～1 000 km 的近极地轨道移出[10]。同样，中国于 2016 年 6 月用首次亮相的长征 7 号火箭发射了“傲龙 1 号”卫星（英文名称为 Roaming Dragon），这是一颗空间碎片移除卫星[11]。这位太空“清洁工”装备有小型机器臂，用以捕捉空间碎片，并将其抛出轨道，送入大气层[12]。

机构间空间碎片协调委员会的几个成员机构目前正在积极研究各种轨道碎片移除概念，然而旨在移除轨道碎片的例行作业要再过好几年才能实施[13]。此外人们一致认为，碎片移除不仅面临技术难题，也面临经济和法律上的障碍[14]。经济障碍方面的问题主要是“谁应出资执行碎片主动移除任务”。法律障碍包括但不限于：ⅰ）“空间碎片”缺乏具有法律约束效力的定义；ⅱ）可能侵犯其他国家的主权管辖权或所有权，因为停止活动的或废弃的空间物体通常仍被视为空间物体；ⅲ）碎片主动移除作业造成的损害可能产生的责任；ⅳ）某些类型的碎片主动移除系统同时具有反卫星武器（ASAT）的属性，因而具有双重用途[15]。布赖恩·威登指出，碎片主动移除方法和技术需要进一步技术研究和开发，全世界的科学家和工程师们正在从事这项事业[16]。同时，法律问题和政策问题也同等重要，因此政策制定者和律师们应开始着手解决这些非技术性难题[17]。

当初联合国制定太空相关条约时，未曾预料到空间碎片产生的危害。结果，这些条约

---

⑨ Id.

⑩ ESA，“E. Deorbit：It is Time to Make Active Debris Removal a Reality for The European Space Sector.”（2017）参见 http：//blogs. esa. int/cleanspace/2017/01/30/e－deorbit－it－is－time－to－make－active－debris－removal－a－reality－for－the－european－space－sector。

⑪ Ajey Lele，“China's 2016 Space White Paper：An Appraisal.”（2017）参见 http：//www. eurasiare－view. com/09012017－chinas－2016－space－white－paper－an－appraisal。

⑫ Id.

⑬ IADC Steering Group，“Space Debris－IADC Assessment Report for 2011.”（2012）at 17. 参见 http：//www. iadc－online. org/Documents/IADC－2012－06，%20IADC%20Annual%20Report%20 for%202011. pdf。

⑭ Id.

⑮ Jinyuan Su，“Active Debris Removal：Potential Legal Barriers and Possible Ways Forward.” Journal of East Asia and International Law 9，no. 2（2016）：Chapter II.

⑯ Brian Weeden，“Overview of the Legal and Policy Challenges of Orbital Debris Removal.” Space Policy 27，no. 1（2011）：42.

⑰ Id. at 43.

中仅包含一些关于空间环境保护的模糊、笼统的条款，其中很多条款的解读存在分歧[18]。因此，面对空间碎片造成的挑战，这些条约绝非最实用的工具。同时，国际软法律则包含关于空间碎片的更为明确的规则。不过这些规则也有其局限性。第一，这些规则不具有法律约束力，因此不会对任何国家施加强制性义务。第二，与空间碎片关联最密切的软法律——包括《机构间空间碎片协调委员会空间碎片减缓指南》（IADC 指南）和《联合国和平利用外层空间委员会空间碎片减缓指南》（COPUOS 指南）——主要适用于碎片减缓；这些指南并不关注碎片补救问题[19]。因此需要制定这一领域内具有法律约束力的明确规则。因此，本章的主要目的是探讨制定关于碎片主动移除的国际条约。

本章划分为七个小节。第 7.1 节从技术和法律角度综合阐述空间碎片问题。第 7.2 节综合阐述空间碎片相关国际制度建立的背景。本章的主体内容是第 7.3 至 7.6 节，论述此类协议的制定中须考虑的各项要素。其中包括："空间碎片"一词的定义，《外层空间条约》中管辖与控制条款造成的障碍的可能解决办法，创立国际轨道维护基金用以相关技术开发，以及碎片主动移除活动的实施可能造成的责任问题。第 7.7 节阐释本章的结论。

7.2 碎片主动移除相关国际协议制定的整体背景

在论述碎片主动移除方面可能制定的国际协议内容之前，先综合分析整体背景，为下文论述奠定基调。这项分析中将阐释碎片主动移除活动的实施遭遇的障碍，从博弈论的角度分析空间碎片补救问题，并探讨如何创立一个最合适的论坛，以便就该协议开展国际谈判。

7.2.1 碎片主动移除的执行所面临的障碍

对于一个类似的问题——即全球气候变化问题，学者们认为：解决长期气候变化这一威胁时面临的最大障碍仍然属于社会问题和政治问题，而不是财政问题和技术问题。学者们曾经一度认为这些问题十分棘手，原因是环境开发产生的收益近在眼前且确定无疑，且利益归于开发者们，而环境治理产生的利益则出现在很远的将来，确定性更低，且十分分

[18] 例如《外层空间条约》第九条规定的"有害污染"存在不同解释。参见 Roberts，Lawrence D，"Addressing the Problem of Orbital Space Debris：Combining International Regulatory and Liability Regimes." Boston College International and Comparative Law Review 15，No. 1（1992）：61。Howard A. Baker 主张"有害污染"的解释必须从整体上解读第九条，且该条款提供的法律保护从来不应适用于外层空间、月球以及其他天体本身的环境。参见 Howard A. Baker，"The Sci - Lab Perception：Its Impact on Protection of the Outer Space Environment." Proceedings of the Thirtieth Colloquium on the Law of Outer Space（1987）：127。相反，M. Miklody 则主张这个词旨在保护空间环境本身的不可侵犯性，无论人类在太空内做出何种活动。参见 M. Miklody，"Some Remarks to the Legal Status of Celestial Bodies and Protection of Environment." Proceedings of the Twenty - fifth Colloquium on the Law of Outer Space（1982）：13。

[19] 但是应指出，为维持外层空间活动持续性而提议制定的第二套指南的主要考虑因素之一就是碎片补救，而这套指南正在商议当中。参见 UN Doc. A/AC. 105/C. 1/L. 362（21 June 2017）。第二套指南的研究仍然在进行当中，这套指南将与第一套指南合为一体，以形成各项指南的完整纲要。然后在 2018 年的联合国大会上呈交这份纲要。参见 http：//www. unoosa. org/oosa/en/ourwork/topics/long - term - sustainability - of - outer - space - activities. html。

散，利益由全体人类共享，而不属于那些采取措施缓解环境影响的人们。此外，需要在众多公司、国家政府、贸易集团和群体之间协调他们的活动，因而这让问题更加复杂化[20]。

空间碎片问题的解决也面临类似的障碍。此外，全球变暖和长期气候变化这些问题的解决方案在经济和技术上是可行的[21]，但是碎片主动移除却不是如此，原因是碎片主动移除的实施费用昂贵，且技术尚未成熟。况且，碎片主动移除方面的国际协议面临两大障碍：成本和收益外部化；不存在短期高性价比收益。

7.2.1.1　成本和收益外部化

成本和收益外部化可能导致“公域悲剧”现象。加勒特·哈丁提出公域悲剧的一种经典模型——“牧场牧人”模型，本章借用此模型进行阐述。

设想有一块人人能使用的牧场。每一位牧人都是理性人，因而追求自己收益的最大化。牧人多多少少会有意识地问（明示或暗示）：“在我的畜群中增加一头牲畜对我有什么效用?”这种“效用”同时具有负分量和正分量。

1）正分量是一头牲畜这个增量的一个函数。这位牧人将获得增加的牲畜卖出后所得的所有收入，因此正效用几乎是＋1。

2）负分量是增加的一头牲畜造成的过度放牧量的一个函数。然而，过度放牧造成的影响由所有牧人分担，因此对于任何一位做出决定的牧人而言，负效用仅仅是－1 的一小部分。

如果将分量的部分效用加在一起，这位理性的牧人会得出结论认为：唯一明智的做法就是将这头牲畜添加到自己的畜群中。然后再增加一个，再增加一个……但是享用这个公域的所有理性的牧人都会得出这样的结论。如此就造成了悲剧。每个人都一心只想无限制地扩大自己的畜群——而这个世界却是有限的。在一个相信公域自由的社会里，如果每个人都一心追求自己最大的利益，那么所有人最终的结局就是毁灭。公域中的自由会让所有人走向灭亡。

还有一个反面实例：污染问题同样也体现出公域悲剧。此时的问题不是从公域中攫取某种事物，而是向公域中放入某种事物：向水体中排放污水、化学品、放射性废物以及废热；向空气中排放有毒有害烟气，在人的视野内放置分散注意力、让人不适的广告标志。效用的计算与上一例中的计算相同。理性人认为：在他向公域内排放的废物造成的成本当中，他所占的那部分成本少于排放前净化他那部分废物的成本。而每个人都抱有这样的想法，因此只要我们表现得像独立、理性、自由的企业家，则我们都会陷入“弄脏自己的窝”这种思维[22]。

在牧人的案例中，污染的成本已经外部化，即每位牧人仅被其牧场过度使用量的一部

---

⑳ Eric K. Clemons and Heinz Schimmelbusch. “The Environmental Prisoners’ Dilemma Or We’re All in This Together: Can I Trust You to Figure it Out?” (2007) at 1. 参见 http://opim.wharton.upenn.edu/～clemons/blogs/prisonersblog.pdf。

㉑ Id.

㉒ Garrett Hardin, “The Tragedy of the Commons.” Science, Vol. 162, No. 3859 (1968): 1244-1245.

分所影响。空间碎片问题也类似于上文所述的污染问题，不过被污染的不只是人类，还有空间物体，且污染不涉及空气污染和水污染，而是空间碎片的污染。

7.2.1.2 缺乏短期高性价比收益

碎片主动移除相关国际协议的制定面临另一个困难，即碎片主动移除活动缺乏短期高性价比收益。在短期内（即未来的 20～30 年），碎片主动移除对运行中的卫星仅带来最低限度的明显益处，因为碎片的主要影响在于小尺寸碎片碰撞太阳能电池板会导致卫星的使用寿命缩短——通过改良太阳能电池板即可非常轻松地减小这种影响[23]。此外，随着碰撞规避技术日趋成熟，运行中的卫星与大尺寸碎片相撞的事件很少[24]。碎片主动移除的首要益处只能在长期内体现出来，因为这种活动将减小碎片无限制增加的概率以及未来太空作业遭遇的限制[25]。

同时，已有人指出，政客们的动机十分短视，而且政府为谋求短期利益而牺牲未来利益的实例不在少数[26]。这种论点的依据是一项分析："竞选失败者会丧失权力，所投资的那些事业不会给他带来明显的益处。于是，若下一次竞选的局势不明朗，则政客会不遗余力地争取短期的政治优势。"[27] 政府的这种短期主义行为还有另一个原因：很多国家的宪法限制了总统任期，于是不连续的任期会驱使政府做出短期主义行为。正因为如此，韩国总统朴槿惠于 2016 年提议修改韩国宪法，取消单一任期这种限制规定，原因是"总统只有单一任期，于是很难维持政策的连贯性，很难看到政策的成果，也很难保持统一的外交政策"[28]。政府的短期主义行为与碎片补救措施的长期利益格格不入，因此会阻碍碎片主动移除事业的发展。

7.2.2 从博弈论角度进行分析

简而言之，当前的碎片污染状况可以总结为一句话："'环境不良行为'以及持续污染的成本在长期内由所有人承担，而污染者却能立即获得益处。"[29] 可以说，所有的太空探索国家都知道必须确保外层空间环境的可持续性且必须减缓和补救空间碎片，但是阻挠这些国家做出实际行动的障碍在于，所有这些国家都抱有同样的思想："单边良好行为太过昂贵，而双边良好行为不一定会发生。"[30]

这种思想类似于"囚徒困境"思想，只不过有两个重大区别。第一，在"囚徒困境"

---

[23] Report on ADR and OOS，supra note 9，at 28.

[24] Id.

[25] Id.

[26] Gary Galles，"Politicians Seek Short－Term Advantages by Lecturing Capitalists about the Long Term."（2015）参见 https：//mises. org/library/politicians－seek－short－term－advantages－lecturing－capitalists－about－long－term。

[27] Id.

[28] Kim Gamel，"S. Korean president proposes amendment to end single－term limit."（2016）参见 https：// www. stripes. com/news/s－korean－president－proposes－amendment－to－end－single－term－limit－1. 435542。

[29] Clemons，supra note 22，at 9.

[30] Id.

中，囚徒必须先讨论才能做出决定；而国家无须讨论即可做出决定[31]。因此，要想订立关于碎片补救的国际协议，要做的第一件事就是开展国际对话，尤其是那些太空探索国家，因为这些国家既是产生空间碎片的主要国家，也是在技术上最有能力实施碎片主动移除的国家。通过对话，各国可表达他们的顾虑，宣告他们的承诺。第二，各国可以年复一年地将这场游戏反复地玩下去[32]。反复的“囚徒困境”可用一种非常简单的“针锋相对”策略来解决：如果合作伙伴表现好，自己也表现好；如果合作伙伴表现坏，自己也表现坏[33]。需要考虑的问题是，如何确保这种“针锋相对”策略不会恶化为“逐底竞争”，因为这种局面会让外层空间变得无法通行，整个国际社会都将成为最终的受害者。为了维持一种绅士风气，一种可行的办法似乎是“有辅助的针锋相对”或“有仲裁的针锋相对”策略，即向造成污染的主要国家施加足够压力，迫使其改变自己的行为[34]。因此，必须订立一项国际协议，以解决可能发生的争端，并惩罚那些危害整个国际社会而为自己谋求不合理利益的国家。

7.2.3 谈判论坛

洛塔·维卡里认为，若由联合国颁行一项条约以解决空间碎片问题，这种办法可能没有效果，因为所有太空探索国家要经过旷日持久的商议之后才能达成共识，而且这种共识最终很可能形成一种缺乏力度的决议[35]。虽然耗时很长，但是为了解决碎片主动移除实施过程中可能出现的复杂法律障碍，必须制定一套系统性的监管制度。这些障碍包括管辖与控制权、资金以及责任。下文论述中将逐个分析。由于必须在这个领域中达成一项具有法律约束力的协议，因此达成这项协议所需的时间越久，这个方向上须采取的行动就要越早实施，从而将空间碎片的“凯斯勒效应”扼杀在萌芽中。

支里斯托弗·D. 威廉斯认为，更有利的做法是在太空探索国家之间开展多边谈判和讨论，而不是通过某个现有机构采取行动[36]。重点应是太空探索国家，因为如果让所有国家或大多数国家参与，则会造成浪费和延迟，同时“只有那些参与太空活动的国家能够采取行动抑制空间碎片的产生，况且只有这些国家会因为碎片损害空间物体而付出代价”[37]。将利益相关方集中在一起并紧紧关注空间碎片问题，如此可提升讨论的效率，并在明确了国际协议的目的之后应继续谈判[38]。

---

[31] Id. at 6.

[32] Id.

[33] Id. at 11.

[34] Id. at 12.

[35] Lotta Viikari, “The Environmental Element in Space Law: Assessing the Present and Charting the Future.” Brill, 2008: 100. 另参见 Plantz, Meghan R. “Orbital Debris: Out of Space.” Ga. j. intl & Comp. l 2 (2013): 608。

[36] Christopher D. Williams. “Space: The Cluttered Frontier.” J. air L. & Com (1994): 1182.

[37] Jürgen Reifarth, “An Appropriate Legal Format for the Discussion of the Problem of Space Debris.” Environmental Aspects of Activities in Outer Space (Karl – Heinz Böckstiegel ed., 1990): 308. Williams, id. at 1181 – 1182.

[38] William, id. at 1183.

简而言之，鉴于碎片主动移除实施过程中面临的法律障碍，必须在这个领域达成一项国际协议。若无此类协议，则没有激励因素促使各国实施碎片主动移除，因为其中的益处大多数已经外部化，且只能在长期内体现出来。从博弈论角度出发分析典型的“囚徒困境”模型，也可证实这种协议的必要性。下文各节将论述碎片主动移除相关国际协议的关键要素，包括：“空间碎片”的定义，“管辖与控制”条款产生的影响，国际基金的创立，以及责任问题。应注意：本章不打算详细论述这些要素，而且国际社会在讨论和商议碎片主动移除相关国际协议时，可能还需要关注其他一些要素。

7.3 空间碎片的定义

7.3.1 功能论方法和控制论方法

联合国的太空相关条约中没有为“空间碎片”和“轨道碎片”赋予具有约束力的定义。为了解答“何种空间物体可被视为空间碎片”这一问题，I. H. Ph. 迪德瑞克斯·弗斯乔尔指出：“国际机构中目前的观点倾向于一项假设：若所有的推进剂已经耗尽，且空间物体失去控制，则空间物体即被视为空间碎片。”[39]

因此，空间物体的控制与其作为碎片的属性之间似乎存在某种相关联系[40]。如果考虑到立方体卫星，则这种评判标准可能会难以成立，因为大量此类卫星不携带推进剂，因此缺乏机动能力。根据控制论标准，立方体卫星应被分类为空间碎片，但这种分类显然不合适，因为这类卫星发挥重要功能。因此，如果“控制”一词等同于空间物体的“机动能力”，那么不应以“控制”作为评判标准来判定空间碎片。

可参考 2015 年 1 月 19 日颁布的法令。此法令扩展了《太空活动法案》的适用范围，使其适用于荷兰的非制导卫星的控制（《非制导卫星法令》）[41]。《非制导卫星法令》的第 1 条规定：《太空活动法案》也适用于荷兰通过通信链路对外层空间中的非制导空间物体施加的控制。“控制”一词的解释似乎包含“通信连接”。根据这种解释，大多数立方体卫星是可控制的物体，因此不属于“空间碎片”一词的范围。然而，这种通信连接标准也有其局限性，因为这条规则可以被规避。各国可蓄意在空间物体上安装某种长期存在的通信装置。即便空间物体丧失功能之后，此通信装置仍然保持运行，因而这类空间物体无法被归类为空间碎片，除非其通信装置被损坏。

1999 年，联合国和平利用外层空间委员会（COPUOS）科学和技术小组委员会颁布

---

[39] I. H. Ph. Diederiks - Verschoor，“An introduction to space law.” 2nd ed. The Hague：Kluwer，1999. p. 131. Olavo de O. Bittencourt Neto，“Chasing Ghost Spaceships：Law of Salvage as Applied to Space Debris.” Proceedings of the International Institute of Space Law (IISL) 2014：154.

[40] Bittencourt Neto，id.

[41] 参见 http：//www. unoosa. org/documents/pdf/spacelaw/national/Netherlands _ BZ116174A. pdf。另参见 Neta Palkovitz and Tanja Masson - Zwaan. “Orbiting under the Radar：Nano - Satellites，International Obligations and National Space Laws.” Proceedings of the IISL 2012。

了一份《空间碎片技术报告》[42]。这份报告提出了“空间碎片”一词的定义：“空间碎片是具有下述特征的一切人造物体，包括碎片和部件，无论是否能识别其所有者：人造物体已经丧失功能，仍然存在于地球轨道上或正在返回大气层的致密层，且不存在任何合理预期认为该等物体能够发挥或恢复其预期用途，或已批准或可批准其发挥的任何其他功能。”[43]这份报告承认，当时人们并没有一致认同这项定义[44]。

机构间空间碎片协调委员会的指南将“空间碎片”定义为“已经丧失功能但是仍然处在地球轨道上或正在返回大气层的一切人造物体，包括其碎片和部件”。联合国和平利用外层空间委员会的指南也采纳这一定义。这些指南中采用的“空间碎片”的技术定义侧重于空间物体的功能性或其他属性，以其作为判定标准来区分空间物体和空间碎片[45]。因此，根据这项技术定义，如果空间物体功能正常，则不被视为空间碎片；反之亦然[46]。

相比于控制论标准，功能论标准能更好地反映出空间碎片的特性，因为并非所有不可控制的空间物体都属于空间碎片，尤其是那些功能正常但无法机动的空间物体。此外，若丧失功能的空间物体被归类为空间碎片，则各国不太可能隐瞒其空间物体的功能。另外，这样会激励各国使用多功能空间物体。一旦采用这种方式，即便一种功能执行完毕，空间物体也不会被视为丧失功能，如此可提升外层空间的使用效率[47]。

然而，即便空间物体在技术层面被归类为空间碎片，也不等于它在法律层面被视为废弃物，因为貌似丧失功能的空间物体可能仍然具有法律价值[48]。换言之，空间碎片不一定总是等同于“空间废物”[49]。

此外还应注意“处在地球轨道上或正在返回大气层”这一表述。根据这一表述，空间碎片似乎更应该被理解为“轨道碎片”。事实上，太空非常大。在人类看来，太空可能是无穷无尽的，但是太空的所有部分并非都具有同等价值[50]。在通信、研究和国防领域，浩瀚无垠的外层空间之于人类的价值永远不及地球自身的轨道[51]。地球轨道是有限的，是珍贵的资源，且没有任何可设想的替代物[52]。因此，在使用“空间碎片”一词时，应牢记：在现阶段，这个词主要是指存在于地球轨道上或重返大气层的碎片。随着人类活动延伸到深层太空，因而考虑地理学上对“空间碎片”一词的更宽泛的理解。

---

[42] UN Document A/AC. 105/720 (1999).

[43] Id. para. 6.

[44] Id.

[45] Report on ADR and OOS，supra note 9，at 30.

[46] Id. at 30 - 31.

[47] 使用多任务卫星可能有助于尽量减少地球轨道上的人造物体数量，因为执行任务所需的卫星数量较少。

[48] Report on ADR and OOS，supra note 9，at 31.

[49] Id.

[50] Natalie Pusey. “The Case for Preserving Nothing：The Need for a Global Response to the Space Debris Problem.” Colo. J. Int'l Envtl. L. & Pol'y 21 (2010)：449.

[51] Id.

[52] Id.

7.3.2 空间碎片与空间物体之间的相互关联

联合国的太空相关条约都没有直接关涉轨道碎片问题，且这些条约甚至没有提及“碎片”一词。确切地说，联合国的太空相关条约采用“空间物体”一词旨在监管太空活动。然而这些条约没有为这个词赋予明确的定义。根据《责任公约》和《登记公约》，空间物体包括空间物体的组成部件以及运载火箭及其部件[53]。“空间物体”的定义包含“空间物体”一词，这一事实表明该领域的这项分析已经陷于非常严重的循环论证[54]。

定义碎片的方式不仅会影响未来的任何协议，而且影响联合国现有的太空相关条约[55]。若碎片不属于“空间物体”一词的范畴，则《登记公约》和《责任公约》中的条款就不适用[56]。相反，如果空间碎片被视为空间物体的一个子类别，那么一旦太空内的碎片移除作业造成损害，则某些国家必定要承担一定责任[57]。同时，必须先解决国家对空间物体拥有的管辖与控制权所涉及的诸多复杂问题，然后才能开始移除作业[58]。因此，“空间碎片”与“空间物体”这两个词之间的相互关联已超出学术讨论的范畴，而且具有重要的现实意义。

克里斯托弗·D. 威廉斯主张将“轨道碎片”一词排除出“空间物体”一词的范畴。他认为：显然，如果将碎片排除出《外层空间条约》《登记公约》和《责任公约》的适用范围，同时制定出一整套关于碎片的清晰明了的指南，则会产生若干积极效果。第一，排除碎片之后，可消除评论员们提出的那些互相矛盾且令人费解的论点。第二，现有的国际外层空间条约当初制定时并不是明确用以解决空间碎片问题[59]。

若将空间碎片排除出“空间物体”一词的定义，则《外层空间条约》与《登记公约》规定的登记国对空间碎片拥有的管辖与控制权将不复存在。他进一步指出：卫星所有者可能担心卫星的有效使用寿命结束后会失去卫星，但是这项定义会激励卫星所有者采取适当措施处置卫星。若卫星所有者未采取该等措施，则将来无权反对碎片移除活动[60]。

若采用这种规定，则确实可以克服《外层空间条约》第八条造成的法律障碍。然而，由于卫星所有者担心卫星的有效使用寿命结束后会失去卫星，这会造成很大障碍，阻碍国际社会就这种规定达成共识，因为即便太空资产变成空间碎片，很多太空探索国家可能仍然不愿意放弃太空资产的管辖与控制权。某些学者指出：“那些漫游在太空中的物体无法被合法视为废弃物，因为鉴于这类物体的战略意义，法律始终防止第三方侵犯他们的管辖权。”[61]

---

[53] Art. Ⅰ (d), the Liability Convention. Art. Ⅰ (b), the Registration Convention.

[54] Williams, supra note 38, at 1147 - 1148.

[55] Id. at 1184.

[56] Id.

[57] Report on ADR and OOS, supra note 9, at 30.

[58] Id.

[59] Williams, supra note 38, at 1184 - 1185.

[60] Id. at 1185.

[61] Francis Lyall and Paul Larsen. “Space Law: a Treatise.” Farnham: Ashgate, 2009: 310. Bittencourt Neto, supra note 41, at 154.

另外，人们普遍认为，至少某些碎片属于“空间物体”一词的范畴。塔尼娅·马松-兹万的观点是：在逻辑上，停止活动的卫星或者甚至遗失的螺丝刀应仍然被视为“空间物体”(或其组成部件)；若发生损害，则由发射国承担责任[62]。

至少某些空间碎片（如停止活动的卫星）应被归类为空间物体，但是其他空间碎片的法律地位却不那么明确。本章作者认为“空间碎片”一词应完全包含于“空间物体”一词的范畴，原因有三。1）在这种情况下，“特殊法优于一般法”这项原则将适用，且未来就空间碎片商议制定的规则将取代普遍适用于空间物体的旧法律。对于新规则无法涵盖的事务，可参考联合国的相关太空条约，以填补法律漏洞。2）假定某些碎片属于空间物体，而其他碎片则无此属性，则应在二者之间划上清晰的界线。空间碎片在技术上可被划分为四大类：停止活动的载荷、运行中的碎片、解体碎片、微粒物质。但是在法律层面很难做此划分。例如，假如某个停止活动的载荷解体为两半，那么这两部分应该被归类为停止活动的载荷，还是解体碎片？在一种更为复杂的情况下，碎片的一部分保留了原始载荷的绝大多数质量，而另一部分的质量可忽略不计，或者活动的载荷解体为无数碎片而不是两块碎片，那么这些碎片具有何种法律地位？3）即便可以强行划定界线，为什么空间碎片的法律地位有所不同？例如，为什么某些碎片造成的损害导致发射国在联合国太空相关条约之下承担责任，而其他碎片造成的损害却不产生责任？简而言之，从法律角度来看，不应区别对待空间碎片，而应将其定义为“空间物体”的一个子类。

7.4　管辖与控制

《外层空间条约》第八条不关涉空间碎片的产生，但是会影响空间碎片的移除[63]。第八条的第一句陈述为：

若本条约的成员国登记了发射到外层空间的物体，则在该物体处于外层空间内或其他天体上时，该国对该物体以及该物体内任何人员拥有管辖与控制权。

根据此条款，登记国拥有空间物体的管辖与控制权，无论该物体处于什么位置，也无论该物体的机动性或控制是否继续存在，且即便该等空间物体最终成为空间碎片，这种管辖关系也不受影响[64]。第八条构成严重的法律障碍，必须解决这一障碍才能实施碎片主动移除，因为拥有管辖权的那个国家最终可反对将其所登记的空间碎片移除出轨道，无论空间碎片的现实状态或状况如何[65]。

有一条基本规则规定：国家（或其私营实体）未经允许，不得移除另一个国家的空间物体。如此产生一个根本性问题：是否应允许国家无须征得空间物体登记国的准许，即可

---

[62] Tanja Masson-Zwaan，“Legal Aspects of Space Debris.” IAA Space Debris Situation Report 2016，published in June 2017：142.

[63] Williams，supra note 38，at 1154.

[64] Bittencourt Neto，supra note 41，at 158-160.

[65] Id. at 158.

移除该空间物体?[66] 若答案是肯定的，那么给予这种允许的依据是什么?[67] 关于管辖与控制权的条款似乎会阻碍碎片主动移除的实施。为了解决这一难题，奥拉沃·de·O. 比当古·内托提出“禁止权利滥用”原则。他认为，若无理拒绝其他方提出的移除危险空间碎片的倡议，则该国的行为属于权利滥用[68]。要想应用这项原则，须澄清两个词语。第一，何为“无理拒绝”? 若待移除的空间碎片含有机密科技（大多数空间物体都具有这种特征），那么可否将这一事实视为合理论据? 第二，如何定义“危险”一词? 可以说一切空间碎片在一定程度上都具有危险性，因为其在绕地运动时或返回大气层时速度极快。因此，空间碎片涉及的风险有高低之分。在这种前提下，某个国家是否可以争论说该国的碎片并不是最有威胁性的碎片，且应优先移除其他碎片?

比当古·内托进一步指出：“理应优先主动移除那些已丧失功能，但仍然处于地球轨道上且不可能机动或控制的危险空间物体——无论对该等空间物体拥有管辖权的国家是否明确批准，以解决现实的环境问题。”[69] 第二套长期可持续性指南的草案中也存在类似的观点。根据这些指南，若已确切证实空间碎片已不可逆转地丧失发挥功能或维持功能的能力，且消除空间碎片移除的障碍是最佳解决方案，则有必要在运行中更改国家和国际机构管辖与控制的空间物体的状态，即移除空间碎片[70]。

但是必须注意：太空安全与空间物体管辖与控制权之间的关联永远存在[71]。因此，如果上述提议得以施行，则需要制定一套十分复杂的制度，其中考虑下述问题：可依凭何种标准[72]判定空间碎片应被移除；采用何种程序；登记国可提出何种反对措施；当意见不一时，谁有最终决定权；若移除了错误的空间物体，该当如何? 这些问题必须谨慎处理。如果仓促规避现有制度中为登记国赋予管辖与控制权的那些条款，则会对太空安全造成不良后果[73]。

同时，某些国家内部的法律规定和监管规定可能会妨碍碎片主动移除的实施[74]。联合国的《国际武器贸易条例》(ITAR) 就是一个实例。《国际武器贸易条例》本质上用以管制国防用品、服务以及《美国军火列表》上所列物品的技术数据的出口。在这个列表上，航天器以及相关系统归类于第十五类[75]。若对美国卫星或采用美国部件及技术的他国卫星执行碎片主动移除，则这种行动明确无误地符合《国际武器贸易条例》中“出口”的定

---

[66] Report on ADR and OOS，supra note 9，at 33.

[67] Id.

[68] Bittencourt Neto，supra note 41，at 162.

[69] Id.

[70] UN Doc. A/AC. 105/L. 308，supra note 3，at 31.

[71] Report on ADR and OOS，supra note 9，at 33.

[72] 应注意，比当克·内托提出的以及第二套长期可持续性指南中包含的功能论标准适用于大多数空间碎片。鉴于空间碎片携带的机密技术具有重要战略意义，因此各国不太可能同意放弃这类物体的管辖与控制权。

[73] Report on ADR and OOS，supra note 9，at 33.

[74] Id.

[75] Id. at 33 - 34.

义，那么这种行动会被绝对禁止或成本昂贵[76]。因此，国际法律和国家法律都会阻碍碎片主动移除的实施。

鉴于目前外层空间商业化和私有化的趋势，《碎片主动移除与在轨服务报告》中提出一项解决方案。此方案值得考虑和采纳，以制定空间碎片相关的监管制度。此提议提出：

各国政府共同签署一份协议，旨在促成以商业化方式移除本国太空活动产生的空间碎片（如每年移除 1%）。然后允许每个签约国对该国提供的天基商业服务的最终用户征收“垃圾”回收税[77]。

国家法律（如上文所述的美国出口管制规定）可对上述移除活动施加限制。这项解决方案可修改这些国家规定，或批准同一国家的太空公司提供碎片移除服务。如果不采用商业化方式，所有太空探索国家可宣布承诺移除这些国家的以往太空活动造成的空间碎片中的一部分。

至于碎片移除的百分比，上文给出的范例是“每年 1%”。随之出现若干问题：1）这个百分比的分母是什么，是空间碎片的总数，还是编目碎片的总数？2）计算哪个数量是空间碎片的质量、尺寸，还是碎片个体的数目？根据碎片总数量进行计算似乎最合理，但是这样的计算不可行，因为大多数碎片没有编目，且某些碎片由于其物理尺寸太小而无法追踪。因此，根据编目碎片计算比例应该更为可行。同时，根据空间碎片的质量和尺寸计算会更为有效，因为这样会激励各国移除较大体形的碎片。有一种观点认为，如果每年移除五个大体形碎片，则可防止凯斯勒预言的那种级联效应[78]。此外，大体形碎片的破坏性作用通常大于小体形碎片。还应注意：“一年”的周期可能不够长，因为碎片主动移除的准备工作和实际实施通常需要一年以上时间。因此，设定一个更长的周期应该更贴合现实，如“五年”或“十年”。

7.5 轨道维护基金

阿加莎·埃克斯提议修改 1975 年的《登记公约》，旨在征收太空通行费，创立轨道维护基金，并以此作为通用资源，出资开发所需的新技术，用以清洁轨道空间[79]。有一种政策与此类似：美国的司机登记其汽车时须缴纳一笔年费，用以保养公路[80]。

本章赞同阿加莎·埃克斯的观点，确实应创立轨道维护基金。为避免毫无意义的措施，应将资源集中起来用以推动技术开发，以确保碎片主动移除的成本效益和安全性。集中资源并加强技术开发合作的另一个益处在于，若技术得以分享，则各国即可不必忧虑碎

---

[76] Id.

[77] Id. at 39 - 40.

[78] 参见“Stability of the Future LEO Environment”，an IADC study presented to UNCOPUOS，February 2013，网址为 http：//www.unoosa.org/pdf/pres/stsc2013/tech-12E.pdf。另参见 Masson-Zwaan，supra note 64，at 144。

[79] Agatha Akers. “To Infinity and beyond：Orbital Space Debris and How to Clean It Up.” U. La Verne L. Rev. 33 (2011)：286.

[80] Id. at 312.

片主动移除的双重用途。

然而，不能通过修订《登记公约》来创立这个基金，而需要订立新的条约以解决这一问题。第一，《登记公约》针对的首要问题是空间物体的登记，而非处理空间碎片问题。第二，有很多问题需要解答，包括：由谁出资？征收基金的依据是什么？基金的用途和管理？争议解决措施？更合理的做法是在一个系统性框架内解决这些问题。

基金征收机制是第一个要解决的问题。作为一项普遍规则，产生空间碎片的那个国家或实体（即首要太空系统获得者、开发者和运营者）应承担妥善处置碎片的首要责任[81]。然而，若要求主要太空探索国家一次性付清基金总额，则既不公平，也不合理。原因是太空探索国家并非外层空间的利用和探索的唯一受益者。美国全球定位系统（GPS）这类卫星网、气象卫星以及其他航天器构成关键性的全球“社会基础设施”，整个世界都因此得到极大利益，不仅仅是发射卫星的国家因此受益[82]。因此，唯一公平且公正的做法就是参与太空开发的所有实体（直接参与，即利用太空；或间接参与，即从太空开发获得利益）在国际上开展合作，以确立合适的机制以执行碎片主动移除[83]。

此外，在目前形势下，清洁有用的地球轨道在技术上面临障碍，且费用十分昂贵[84]。当前的财政资源十分有限，但同时要解决诸多重点事务[85]，因此各国一次性缴纳如此高额费用的可能性极低，某些国家可能会拒绝[86]。另外，若向太空探索国家征收基金，那么他们各自分担的比例将有何依据？最公正的做法似乎是基金分担比例与这些国家产生的空间碎片的质量成正比。那么下一个问题就是：未来自然衰减的那些空间碎片是否应考虑在内？如果应考虑，如何定义“自衰减”一词？应注意：大多数近地轨道空间碎片将会自然衰减，这是空间碎片的有限寿命使然。此外也不要忘了，众多碎片是无法追踪的，因此很难计算各国产生的空间碎片的比例。

下一个问题是，如何计算通行费？阿加莎·埃克斯提议：每个无人空间物体的发射应缴纳 500 万美元，每个载人空间物体的发射应缴纳 100 万美元[87]。载人航天器发射的太空通行费较低，是因为进入太空中的这类旅行产生轨道空间碎片的概率比人造卫星产生碎片的概率低[88]。发射次数可能并不是太空通行费计算所依据的最佳标准。相反，判定标准应当是发射的物体的质量——包括那些无法充分实施任务后处置的运载火箭，以及空间物体所处的高度。之所以考虑质量，是因为相比于较小型物体，较大型物体更有可能造成严重损害并解体为数量众多的碎片。高度之所以重要，是因为物体的高度越高，其保持在轨道上的时间就越长[89]。

---

[81] Report on ADR and OOS，supra note 9，at 39.

[82] Id.

[83] Id.

[84] Id.

[85] Id. at 38.

[86] Akers，supra note 81，at 313.

[87] Id. at 315.

[88] Id. at 316.

[89] Report on ADR and OOS，supra note 9，at 18.

同时，对于刚刚兴起的太空旅游行业而言，每次载人发射即缴纳 100 万美元的费用似乎太昂贵了。2013 年，维珍银河公司宣布打算将票价从 20 万美元增加到 25 万美元[90]，不过迄今为止开发出的太空旅游概念预期最多只能提供 4～6 个“旅客”座位[91]。因此，每次载人发射缴纳 100 万美元对于亚轨道飞行而言过于昂贵。更为可行的方案就是依据每位乘客票价的某个比例来计算通行费，如 10%～20%。如此安排，可保护这个初创行业，并在开发出更大型亚轨道飞行器时征收更多基金。此外，亚轨道飞行的太空通行费应低于轨道飞行的通行费。亚轨道航天器（目前大多数项目都提供这种航天器）在飞行时无法达到轨道飞行的速度，因此亚轨道航天器的高度通常约为 100 km[92]。因此，亚轨道飞行产生空间碎片的概率较小。即便产生某些碎片，它也会迅速返回大气层。

本章作者建议：国家缴纳的太空通行费应与其遵守空间碎片减缓指南以及可能的空间碎片补救指南的程度呈比例。这类指南的缺点之一就是它们不具有法律约束力。因此，我们只能期待其他国家表现良好，而不能预料这些国家会在多大程度上遵守这些指南。若须缴纳的太空通行费取决于对这些指南的遵守程度（例如，完全遵守——80%缴费，基本遵守但不完全遵守——100%缴费，不遵守——120%缴费），则会在碎片减缓与碎片补救之间建立一种关联，这种机制会激励各国遵守上述规则，因为一旦太空通行费增加，则不仅意味着成本增加，而且意味着未来丧失市场优势和客户。

轨道维护基金的首要用途应是资助开发必要的技术，以实现轨道碎片移除[93]。目前，美国和中国这类太空探索国家以及欧洲空间局这类地区性机构正在开发他们各自的碎片主动移除技术。若能集中资源并促进合作，则可极大地加快技术进步。轨道维护基金的另一个用途是补贴各国移除他们先前的太空活动在外层空间中产生的现有空间碎片，无论各国采用商业手段雇用其他方移除，还是亲自移除。这种补贴的根本逻辑在于：整个国际社会都因外层空间的探索和利用而受益，因此仅由太空探索国家承担空间碎片移除的责任是不公平的。另外，这种机制可激励各国主动执行碎片主动移除，原因是他们的费用能在一定程度上得到补偿并实现外部化。

这种奖励与惩罚制度能在很大程度上解决公域悲剧的问题，原因是在这种制度下，签约国最明智的做法（即便从其自身利益出发）就是履行碎片主动移除义务，并遵守碎片减缓指南，而不是忽视这些指南，从而获得一定补贴以补偿碎片主动移除的费用，并减少太空通行费。

---

[90] Jeff Foust. “XCOR To Raise Ticket Prices for Suborbital Flights.”（2015）参见 http：//spacenews. com/xcor - to - raise - ticket - prices - for - suborbital - flights。

[91] Tanja Masson - Zwaan and Steven Freeland，“Between heaven and earth：The legal challenges of human space travel.” Acta Astronáutica 66. 11（2015）：1599.

[92] Id.

[93] Akers，supra note 81，at 311.

7.6 责任问题

相比于碎片减缓过程，碎片补救过程更有可能造成损害以及后续责任问题，原因是碎片补救不可避免地涉及空间物体的移动，这会增加碰撞风险，且在移除设备与目标物体汇合的过程中可能发生事故。这些过程可能导致产生新的碎片，并损坏功能正常的空间物体。相比而言，碎片减缓的风险则小得多。只有指南 6[94] 和指南 7[95] 涉及空间物体的移动。对于其他指南，碎片减缓措施的实施（例如，按照指南 2 和指南 5 规定，尽可能减少物体解体的可能性）几乎不可能产生新的碎片或导致损害。

根据《责任公约》，发射国应绝对负责赔偿其空间物体在地球表面造成的损害或对飞行中的飞机造成的损害[96]。相比之下，若在地球表面以外的其他地方，某发射国的空间物体或该等空间物体上承载的人员或财产被另一个发射国的空间物体损害，则后者承担责任的前提是：后者的过失或其所负责的人员的过失造成该等损害[97]。

这种过失责任评判标准极大地减少了《责任公约》对空间碎片问题的影响，因为当外层空间发生损害时，《责任公约》的条款无法给出明确的解答。此外，“空间物体”一词含义模糊，这个词与空间碎片关系密切，且来源不明的空间物体造成损害时无法取得证据，这些都会阻碍《责任公约》的适用。《责任公约》中“过失”一词的含义也极不明确，因为该公约中甚至没有为“过失”一词赋予定义，且这个词存在很多种不同的解释[98]。若两个物体相撞，其中一个是空间碎片，另一个是运行中的空间物体，那么不能想当然地判定这是空间碎片的过失[99]。实际上，可能任何一方都无过失[100]。

若涉及空间物体移除，《责任公约》第四条即成为一条有意义的条款[101]。若移除作业对第三方造成损害，则造成损害的那两个空间物体（即移除设备与目标物体）的发射国在《责任公约》承担共同和连带责任[102]。同样，发生损害的地点将决定应追究绝对责任还是过失责任[103]。

为了补救《责任公约》第三条和第四条规定的过失责任，《碎片主动移除与在轨服务报告》提议：

在移除卫星时，可能需要在上升或下降的过程中穿过轨道。这可能会使执行移除作业的实体承担过失责任的风险增大，如此即便在卫星丧失功能之后，各国也宁可让卫星留在

---

[94] 指南 6：任务结束后，限制航天器和运载火箭轨道级在近地轨道（LEO）区域上的长时间存在。

[95] 指南 7：任务结束后，限制航天器和运载火箭轨道级对地球同步轨道（GEO）区域造成的长期干扰。

[96] Art. Ⅱ，the Liability Convention.

[97] Art. Ⅲ，the Liability Convention.

[98] Williams，supra note 38，at 1159.

[99] Id.

[100] Id.

[101] Report on ADR and OOS，supra note 9，at 32.

[102] Id.

[103] Art. Ⅳ，the Liability Convention.

轨道上。一种可能有效的做法是在《责任公约》的某条规定中指出：若某人做出正确的行为（如移除轨道上已丧失功能的物体），则可在某种意义上减轻过失。换言之，如果全球的太空探索业界能一致同意不在碎片主动移除以及在轨卫星服务活动中采用过失责任标准，则这两种活动可能会实现[104]。

过失责任标准的放宽可能会缓解各国对于碎片主动移除的实施方面的法律风险存有的顾虑，但是应防止各国因标准放宽而随性妄为。因此真正的难题在于澄清如何判定过失。需要制定一项明确的标准（如碎片主动移除实施中的行为指南），并以此为依据判定执行碎片主动移除的那个国家是否尽职尽责。如果是，则执行碎片主动移除的那个国家以及空间碎片的发射国都不应承担责任。此外，碎片减缓和碎片补救方面的指南也可作为补充性标准来判定“过失”。若遵照这些指南判定了过失，则各国会更加遵守这些指南，以尽量减少各自的法律风险。

7.7　结论

本亚明·雅各布斯曾指出，所有的太空探索国家都在一定程度上造成空间碎片问题，且每个国家的空间碎片都威胁整个太空生态系统[105]。空间碎片问题是一个国际性问题，因而需要国际性解决方案[106]。通常有两种方法可解决空间碎片问题，即碎片减缓和碎片补救。对于碎片减缓，已经存在相关的国际软法律，包括国际性指导指南和行为指南，其中最显著、最重要的指南是《机构间空间碎片协调委员会指南》和《联合国和平利用外层空间委员会指南》。然而这些指南不具备法律约束力，且顾名思义，它们仅适用于碎片减缓，而非碎片补救。在当前阶段，碎片补救方面的研究多数处于理论层面。

应指出，仅碎片减缓是远远不够的。根据国际社会现有的一切研究成果，凯斯勒现象（即相互碰撞导致近地轨道上的空间碎片数量增加）如今似乎已成为事实，现在可能有必要研究如何以主动方式清理这个至关重要的轨道区域[107]。国际软法律可用以解决碎片减缓问题，不过需要订立碎片补救方面的国际协议，因为碎片补救事务存在诸多法律难题，只能通过具有法律约束力的规则来解决这些难题。一个根本性问题就是应移除什么物体？即“空间碎片”的定义。本章作者主张采用功能论标准来区分空间碎片与空间物体，因为控制论标准不适用于无法机动但功能正常的卫星，如立方体卫星。另一个问题是“空间碎片”与“空间物体”这两个词之间的相互关联。后者广泛使用，但是在联合国的太空相关条约中没有明确定义。本章建议“空间碎片”应定义为“空间物体”的子类别，如此联合国的太空相关条约中适用于“空间物体”的条款可适用于空间碎片。同时，制定具体规则

---

[104] Report on ADR and OOS，supra note 9，at 32.

[105] Benjamin Jacobs. “Debris Mitigation Certification and the Commercial Space Industry：A New Weapon in the Fight against Space Pollution.” Media L. & Pol'y 20 (2011)：117.

[106] Id.

[107] Christophe Bonnal，J. M. Ruault，and M. C. Desjean，“Active debris removal：Recent progress and current trends.” Acta Astronautica 85 (2013)：51.

时应考虑空间碎片的特殊性质，例如，丧失功能，通常不受控制，且必须移除。若空间碎片相关的具体规则与联合国的太空相关条约中的普遍规则之间存在分歧，则遵照“特别法优于一般法”原则，应以前者为准。

定义空间碎片之后，下一个问题是空间碎片移除的顺序，即哪类空间碎片应优先移除？人们普遍认为五个大型物体必须以主动脱离轨道的方式移除出十分拥挤的轨道区域，以保持轨道环境稳定[108]。大型碎片主要由美国空间监视网（SSN）追踪并编目，因此这类碎片可以追溯到具体国家。根据《外层空间条约》，该等物体处于外层空间内或其他天体上时，登记国应仍然有权管辖与控制该等物体以及其内任何人员[109]。空间物体的管辖与控制权会阻碍碎片主动移除的实施，因为移除另一国登记的空间物体时，须事先征得该国准许。鉴于战略考虑因素以及国家出口限制，这种障碍很难克服。在当前阶段，最可行的解决方案就是各国政府共同签署一份协议，按一定百分比定期移除各自国家的太空活动所产生的空间碎片中的一部分[110]。

解答上述问题之后，下一个问题就是如何为这类活动提供资金。碎片主动移除技术尚未成熟，还需要更多科学与技术开发。为避免毫无意义的措施，应将资源集中起来用以推动技术开发，以确保碎片主动移除的成本效益和安全性。为此，应创立轨道维护基金。每次发射应缴纳太空通行费，具体取决于发射到外层空间中的物体的质量。无人航天任务与载人航天器的费率应有所区别，轨道飞行与亚轨道飞行同样有所区别。应根据各国遵守空间碎片相关指南的程度有区别地征收通行费。轨道维护基金有两个主要用途：促进技术开发；补贴各国移除现有空间碎片的费用。另外，碎片主动移除过程中可能出现的责任问题需要解决。应明确规定“过失”的定义，且应针对碎片主动移除制定明确的行为指南并以此为依据判定过失。

事实上，除了上文所述的各项要素，制定碎片主动移除方面的国际制度时还需要考虑其他问题，包括：执行透明性和信任建立措施，成立一个国际性机构负责监督和管理碎片补救，等等。

简而言之，空间碎片移除是整个国际社会面临的一项复杂挑战，其中须考虑技术、法律、经济、政治和军事方面的问题，需要谨慎平衡不同国家的利益。应不断努力应对这些挑战，并为了子孙后代的需求和利益维持外层空间的可持续性。

作者简介

田庄出生并成长于中国广州。他目前是莱顿大学的一名在读博士生，其研究专攻领域是空间法，尤其是空间碎片减缓和补救方面的法律要素。他已获得莱顿大学颁发的航空和航天法法学硕士学位以及中山大学颁发的法学学士学位。

---

[108] Id. at 53.

[109] Art. Ⅷ, the Outer Space Treaty.

[110] Report on ADR and OOS, supra note 9, at 40.

第8章 碎片主动移除、国际环境法和风险集体管理

沃德·蒙特斯*

摘要： 本章中的分析将进一步论述空间碎片、碎片主动移除和太空交通管理之间的相互关系，并证明：国际社会要想保障人类太空活动的可持续性，则必须制定并实施这些事务方面的明确规定。8.1节综合论述上述事务相关的一系列监管制度的发展状态，并简略介绍太空活动和空间碎片的必然的物理状况和过程，从而得出若干基本依据，以制定有效的未来监管制度。其中最为重要的课题是根据太空活动固有风险的共同理解，制定一套定制化、可灵活适应且大体上前所未有的国际法律“机制”。然后本章从实然法和应然法的角度出发，简要陈述和阐释当前一般国际法存在的问题，并从国际义务的角度论述国际法院（ICJ）的法律体系，以防止跨国界危害——国际环境法中的这一部分重点处理风险及其集体管理。最后得出结论。

8.1 引言

费希尔前不久主张说：“需要一定的法律想象以制定法律，从而应对多种互相关联的当事方、科学不确定性以及社会政治冲突共同交织的世界局面”，旨在论证环境法以及其所监管的各类事务的动态变化将促使“环境律师和政策制定者们做出想象性反思”[①]。有意思的是，在近六十年前，杰瑟普和陶本菲德提出了一种十分消极的论调：“外层空间方面的某些现有法规过于异想天开，以至于国际机构和法律领域的学者们不敢详细地研究联合国目前正面临的非常现实的问题。”[②]

国际法中独立领域的国际环境法和国际空间法绝大多数诞生于杰瑟普和陶本菲德提出

* 沃德·蒙特斯（Ward Munters）（✉）
鲁汶全球治理研究中心和国际法研究院，
鲁汶大学（KU Leuven），比利时鲁汶
哈塞尔特大学（UHasselt）法学院，比利时哈塞尔特
电子邮箱：ward. munters@kuleuven. be

A. Froehlich（ed.），Space Security and Legal Aspects of Active Debris Removal，Studies in Space Policy 16，https：//doi. org/10. 1007/978-3-319-90338-5_8

① E. Fisher，Environmental Law：A Very Short Introduction，Oxford，Oxford University Press，2017，51.

② P. C. Jessup and H. J. Taubenfeld，“Outer Space，Antarctica，and the United Nations”，International Organization 1959，Vol. 13，No. 3，363.

其论点之后[③]。然而如今，法律学者们几乎无法忽视人类活动的环境监管的重要性，且空间法的“严肃学者们”越来越多地从环境法中寻求答案，因为初看之下国际空间法似乎无法给出这些答案。

根据前文所述，我们可以得出结论：国际空间法和国际环境法其实殊途同归，都指向共同的问题。如果长期以来我们的想象一直专注于外层空间及其监管——无论是好是坏，那么还有什么课题比这个课题更能促使我们做出迫切需要的“想象性反思”？因此有足够的理由提出一项假设：在上述问题的相互关系当中，我们可以找出一些令人信服的理念，从而将我们的想象引向正确的方向，以解决全球环境问题。

我们目前面临的环境问题之一就是空间碎片，需要找出相应方法来全面解决这一问题。空间碎片问题是科学、技术、法律和政治议程表上无比重要的问题，因为它牵涉外层空间中人类活动的未来可持续性。因此在本章中，我们的专注点大体上集中于空间碎片，尤其是碎片主动移除（ADR），因为后者不仅是一种太空活动，而且能从根本上解决空间碎片问题。从国际环境法中，我们也许可以学到一些具体方法来组织和监管外层空间（环地球空间）中的人类活动[④]，而这类活动牵涉的因素错综复杂[⑤]，从而促使我们通过国际环境法找出共同的出路。

随后，作者将根据上述论证得出一些基本推论，以求在未来制定一套适用于国际太空治理的综合性框架[⑥]，从而保障人类太空活动的可持续性。作者提出一种暂时性观点：无论国际太空治理制度具有何种形式、性质和内容，此种制度的建立必须立足于至少一种决定性要素：风险以及风险的集体管理。在这个观点上，国际社会似乎必须对太空活动固有风险达成共同理解。

为此，作者将探讨以三种不同的方式形成国际空间法与国际环境法的“法律想象”，并探讨我们可能从中学到什么。在 8.2 节中，作者将从防止跨国界损害的国际义务的角度出发，简要论述空间碎片和碎片主动移除问题，防止跨国界损害是国际环境法中一个重点处理风险及其集体管理的领域。最后着眼于未来，得出结论。

---

③ 关于“是否存在可被描述为‘国际环境法’的国际规则”的学说辩论一直持续到 21 世纪初期，桑兹与布朗利的讨论可参见 P. Sands，“Climate Change and the Rule of Law：Adjudicating the Future in International Law”，Journal of Environmental Law 2016，26，note 30。

④ 本章中的分析主要涉及近地轨道碎片以及外层空间环地球区域内空间碎片的积累。针对环地球空间碎片得出的结论可能不一定适用于外层空间的其他区域或者天体之上或周围发生的活动。

⑤ P. C. Jessup and H. J. Taubenfeld，supra note 3，363.

⑥ 在这一方面，关于建立一个“太空交通管理”综合系统的提案尤为值得注意。我们可以期待国际宇航科学院 2006 年《太空交通管理宇宙研究》的更新版。关于前者，参见国际宇航科学院的网页，网址为 https：//iaaweb. org/content/view/615/809/（‘Space Traffic Management - Towards a Roadmap for Implementation’），最后的访问时间为 2018 年 4 月 4 日。关于后者，参见 C. Constant - Jorgenson，P. Lala and K. - U. Schrogl（Eds.），Cosmic Study on Space Traffic Management，Paris，The International Academy of Astronautics（IAA），2006，96p.；C. Constant - Jorgenson，P. Lala and K. - U. Schrogl，“The IAA Cosmic Study on space traffic management”，Space Policy 2006，283 - 288。

8.2　法律“想象”的三个层次

初看之下，“想象”这种概念似乎非常含糊。这一概念可能表示很多事物，也会有很多种解释。因此在本章中，我们将选用三个具有微妙差别但是互相释义的定义[⑦]来解释这一词语。

8.2.1　一个生动的想象

第一种解释：想象是指“在脑海中形成图像的能力”。首先我们来想象一幅场景：在月球上打高尔夫球[⑧]。众所周知，月球的质量比地球小得多，因此：物体在地球表面上承受的引力大于其在月球表面上承受的引力，正因如此，宇航员在月球上行走时可以蹦得很高，而且艾伦·谢泼德于 1971 创造了一项银河系纪录：据他自己称，他用一根折叠 6 号铁杆将一枚高尔夫球打出“好几英里远”[⑨]。

然后我们可能要问自己一个貌似简单的问题：若月球上打高尔夫球时采用地球上打高尔夫球的规则，这样做是合乎逻辑的，甚至是公平的吗？还是相反？

我们会不假思索地断然回答“否”。第一，这样做不合逻辑，因为月球上没有大气层且引力较弱，因而会改变游戏的根本性质。月球环境中（或者说外层空间中）活动的“物理现实”[⑩] 以及实际状况与地球上的日常生活差别极大，因此我们会至少认为应当引入一套更适合于新环境的规则[⑪]。第二，这样做也不公平；或者说，从法律意义上讲更为贴切的表述是“不公正”[⑫]。例如，从相反的角度来看，地球上最出色的高尔夫球手也永远不可

---

⑦ “想象力”的定义来自在线剑桥英语词典，网址为 http：//dictionary. cambridge. org，最后的访问时间为 2018 年 4 月 4 日。

⑧ 在我们的想象中，不需要为这种特殊的高尔夫球赛设定规则；艾伦·谢泼德在“阿波罗 14 号”任务期间在月球上打高尔夫球的短片可在互联网上找到。

⑨ L. Tribe，“The Curvature of Constitutional Space：What Lawyers Can Learn from Modern Physics”，Harvard Law Review 1989，Vol. 103，No. 1，3.

⑩ A. Soucek，“Perspectives on Future Space Traffic Management”，presentation for the 10th UN Space Law Workshop，5 September 2016，Vienna，Austria，网址为 http：//www. unoosa. org/pdf/ SLW2016/Panel1/3. _ Soucek _ Future _ perspectives _ of _ space _ traffic _ management _ Soucek _ final. pdf，最后的访问时间为 2018 年 4 月 4 日。

⑪ 法律应以相关事实为基础的基本思想在太空活动方面可表达为“根据事实推断法”这句格言，例如，参见 E. Vitt，“Space debris：Physical and legal considerations”，Space Policy 1989，129 - 137；L. Perek，“Planetary protection：lessons learned”，Advances in Space Research 2004，Vol. 34，2369。

⑫ 公平性牵涉到当前和未来的空间碎片国际监管制度，以及实际空间碎片的减缓和补救；对于“共同但有区别的责任”（CBDR）原则在太空活动中的应用，公平性也显得十分重要。对此，参见 P. De Man and W. Munters，“Reciprocal Limits to the Freedom to Use Outer Space by All States：Common but Differentiated Responsibilities?”，Air & Space Law 2018，Vol. 43，21 - 51。例如，我们可以合理预期这项原则将继续促使各国探讨如何在各个（太空探索）国家之间公平分配空间碎片方面的责任，并探讨太空活动固有风险的共同管理——这也许是这一问题的核心要素。很显然，各国很可能就责任分担的公平性产生意见分歧，例如，对于那些可主动实施的、必须被动容忍的或理应主动缓解的风险阈值存在分歧，这是因为各国越来越形成根深蒂固的成见，这是由于各国在历史上造成的空间碎片数量各不相同，且目前处理空间碎片问题和执行管理的能力各不相同。这可能会妨碍各国对风险达成共同理解：这种理解须充分考虑绝对阈值——即所有国家都必须遵循的阈值，因为一旦超出这个阈值，任何实体利用宝贵的轨道带的能力都将受到妨碍，无论空间碎片来自何处，也无论由谁负责。

能超越谢泼德创造的“银河系记录”，于是我们会理所当然地认为这些选手必然会提出不同意见，以抗议在截然不同的环境下采用相同的标准。

因此，我们从“法律想象”中学到的第一个教训就是：我们决不能简单地将国际环境法的全部内容甚至某些部分“完全”移植到月球或其他天体上的外层空间活动，因为这套法律仅适用于地球上的环境[13]。但这并不是说，环境法或其准则绝对不适合于或不适用于外层空间。相反，我们有义务仔细思考在何时以及如何准确地应用或编制环境规则，以确保《外层空间条约》（OST）的第三条得到充分遵守。由于这些规则仅仅适用于地球外的环境，因此我们同样也需要考虑不同时间、不同高度或者不同轨道偏心率上的各种时空特殊条件[14]，更不用说外层空间内或各种天体上截然不同的区域内的独特环境。当然，面对人类活动的不断扩张，上述这些实际状况也并非一成不变。监管规定必须灵活适应人为因素造成的环境变化。

总而言之，为“有效且公平”管理太空内实体行为而制定的任何制度可能都需要确立灵活适应的机制，从而根据任何特定太空活动或外层空间的任何特定区域内出现的各种环境特殊条件制定并执行各种精心设计、彼此关联且妥善调整的监管规定。

8.2.2　一个与现实冲突的想象

第二个想象可以是指“你认为存在或真实的，但是现实中并不存在或真实的事物”。本章将列举一些真实存在的事物——关于太空活动和空间碎片的越来越多的技术文献和科学文献已证实其存在或“真实性”，从而对比这种更具有负面意义的定义来界定究竟何为“法律想象”。

首先，在当前论述中，如果将“风险”简单定义为“概率乘以后果”（概率×后果）[15]，那么空间物体[16]或太空活动对其他空间物体或太空活动造成的总风险（无论是碰撞事件造成的直接风险，还是空间碎片的产生所造成的间接风险）自然会因为太空行为体、太空活动和空间碎片的数量逐渐增多而不断放大。如此，太空活动固有“风险”会显著放大，即

---

⑬　我们可以借用一则著名的格言：“经过必要的修正”。

⑭　例如，“太阳活动极大期内注入地球上层大气层内的额外能量会导致地球的大气层向外膨胀，这与太阳活动极小期的情形相反。这种效应会使近地轨道的密度增加1～3个数量级（具体取决于高度），比起长期平均值则增加3个数量级。因此，在太阳活动极大期内，大气阻力轨道脱离装置效率更高，对运行中的卫星造成的风险较小，且产生新的大型碎片的概率较低。若允许卫星使用阻力较小的装置的时间超过25年（这相当于大约两个太阳活动周期），则其造成的风险大约三倍于选择在太阳活动极大期前后不久（包括等待太阳活动极大期时耗去的时间）运行的较大型装置。因此，建议仅在太阳活动极大期内调节阻力增强装置的尺寸和时间，以减小碎片产生的风险。”K. T. Nock, K. M. Aaron and D. McKnight，“Removing Orbital Debris with Less Risk”，Journal of Spacecraft and Rockets 2013，Vol. 50，No. 2，379。另有一项分析揭示了这些参数的变化如何导致太空活动承受和产生截然不同的影响。这项分析参见 J. Radtke，C. Kebschull and E. Stoll，“Interactions of the space debris environment with mega constellations - Using the example of the OneWeb constellation”，Acta Astronautica 2017，Vol 131，55 - 68。

⑮　D. McKnight，“Massive Collision Monitoring Activity (MCMA)：Examining Urgency and Options for Debris Remediation”，Presentation for UN COPUOS，8 June 2017，Vienna，Austria，网址为 http：//www.unoosa.org/documents/pdf/copuos/2017/copuos2017tech04E.pdf，最后的访问时间为2018年4月4日。

⑯　最广泛意义上的空间物体，包含“空间碎片”以及正常运行的航天器。

太空活动或空间物体对其他太空活动或空间物体产生的影响逐渐增大的概率，乘以太空活动对日益增加的空间物体造成的可能扩大的潜在后果。例如，空间物体之间的相互碰撞，或者产生的碎片导致更多碰撞。也就是说，行为体、物体和活动的数量增多会放大它们之间相互影响的概率和频率，且因此产生的任何后果的严重性也会放大。在足够时间内，如果上述要素毫无节制地增加，则上式中计算的可能发生的事必然会成为绝对发生的事⑰。

上述“风险”的概念显得过于抽象，但这种抽象性也是必然的，因为国际社会对于“太空活动固有风险”的确切定义尚无公论，更不用说以此推论出可持续阈值或者未来活动管理这些概念。尽管如此，如果能确立一种更为抽象的“风险”的规范性概念，则有助于我们实实在在地认识某些更难以捉摸的要素，即这类要素无法通过科学计算推论出，因而本质上仍然无法确定⑱，或者说无法通过对单项太空活动进行个案影响评估而真切地认识这类要素。

例如，我们仅能估算出一个精确的阈值，如果环地球空间区域内的空间碎片数量积累超出这个阈值，则会引发无法遏止的碰撞级联效应，导致这些区域在未来基本上不适宜于人类活动——即凯斯勒现象⑲。尽管如此，我们可以合理地从一种更为抽象的意义上假设：可以预防上述情形，继而缓解这种情形发生的综合“风险”，且所有人都认为这是绝对可以实现的最终结果，而想象中的其他任何替代性途径都是毫无道理的。鉴于研究范围有限，面临即将到来的威胁，无法详尽地研究太空活动固有风险的管控方法⑳，但是我们至少可以探讨那些绝对应避免的管控方式。

太空活动引发的连锁后果：若某个空间物体与另一个空间物体相撞后解体，产生的碎片的分布位置在几个月内发生改变，

……继而形成一个均匀分布的碎片带。碎片云的分布状态称之为碎片云的“混沌运动”[原文如此]，这意味着已经无法推断碎片的初始具体状态㉑。

国际空间法和环境法领域的“严肃学者”能够清晰地认识这个物理过程造成的法律影

⑰　例如，“‘活跃’空间物体发生意外碰撞的概率在统计学上很小，但仍然存在，而且如果继续沿用当前的习惯做法，则这个概率会增加到不可接受的程度”。摘自 UNISPACE 82 报告，引自 W. B. Wirin，“Space Debris 1989”，Proc. On L. Outer Space 1989，Vol. 32，184。

⑱　当前碎片模型的分辨率十分有限，导致科研上的不确定性。除此之外，还有一点我们应注意：“为了找出法律问题或其他任何重要问题的权威答案而所做的科学研究已经误入歧途。形式主义哲学将科学视为“已证实的”或“可证实”的知识的集合，这种观点是一种不妥当的具体化理论。科学的更理性的定义应是持续地且批判性地探索有成效的见解；可以将其比喻为一场旅行。科学的真谛不在于证明什么，而在于改进什么。若要靠研究自然科学来寻求权威性（或确定性），则必将一无所获。”L. Tribe，supra note 10，2.。

⑲　例如，Klinkrad 估计“级联碎片产生，或称之为凯斯勒现象，将会在未来 20 年内发生，除非采取行动减少现有碎片数量。”引自 P. A. Slann，“Space debris and the need for space traffic control”，Space Policy 2014，41。

⑳　在这一方面，建立全球太空交通管理系统似乎特别合适，参见前注释 7。

㉑　关于碎片分布的“混沌运动”的引用文本以及更多参考文献，参见 B. Zhang，Z. Wang and Y. Zhang，“An analytic method of space debris cloud evolution and its collision evaluation for constellation satellites”，Advances in Space Research 2016，Vol. 58，907 - 909。

响。第一，由于碎片极为零碎且无法补救，因而“责任”的传统法律概念基本上失去意义[22]。由于无法推断碎片的初始具体状态，因而索赔人无法举出必要的证据来证明因果关系或识别应承担责任的那个行为体。这种后果是必然的，因为没有能力从碎片产生的那一刻起持续追踪碎片。针对太空活动提议的严格责任制度同样面临这一难题。第二，空间物体解体后可能影响到的实体不仅限于解体事件发生时恰好处于解体位置下方、上方或附近的那些实体[23]，还包括当时正处于或正在穿过受影响轨道带的那些实体[24]。因此，环地球空间内发生的灾难性事件的后果[25]远远不限于某个特定位置或某个狭义定义的实体群体，而且由于其所处高度，可能会持续很长时间。

至于那些以上述方式对太空活动的安全性和可持续性造成负面影响的事件发生的概率，我们可简要回顾美国联邦通信委员会（FCC）前不久针对 4 425 颗非静止轨道（NGSO）卫星组成的卫星星座发布的《意见、命令和授权备忘录》[26]。其中尤为重要的是美国国家航空航天局（NASA）向联邦通信委员会提出的下述意见：

> 1）从保障轨道环境安全而言，航天器的设计和制造的可靠性以及航天器执行任务后处置作业的可靠性尤为重要，但是人们尚未就这两种可靠性的具体数值达成共识；2）每个航天器的设计和制造可靠性系数达到 0.999 或更优也许较为合理，可缓解 4000＋航天器组成的星座发生故障的风险[27]。

一方面，人们对必要的可靠性没有达成共识，这从根本上反映出人们对太空活动固有风险没有达成一致理解，无论是国内层面还是国际层面。另一方面，暂定的 0.999 这个可

---

[22] 关于在太空活动的可持续性及空间环境保护方面对空间碎片造成的损害或由空间碎片引起的伤害的责任或赔偿制度的根本缺陷的更完整概述，参见 W. Munters，“Small satellites，large constellations and space debris：in dubio pro LEO?”，in J. Wouters，P. De Man and R. Hansen (Eds.)，Commercial Uses of Space and Space Tourism：Legal and Policy Aspects，Cheltenham，Edward Elgar Publishing，2017，75－110。

[23] 在这个问题上，试想一下：“如果在十分拥挤的轨道区域内发生碰撞，如太阳同步轨道或地球同步轨道，则其影响将更为严重。地球同步轨道上发生碰撞事件后，不到一天，整个轨道带即会被碎片充斥。……商业活动密集的太阳同步轨道上发生碰撞，会导致局域运行的卫星承受昂贵的直接成本，且让太阳同步轨道上未来的作业变得更加困难。这两个狭窄的轨道区域都十分特殊，因为运营商来到这里是为了利用那里得天独厚的轨道物理状态。这些任务类型不可能是仅仅将地球同步轨道卫星移动到一个较低的轨道或改变太阳同步轨道航天器的平面”H. Schaub，L. E. Z. Jasper，P. V. Anderson and D. S. McKnight，“Cost and risk assessment for spacecraft operation decisions caused by the space debris environment”，Acta Astronautica 2015，Vol. 113，73。

[24] 如果扩展他的论点的范围，使之包含近地环境，则布朗利无疑是正确的，他在解释太空中的活动时说道：“某些活动可能会导致地球环境发生有害的且可能无法逆转的变化（或造成这方面的风险）。承受威胁的不是个别的人，而是全人类以及所有国家构成的共同体。”（原文中强调）。I. Brownlie，“The Maintenance of International Peace and Security in Outer Space”，British Yearbook of International Law 1964，Vol. 40，30。

[25] 恰恰是在这个领域内，传统的国际法语言已经落后于时代，其主要依据是领土主权方面的理念。若人们尝试利用这些理念来建立相应的“机制”，以解决域外性质的新问题，则寸步难行。

[26] FCC，Memorandum Opinion，Order and Authorization concerning Application For Approval for Orbital Deployment and Operating Authority for the SpaceX NGSO Satellite System，FCC 18－38，adopted on 28 March 2018，released on 29 March 2018，网址为 https：//transition. fcc. gov/ Daily _ Releases/Daily _ Business/2018/db0329/FCC－18－38A1. pdf，最后的访问时间为 2018 年 4 月 10 日。

[27] Ibid.，8，note 54（‘NASA Comments’）.

靠性系数仅仅是针对航天器及其功能给出的一个近乎完美的建议值[28]，但是那些无可逃避的外生因素必然会影响这种可靠性，如果仅考虑星座的运营商或航天器，则不足以充分体现出这些因素。人们仍然在争论相关问题方面的法律原理，例如，某些太空活动可能在违反《外层空间条约》第二条的情况下在事实上占用轨道，或者《外层空间条约》第九条规定的合作与互相援助原则或者适当顾及原则所产生的互惠权利和义务的内容和范围。不过目前我们可以合理预测，将来至少会有一个不相关的实体在星座附近执行合法的太空活动。

因此，可以得出另一个教训：若不考虑其他实体将来开展的太空活动，则无法正确评估太空活动造成的以及遭受的"风险"。此外，互不相干的太空活动之间必须存在细微的协调，以缓解其他实体承受的总风险，或者人类太空活动的可持续性所承受的总风险，使这种风险始终处在可接受的阈值之下。因此，似乎不能以孤立行动的方式对这种风险进行运营管理。因此可以认为：如果假设能以一种单边方式有效执行临时性的风险管理，或者不建立一种持久性的合作框架以协调太空活动，继而根据这种假设来理解未来的太空治理制度（无论是国内层面还是国际层面）[29]，则会得出最没有价值的"法律想象"。

这条道理绝不仅是一种学术抽象概念。美国众议院前不久针对商业化太空活动所做的立法讨论足以证明这一点。截至本章撰写之时，2017 年《美国空间商业自由企业法案》[30]尚未正式以国内法律的形式施行，不过其中包含一些涉及太空活动固有风险的严肃措辞和临时性规定。根据这套法案，由商务部部长办公室（这个部门向来没有处理这类事务的经验）负责授权和监督新发起的私营太空活动。注意到这一点后，刘和特龙凯蒂指出：

> 安全问题确实仍然是头等重要的问题，这体现在一项要求：必须评估持证运营的太空作业对联邦政府运营的空间物体造成的风险。不过有一点值得注意：这类评估发生于太空作业开始之后（某些人则认为这项评估应该在太空任务开始前执行），且仅仅评估美国的空间物体涉及的风险，而不考虑这些空间物体对广泛的太空活动（包括外国实体从事的太空活动）的长期可持续性产生的有害影响。另一个值得注意的问题是，这项法案从未涉及空间态势感知和交通管理这类问题[31]。

此外，我们可以短暂思考一个问题：和平利用外层空间委员会（COPUOS）或机构间空间碎片协调委员会（IADC）的《空间碎片减缓指南》中当前规定的减缓措施在国际社

---

[28] 机构间空间碎片协调委员会已经注意到需要大幅增加星座宇航器脱离轨道及控制系统的可靠性，参见 IADC, Statement on Large Constellations of Satellites in Low Earth Orbit，IADC - 15 - 03，September 2017，网址为 https：//www. iadc - online. org，最后的访问时间为 2018 年 4 月 10 日。关于从预防方法和空间环境影响方面对这些可靠性问题的更详细法律分析，参见 W. Munters，supra note 23。

[29] 参见 supra，note 7。

[30] Bill，American Space Commerce Free Enterprise Act of 2017，网址为 https：//science. house. gov/sites/republicans. science. house. gov/files/documents/2017%2006%2001%20232%20Free%20Enterprise%20Act%20HR%20Blank. pdf，最后的访问时间为 2018 年 4 月 10 日。

[31] H. Liu and F. Tronchetti，"The American Space Commerce Free Enterprise Act of 2017：The latest step in regulating the space resources utilization industry or something more?"，Space Policy 2018 [ARTICLE IN PRESS]，网址为 https：//doi. org/10. 1016/j. spacepol. 2018. 02. 004，最后的访问时间为 2018 年 4 月 10 日。

会中的遵守率极低，这表明了什么[32]。关于太空活动可持续性的非约束性国际指南的有效性似乎仅存在于想象中[33]。我们不要忘了，机构间空间碎片协调委员会严重质疑《空间碎片减缓指南》的有效性和健全性[34]。在这个意义上，法律想象告诉我们，这类指南［包括前不久发布的《外层空间活动长期可持续性指南》（LTSSA 指南）］虽然有一定价值，但其意义仅仅是在政治层面寻求初步共识，以便将来针对太空治理制定更有意义、更有实效的集体性制度。此外，我们可以合理假设这套制度将建立在法律规则之上[35]。

8.2.3　一个创造性想象

最后我们探讨想象的第三种解释："创造出新思想的能力"。根据这个定义，有两个探讨方向。第一，根据国际环境法在未来发挥的作用以及全球社会中的法律规则，作者建立一种普遍的参考架构以发起进一步讨论。第二，在外层空间人类活动的背景下，作者审视法律规则的现状。

8.2.3.1　环境法：合适的参考框架

费希尔的主张是正确的：需要一定的法律想象以解决当今的环境问题[36]。而且我们可以怀着一定的自信认为，涉及跨国界危害（的预防）的国际环境法在世界舞台上可发挥一定的开创性作用。这并不奇怪。国家之间的传统国界正在日趋消失，转而形成一种互相关联、互相依赖的国际社会。这种现象的效果之一就是迫使我们形成一定集体意识，认识到一个无法回避的事实：某些活动产生的后果会影响一切地理区域，而不会局限于地球上那些拥有领土主权的国家的界线以内。例如，我们可以使用"跨国"或"域外"这类词语来说明这类问题已超越[37]国际法律秩序的"传统架构"。但我们必须还要认识到，国际律师、机构和国家所采用的法律语言已经远远落后于全球社会所面临的非常迫切、非常现实的问

---

[32] 值得注意的是，最近的研究"表明目前仅有约 20%的空间系统遵循为满足近地轨道保护区 25 年任务后的限制而进行的处置操作" B. Bastida Virgili et al.，"Risk to space sustainability from large constellations of satellites"，Acta Astronautica 2016，Vol. 126，155. 另参见 V. Morand，J. C. Dolado - Perez，T. Philippe and D. A. Handschuh，"Mitigation Rules Compliance in Low Earth Orbit"，Journal of Space Safety Engineering 2014，Vol. 1，No. 2，84 - 92。

[33] 各个太空探索国家的合规程度很低，这当然足以证明这些国家以及运营商确实不愿意实施费用昂贵的减缓措施。由于他们不愿意那样做，尽管当前近地空间的环境日益恶化，但制定具有法律约束力的制度时仍然举步维艰。关于空间碎片以及碎片减缓和补救涉及的各种风险和费用相关的其他分析，参见 H. Schaub et al.，supra note 24，66 - 79。

[34] IADC，supra note 29.

[35] 在这个方面，可以参考《联合国大会关于国家和国际法律规则的高级别会议的宣言》，这份宣言中提出下述不具有约束力但是具有权威性的条款："我们都认为，面对诸多复杂的政治变革、社会变革和经济变革带来的各种挑战和机遇，我们必须依据法律规则做出反应，因为法律规则是各国之间建立友好和平等关系的基础，也是建立公正和公平社会的依据"。此外还认识到："法律规则平等地适用于所有国家和国际机构，包括联合国及其主要机构，且所有国家和机构实施的所有活动都应遵守和促进法律规则和司法规则，如此他们的行动才具有可预测性和正当性。我们还认识到，所有的人员、机构和实体（共有和私有，包括国家本身）都应遵守公正、公平和平等的法律，且一律平等地受到法律保护。" Resolution 67/1 of the United Nations General Assembly（30 November 2012），UN Doc. A/RES/67/1（2012），1。

[36] E. Fisher，supra note 2.

[37] P. Sands，supra note 4，22.

题，如气候变化或空间碎片扩散。

可以说，法律、研究法律的学者们以及践行法律的律师们历来讲究周密性和精确性，这种属性要求我们必须遵循可预测性、公平性以及正当性等根本原则。这些属性使法律成为一种强有力的制度。但唯其如此，法律的演进非常缓慢。尽管如此，这一问题的真相让我们深感不安（尽管经常不被重视）：人类在各种领域面临的全球性问题在其范围和紧迫程度上绝对是前所未有的，而且这些问题能够阻碍人类未来的进步。鉴于目前的状况，作者可以肯定地认为我们必须动用法律规则来找到一部分解决办法。因此，必须严格遵循法律规则，以一种同样前所未有的方式深刻地变革法律本身。简而言之，我们必须“想象出”未来的道路。

8.2.3.2　一个创造性想象：实行国际太空交通管理

根据“想象”的第三个定义，旨在创立太空交通管理（STM）全球制度的各项国际倡议[38]根植于公共国际法，且具有很强的“想象性”，因为这些倡议旨在建立一种“机制”，用以控制和监管外层空间中可能有害的活动。此外，“我们在提出法律问题并表述法律原理时所采用的语言尚未跟上观念变迁的步伐”[39]，且这样一套制度的创立确实反映出我们已经意识到一个事实：目前国际太空治理的手段与当今太空活动的现实情况严重脱节。我们进一步探讨这种严重脱节的现状。

《外层空间条约》于 1967 年正式成为成文法，其第三条已明确条文规定各成员国应遵照国际法执行太空活动。国际社会先前普遍认可这项准则[40]。于是在 1964 年，布朗利武断地认为“从现在开始，法律上不再存在任何空白，不需要再创立任何新的法律制度——一种由各种特殊规则组合而成的综合法律制度，即‘空间法’。”[41] 然而，回顾过去，我们必须承认：普遍意义上的国际法以及具有专门用途的国际环境法仅仅是隔靴搔痒，因为其中的规定只是肤浅地将外层空间中的活动与地球上的活动区别开来。

若不仔细审视这一问题，则当前现状极有可能被更加普遍地归咎于国际法律规则，即针对各国或者各国监管下的行为体在外层空间中执行的活动确立的那套规则。事实上，在国际法领域中，任何评论者都不可能将 20 世纪中叶的法律文件搬出来并宣称其为适用于当代的法律原则（包括本章中刻意引述的那些法律），也没有任何国际司法机构能根据这种旧法律做出任何有意义的公告。至于其中的根本原因，我们可以参考太空相关条约中的条款（这些条款通常被视为存有漏洞），继而界定不合规行为的大致范围。尽管如此，这些条款太过宽泛，其中甚至涵盖“公共实体和私营实体做出的、可被定性为探索或利用的一切活动。因此，虽然缺乏详细的规则来监管太空中可实现的每一项活动，但是也不应由

㊳ 参见 supra，note 7。

㊴ L. Tribe，supra note 10，2.

㊵ 例如，参见 Resolution 1721（XVI）of 1961 and Resolution 1962（XVIII）of 1963 of the United Nations General Assembly。

㊶ I. Brownlie，supra note 25，2.

于这种缺陷而认为国际空间法中的基本原则不适用于外层空间的某些探索和利用。”[42] 然而，由于各个太空探索国家出于政治和战略上的利益而长期保持缄默，不愿意制定详细的国际规则，从而导致上文所述的长期存在的法律空白。

我们已经看到，出于各种（实证的或其他类型的）迫不得已的原因，我们必须坚持一项原则：“国家在外层空间中的行为必须遵守妥善制定的法律规则”[43]，继而坚持重新启用《外层空间条约》中那条貌似形同虚设的第三条。出于类似的原因，还需要继续做出努力，使国际环境法合理地应用于外层空间中的人类活动[44]。为此，作者提议完全赞同布朗利当年所做的那番深刻分析，因为这项分析对于我们的环境问题而言具有重要意义，正如半个多世纪以前对于他所谈论的问题而言具有重要意义，即：

在得出“已经存在适用于太空内活动的规则”这项假设之时，须牢记：这些规则的具体应用方式将不断成为各种争论的主题，且在某些领域中，人们面临的问题是法律的渐进式发展，而不仅是现有规则的完善。现行法与拟议法之间的界线通常很难以划分……在太空领域以及其他领域，实现和平与安全的最优条件来源于政治上的谅解以及（尤其是）各种协议的达成……从而建立一种机制以控制有害活动。普通法通常针对特定协议提供一套技术性框架，从而有助于解决这些棘手的问题。然而在政治上互不信任的情况下，必须指出：即便缺乏专门协议，各国也不能随心所欲地制定各自的政策[45]。

循着这个论点，一种颇有成效的做法就是遵照国际环境法来处理空间碎片和碎片主动移除问题，这样做不仅仅是为了根据国际环境法对太空活动固有风险达成共同理解，并制定有效且公正的太空交通管理制度，而且是为了强调一条道理：“不能等法律完善了再实施”[46]，且各个太空探索国家不能因为预期会出现更为全面的且专门的太空治理制度而享有无限制的自由。

可以肯定的是，“现有法规”中的很多规定以及国际上对跨国或域外环境问题做出的裁决（无论多么缓慢）似乎都遵循同一条核心规范，即加强国际合作和协调。如果由于环地球空间中的物理现实以及太空活动对太空中的任何实体造成的无差别的影响，国际社会被迫尽快建立一套全新的框架以有效实施国际太空治理，那么我们也许可以期望从这种框架中汲取有价值的教训，从而创立一种“法律机制”，以共同克服日益迫近的其他众多全球性挑战。从这个角度看，国际法以及国际机构领域的严肃学者们在不久的将来可以针对空间碎片和从碎片主动移除问题研究国际法，也许这样做会有实效。因为这种研究有益于我们的“想象”。

---

[42] P. De Man，“State practice，domestic legislation and the interpretation of fundamental principles of international space law”，Space Policy 2017，92.

[43] M. Lachs，The Law of Outer Space：An Experience in Contemporary Law - Making，Leiden，Sijthoff，1972，6 - 7.

[44] 在这一方面，值得注意的是“环境空间法仅仅是环境法的一个专门领域”。F. Lyall and P. B. Larsen，Space Law：A Treatise，Surrey，Ashgate Publishing Company，2009，275。

[45] I. Brownlie，supra note 25，2 - 3.

[46] Ibid.，2.

8.3　碎片主动移除、太空活动与预防义务：应然法

这项概略性分析的意图是强调国际法的渐进式发展涉及的一些根本性问题，同时正面阐释风险的共同要素以及风险的集体管理。关于法律的渐进式发展或者太空活动固有风险的正确理解，现存的问题比得出的答案要多得多。对此，作者给予格外强调，以期在今后发起更为广泛的讨论。

8.3.1　普通国际环境法

首先，我们可以引用国际环境法方面的普通文献来回顾各种国际义务的历史并认识规定了这些义务的现行法。这些义务是指各种宣言、法律文件以及国际法庭和法院的判决有义务防止跨国界危害[47]。接下来，在这个法律领域内，现代最突出的进步就是国际法院（ICJ）于 1996 年公布其《核武器咨询意见》，当时国际法院声明：

现在的环境相关国际法明确规定：各国有义务确保其管辖范围和控制范围内的活动应尊重其他国家的环境以及国家控制范围以外的区域内的环境[48]。

姑且不论核武器这一争议性问题，“国际法院做出该项裁决之后，人们再也不能认为环境保护不受普通国际法的规则的约束。”[49]

事实上，《外层空间条约》第三条已经让太空活动相关的普通国际法的规则生效，但有一点很明显，任何此类普遍义务在其实质性适用范围内也必须是适用的。为了确定碎片主动移除和太空活动领域中上述普遍义务的适用范围，我们首先审视这项义务的各个组成部分，具体如下：1）国家的管辖范围和控制范围内的活动；2）其他国家的环境以及国家控制范围以外的区域内的环境；3）尊重环境。

对于“国家的管辖范围和控制范围内的活动”这一项，其核心问题在于如何依据相关事实正确界定某种行为的原因，以识别应承担责任的那个国家。直接归因法来源于《外层空间条约》第六条。根据该条规定，《外层空间条约》的成员国应对政府机构和非政府实体的“国家级太空活动”承担国际责任。尤其在涉及碎片主动移除时，将“一束激光”[50]或“一枚探空火箭”[51] 定性为“外层空间中的活动”会有一定困难，而那些尚未加入《外层空间条约》的国家同样会带来难题。但无论如何，若根据国际法中普遍公认规则将某种

---

[47] 例如，参见 P. Sands，J. Peel，A. Fabra and R. MacKenzie，Principles of International Environmental Law，3rd Edition，Cambridge，Cambridge University Press，2012。

[48] Legality of the Threat or Use of Nuclear Weapons，Advisory Opinion，ICJ Reports 1996，241 - 242，para. 29.

[49] P. Sands，supra note 4，26.

[50] 已针对空间碎片移除提出一些方案，其中需要发射一道能量足够强的激光，以烧蚀空间碎片的前缘，从而改变其轨道，并迫使其重返大气层。

[51] 所谓的“适时碎片主动移除”就是利用探空火箭在碎片路径上注入某些物质以便在最后一刻改变碎片的轨迹，被称为“适时碎片主动移除（JADR）”或“适时碰撞避免（JCA）”，参见 H. Schaub et al.，supra note 24，74。

行为归因于某个国家[52]，则上述问题基本上会迎刃而解[53]。

对于"其他国家的环境以及国家控制范围以外的区域内的环境"这一项，根据《外层空间条约》第二条规定，任何国家不得占有外层空间（包括月球和其他天体）。这条"不得占有"原则已经不只是国际习惯法中的一条"原则"[54]。因此，环地球空间毋庸置疑是"国家控制范围以外的区域"。

对于"尊重环境"这一项，我们可以肯定地断言：在国际环境法之下，每一个国家都承担一项普遍义务，即在执行太空活动时"尊重外层空间的环境"。若违反这项实质性规定（即伤害环境），则构成不法行为，须承担国际责任。这项义务具有十分重大且明确的意义。人们争论如何防止空间碎片以保护外层空间的环境时，争论的焦点往往集中于《外层空间条约》第九条的解释、文字表述或作用，然而当前国际义务的范围极为广泛，因而有可能促使人们认为无法再一味地诉诸《外层空间条约》第九条。例如，《外层空间条约》第九条的核心要旨在于防止《外层空间条约》成员国的利益受到伤害，或者防止"其他成员国的活动"受到有害干扰，然而这项普遍义务理应保护的对象却是空间环境本身。这并不是说《外层空间条约》第九条之于环境保护的重要意义有任何减弱。恰恰相反，这种重要意义得到补充和强化[55]。不过，诸多问题仍然挥之不去。而且，若要正确理解这项普遍义务，则对《外层空间条约》第九条中的"有害干扰""有害污染"[56]以及"适当顾及"这些词的解释可能会在一定程度上影响我们对"尊重外层空间环境"这一表述的解释和定性；反之亦然[57]。

其次，针对"防止跨国界危害"的"程序义务"和"尽职尽责义务"，国际法院长期以来在国际习惯法和普通国际法方面形成一种密切相关但截然不同的推理逻辑[58]，这种推

---

[52] 一般参见国际法委员会于2001年发布的《国家对国际不法行为的责任条款草案》。

[53] 据推测，下述情况可能更为棘手：须移除的物体可能还牵涉到其登记国的责任，尤其是因为第八条规定"登记国应保留管辖与控制权"。只要空间物体被视为登记国具有的一种"有效联系"，则某些情形下必然会牵涉到登记国的责任。

[54] 一些作者将《外层空间条约》第二条中的原则定性为强制法，而另一些作者则视其为提升地位的国际法习惯规则，是国际空间法的"结构性规范"，参见 F. Tronchetti，"The Non-Appropriation Principle as a Structural Norm of International Law：A New Way of Interpreting Article II of the Outer Space Treaty"，Air & Space Law 2008，Vol. 33，No. 3，277-305。

[55] 条约规范与条约以外的规范之间的关系是一个相当复杂的法律问题，为此可能需要援引一系列解决规范之间冲突的规则，参见 D. French，"Treaty Interpretation and the Incorporation of Extraneous Legal Rules"，International and Comparative Law Quarterly 2006，Vol. 55，281-314。

[56] 例如，各种文献中仍然在争论"有害污染"是否应仅限于更加不易察觉的微粒物质且应排除空间碎片。

[57] "在有些情况下，缔约方在缔结条约时的意图是，或者可以推定是，赋予所使用的术语（或其中一些术语）一个能够演变的含义或内容，而不是一劳永逸的固定含义或内容，以便除其他方面，考虑国际法的发展。" Dispute Regarding Navigational and Related Rights（Costa Rica v. Nicaragua），Judgment，ICJ Reports 2009，242，para. 64。

[58] 例如，参见 Corfu Channel（United Kingdom v. Albania），Judgment，ICJ Reports 1949，22；Pulp Mills on the River Uruguay（Argentina v. Uruguay），Judgment，ICJ Reports 2010，55-56，para. 101 and 83，para. 204；Certain Activities Carried Out by Nicaragua in the Border Area（Costa Rica v. Nicaragua）and Construction of a Road in Costa Rica along the San Juan River（Nicaragua v. Costa Rica），Judgement，ICJ Reports 2015，706-707，para. 104（hereinafter：ICJ，San Juan River）。

理逻辑对于太空活动和碎片主动移除可能有一定意义[59]：

为了履行“尽职尽责防止跨国界严重环境危害”这项义务，国家在执行某项可能对另一国环境造成不利影响的活动之前，必须：[i] 先证实是否存在引发重大跨国界危害的风险；于是 [ii] 必须执行环境影响评估。……若环境影响评估证实重大跨国界危害的风险确实存在，则计划执行该项活动的那个国家必须履行“尽职尽责”义务；[iii] 通知可能受影响的那个国家并与该国开展真诚的协商，之所以必须协商，是为了确定适当措施以防止或缓解上述风险[60]。

本章作者不会执着于论述这种程序性顺序是否适用于太空活动或碎片主动移除，因为我们已经知道，外层空间是一种独特的环境且需要独特的定制化规则。相反，我们应当根据这种基本逻辑提出一种支持措施，从而在太空活动领域内进一步实施“针对特定安排提出的合法技术性框架”，即针对碎片主动移除和太空交通管理。如此，可根据这种法律依据确立一套国际制度，从而既能保护《外层空间条约》第九条规定的国家和运营商的利益，又能履行保护空间环境这项普遍义务。下述事务需要更为仔细的审视。

8.3.2 防止太空活动对空间环境造成危害

第一，环地球空间环境未来安全性所承受的主要风险包含碰撞事件和解体事件，因为这类事件会产生超出临界值的极为零碎且无法补救的碎片[61]。诱发这类事件的因素是多种多样的，如“无法追踪的破坏性碎片”、意外碰撞、爆炸或异常现象。若众多诱发因素超出我们的科学预测能力，继而使我们没有能力防止这些事件，则我们履行“预防可预见事件”这项义务时必然会更加吃力[62]。这种预防措施主要是避免狭义上的“可控”空间物体之间发生碰撞与广义上的空间物体之间发生碰撞，当然也要防止这两类物体互相碰撞。

在狭义上，我们可能会想到那些可机动的卫星，因为这类卫星的运营商可能会被迫施加协调控制，以避免碰撞。在广义上，我们将面对种类极其广泛的空间物体，其中涵盖可被追踪的任何空间物体，包括种类繁多的丧失功能的空间物体（“空间碎片”），但是也包括不具有任何主动控制或推进控制功能的“功能正常”的空间物体。至于后者，由于无法利用推进设备对这类航天器施加主动控制，因而利用这类航天器的不可实现性以及脆弱的合法性必然会引来一些明显的质疑，这种属性会迫使其他实体采用一些价格昂贵的推进设备来避免碰撞[63]。至于空间碎片，至少那些碰撞风险最大的碎片理应被移除，或者以某种

---

[59] 与空间碎片和大型星座有关的内容，参见 W. Munters，supra note 23。

[60] San Juan River，ICJ，参见 supra，note 59。

[61] “轨道碎片未来的危害将主要来自致命碎片（直径大于 5 mm 的任何碎片），这些碎片将由大型物体的硬体对硬体碰撞产生，数量成千上万。因此，虽然控制小型碎片的增长是可取的，但最好的办法是移除大型废弃物体，因为这些物体以后可能通过碰撞产生致命的碎片。” K. T. Nock et al.，supra note 15，369。

[62] 特别是当考虑到“多年的成功缓解可能被一次碰撞抵消” H. Schaub et al.，supra note 24，73。

[63] 考虑到“越来越多的小型卫星和纳米卫星任务没有推进能力。这些飞行任务在技术上往往风险很高，而且设计的飞行任务期限很短。在考虑到可能终止其运行的所有风险时，被碎片击中的可能性并不是一个有影响力的因素。” H. Schaub et al.，supra note 24，74。

方式改变其轨道[64]，从而避免引发无法遏制的解体事件。

第二，太空活动具有“危险程度极高”这种性质，但是不能也不应继续以这种性质为理由，默许所有太空活动中固有的巨大风险。相反，正是由于这种性质，我们必须认识到一条不容反驳的道理：一旦太空活动超出风险程度阈值，则在太空活动发生之前以及发生的整个过程中，应根据事实本身评估这种风险，这是每个国家都应履行的尽职尽责义务[65]。此外，如前文所述，若采用单边方式，或者不建立一种综合性国际框架[66]，则无法有效地执行这种环境影响评估（EIA）。这种国际框架的要素包括：通知、协商和协调，传播太空态势感知（SSA）数据，协调性的碰撞避免机动（CAM），应急程序，各种模型的协调，本体论和类型学，以及碎片主动移除（ADR）的实施等。

第三，这一问题中的事实简单明了，但是令人望而生畏。在不同的轨道高度上，我们将面临一些绝对阈值。一旦超出这些阈值（虽然历来难以精确判定超出阈值的时刻）[67]，则会极大地妨碍环地球空间内整个轨道的利用[68]。在不同的轨道高度上，无法补救的碎片会妨碍太空的利用，且这种局面延续的时间少则几天，多则几千年，甚至更久。太空相关条约本身不包含任何堪比《巴黎协定》第 2（1）（a）条的“开创性”法律条款，也没有像后者那样写明温度阈值[69]，不过为了预防空间环境遭受无法弥补的损害，后者也有一定借鉴意义。

显然，有效的环境法的制定、灾难性环境损害造成的争端的裁决[70]以及法律规则本身的变革等方面存在极大的难度，这主要归咎于太空领域存在的时间张力，且国际法机制对这种时间张力只能做出有限的反应。在盖巴斯科夫-拉基玛洛工程案件中，国际法院强调：“在环境保护领域，必须保持警惕并防患于未然，因为环境遭受的损害通常无法逆转，且

---

[64] 例如，在轨服务解决方案可能包括将一个专门的航天器附着在物体上，以便对其连续移动和控制。另外，还可利用探空火箭在碎片路径上注入某些物质以便在最后一刻改变碎片的轨迹，这就是所谓的“适时碎片主动移除（JADR）”，参见 supra，note 52。

[65] Corfu Channel，ICJ，supra note 59.

[66] Pulp Mills，ICJ，supra note 59，83，para. 205：“法院认为，应由每个国家在其国内立法或项目授权程序中确定每个案件所需的环境影响评估的具体内容，同时考虑到拟议开发的性质和规模及其对环境可能产生的不利影响，以及在进行这种评估时需要尽职尽责。法院还认为，在实施一个项目之前，必须进行环境影响评估。此外，一旦开始运作，并在必要时，在项目的整个生命周期内，应不断监测其对环境的影响。”应由《外层空间条约》第六条有关当事国许可并不断施以监督，在这里显然是相关的。

[67] 例如，参见 supra，note 20。

[68] 参见引用，supra note 24。

[69] 2015 年《巴黎协定》第 2（1）（a）条规定：“本协定在加强《公约》，包括其目标的执行方面，旨在联系可持续发展和消除贫困的努力，加强对气候变化威胁的全球应对，包括：（a）把全球平均气温升幅控制在工业化前水平以上低于 2 ℃之内，并努力将气温升幅限制在工业化前水平以上 1.5 ℃之内，同时认识到这将大大减少气候变化的风险和影响。”

[70] 例如，参见关于灾难性环境损害的国际责任的小组讨论会，A. Boyle，“International Law and the Liability for Catastrophic Environmental Damage”，Proceedings of the American Society of International Law 2011，Vol. 105，423－430，et seq。

用以修复这类损害的机制本身具有局限性。”[71] 然而，国际法院一直没有进一步扩展这方面的理论，可能是因为国际法院没有能力或没有意愿将自己定位为国际立法机构，或定位为由主权国家组成的政治体。

具体而言，我们面临的这种时间张力存在于“事后”回顾与“事前”预防（即避免既成事实）之间。存在这种张力的主体是：1）“事后”确定违反了某项实质性义务，如导致某种无法弥补的环境危害；2）“事前”坚持遵守各项义务，即制定一套明确的规则，在活动发生前以及发生过程中遵守这套规则，以防止损害发生。毋庸置疑，如果温度上升到某个阈值以上，则人类文明将陷入困境。若碎片积累的数量超出某个特定阈值，则会出现凯斯勒现象。这些问题显然极为严重，我们甚至不能容忍这些问题变成“既成事实”这种可能性。那么，我们如何制定可行的法律规则，以有意义的方式防止这些问题发生，因而防止传统法律制度和裁决制度依赖其迄今为止一直依赖的“事后”逻辑来解决问题呢？

8.3.3　在太空活动固有风险管理和碎片移除方面达成共同理解的法律基础：“尊重空间环境”

为了给出答案，作者将部分地采用推测的方法，并论述一种十分抽象的概念——应然法。我们先回到上文论述的一个论点。上文说过，我们可以合理假设：防止碰撞级联的初始条件，以避免级联效应导致整个轨道带不适合于未来的人类活动这种后果，这是一种公认的、绝对可以实现的目标，因为其他替代性手段不仅不合情理，而且基本上会让国际空间法本身的宗旨和目的丧失意义。类似地，如果我们在未来超出《巴黎协定》第 2（1）（a）条规定的温度阈值，则整个世界都将陷入可怕的困境。同样，可以说这种阈值即构成一种“绝对”标准，我们的行为必须遵守这种标准。

如果将来我们将上文假设的绝对、公认的目的视为一种立法理由，并据此制定一套实质性规范（如表述为“尊重空间环境”），那么这种规范在本质上必须是一种“不可违反的”规范，因为一旦违反，则将使规范的绝对宗旨和目的失去意义。这种“不可违反性”在任何意义上并不意味着事实上绝对不可能做出有违或有悖于实质性规范的活动。相反，它是要引出一条结论：必然会以某种方式确保那些活动无法违反或背离上述规范。因此，需要制定这样一套法律以约束未来的行为，否则将来只能等事情发生后才意识到当初的行为完全违反了我们的实质性规范——即当初为了避免既成事实而制定的绝对标准。因此理应未雨绸缪，在实质性规范被真正违反之前就应识别违反规范的行为。要想在法律范畴内合理地做到这一点，应当要求所有人遵守程序性法律义务，从而以预防性的手段确保实质性规范及其宗旨和目的得到维护，以免其被违反——尤其是要求每个国家都以尽职尽责且

---

[71] Gabčíkovo - Nagymaros Project (Hungary v. Slovakia), Judgment, ICJ Reports 1997, 78, para. 140. 同样地，认为：“［法院］必须采取前瞻性、未来适用的办法，进行全面的风险评估，并在确定这种风险可能带来的后果时，采取预防逻辑而非补偿逻辑。这种逻辑在环境法领域具有特殊的说服力。……法院在面对环境污染和危害生态系统的风险挑战时，必须认识到传统的追溯性司法程序及其补偿逻辑的固有弱点和缺陷。”Joint Dissenting Opinion of Judges Al - Khasawneh and Simma, Pulp Mills on the River Uruguay (Argentina v. Uruguay), Judgment, ICJ Reports 2010, 118, para. 22 and 119, para. 24。

诚信的方式履行上述义务。针对空间碎片和凯斯勒现象，只有预先识别具体的非法行为以及执行补救这种次级义务（如移除已丧失作用的空间物体这种次级义务），以防止该等行为产生更多无法补救的碎片，那么此时判定某个特定国家的非法行为可作为一种有效的法律手段，保障环地球空间的安全性。以最简明的方式表述，我们可将这种观点表述为一条警句："预防胜于补救；预防即是补救"。

哈苏奈法官和希马法官在"纸浆厂"案件中发表了严厉的联合反对意见。此案件可作为上述分析的佐证。而且鉴于目前存在的关于太空活动固有风险的概念具有很大的"弹性"，且同时对风险以及风险管理缺乏共同理解，因而这一案件显得尤为有意义：

> 关于共享自然资源的利用以及跨国界危害的可能性这方面的事务，我们发现其最显著的特征就是其中涉及的实质性原则具有极强的"弹性"和"笼统性"。对自然资源享有的永久性主权、自然资源的公平且合理的利用、避免造成重大或明显危害的义务、可持续发展的原则等问题都反映出这种笼统性。……显然在这些情形中，履行程序义务具有很大的重要意义且最受瞩目，因为它能从根本上表明某个具体案例中实质性义务是否在遭到违反。因此，如果得出结论认为即便违反了相关的程序义务，最终也不会影响实质性义务得到遵守，那么这种结论是无法被轻易接受的论调[72]。

我们期望的结果是绝对避免凯斯勒现象的发生。为了实现这种结果，可通过预防性措施以确保实际行为遵守先前确立的且持续实行的程序性监管制度——即监管太空活动实际发生的情形，从而将太空活动固有风险限制在一定程度以内。换言之，遵照法律规则建立一套全面的国际性程序制度，且这套制度的精密性和协调能力足以管理太空活动对空间环境造成的风险：一套有效的太空交通管理制度。然而，只要缺乏这种独特的制度，或者缺乏其他替代性手段来实现上述风险的集体管理，则各国就无法自由地以自认为合适的方式做出行动。最有用的手段也许是《外层空间条约》第九条以及每个国家都要履行的一项实质性普遍义务——"尊重空间环境"，即程序性尽职尽责义务中所做的一项规定："通知可能受影响的那个国家并与该国开展真诚的协商，之所以必须协商，是为了确定适当措施以防止或缓解上述风险"[73]。但是在我们的想象中，我们并不认为"尊重空间环境"必然会确保"程序义务得到履行"[74]。

如前所述，太空活动固有风险（本章中表示为"概率乘以后果"）具有其特殊性质，因此必须预想这些义务的适用范围，从而与为数众多的受影响实体开展协商并与他们协调行动，以便有效地缓解风险[75]。即便在太空中发生争议性活动之前，任何此类实体都可选择起诉那个可能违反了尽职尽责义务的国家，因为这个国家可能也违反了"尊重空间环

[72] Joint Dissenting Opinion of Judges Al - Khasawneh and Simma，supra note 72，120，para. 26.

[73] San Juan River，ICJ，supra note 59.

[74] 参见 supra，note 73。

[75] 至关重要的是，《外层空间条约》第九条可被视为太空活动方面的特别法，并"可能载有关于特定情况下通知或协商的有限义务，但这并不排除条约或国际习惯法中可能存在的关于跨国界损害的任何其他程序性义务。" San Juan River，ICJ，supra note 59，708，para. 108。

境”这一实质性义务。不过这种关系是双向的。反过来讲，打算执行太空活动的那个实体也必须求其他相关实体（即该等实体在太空中执行的活动会影响上述风险）参与协商，以找出令人满意的协调措施，从而有效地缓解这些实体的活动对空间环境造成的总风险。在每项具体的太空活动中，若各个实体之间遵照法律要求建立的临时性协商关系和协调关系的数量太多，且似乎多到无法计算，那么可认为这种情形表明迫切需要制定一套太空交通管理制度。

此外，美国空军科学咨询委员会于 1986 年表达了其官方立场：“碎片问题日益严重，其严重性取决于未来的交通管理和碎片管理”[76]。这一立场表明太空交通管理与碎片主动移除之间存在密切的相互关联和互补关系。这一点也不奇怪，因为太空交通管理和碎片主动移除的终极目的都是为了缓解风险，即防止空间物体之间的碰撞产生无法补救的碎片——这是空间环境所承受的终极危害。对于太空活动固有“风险”以及风险的集体管理，碎片主动移除和太空交通管理就好比硬币的两面。其实，不仅上述法律义务程序制度直接适用于碎片移除活动，而且碎片移除活动本身也是一种强制性义务。

目前，《外层空间条约》第八条规定发射国对已经丧失作用的空间物体拥有管辖与控制权，且《外层空间条约》第六条规定该国对国家级太空活动承担责任。然而，根据特定行为归因方面的普遍规则，如果该等空间物体在事实上存在碰撞风险，而对该物体负有国际责任的国家没有履行“移除”该物体的义务[77]，则该国家将违反“尊重空间环境”这项实质性义务。只要能精确预测碰撞事件发生的时间，尤其是因为不可追踪的碎片造成碰撞危险，或者由于碰撞风险计算中采用的空间物体数量统计模型的精度误差而导致碰撞，则必须假设违规事件发生于某个短暂但合理的时间段结束之后，而这个时间段的起始时间是空间物体丧失作用的那一刻，或者（引申开来说）是失去控制的那一刻。一旦这个时间段结束之后，相关国家将立即承担国际责任，此时“执行补救”这项次级义务最好是强制要求该国快速移除该物体或者通过在轨服务作业恢复有效控制[78]。此时我们可以再度参考一条存在已有 50 年之久的旧版空间法原则：“不久后，将强制要求各国从轨道中移除那些对航天器航行造成危害的无人太空飞行器和碎片”[79]。

最终，如果广义上的太空活动遭受严重的风险，那么碎片主动移除活动将成为一种风险尤其巨大的活动。此时将以更为严格的方式履行发出通知并发起协商和协调的义务。由于这项义务，相关文献中提出的成立一个专门负责碎片主动移除的国际机构的提议就显得

---

[76] 引自 W. B. Wirin，supra note 18，184.

[77] 人们普遍认为，国家的不法行为可以是作为或不作为，参见 supra，note 53。

[78] 目前这种形式的赔偿在技术上是否可能，或者在任何情况下成本是否太高，从而排除了恢复原状的义务，这一点值得怀疑，参见 W. Munters，supra note 23。这将使遵守诸如任务后处置等缓解措施的重要性更加突出，而且至少应要求履行更严格的义务，在联合国秘书长和联合国外层空间事务厅管理的登记册中更新空间物体的状态。根据这种法律结构，不得不采用价格昂贵的推进设备的任何实体也可能根据《责任公约》要求赔偿，因为违反实质性义务的行为将确定以错误方式行事的国家的过错。

[79] C. R. Hall，“Comments on Salvage and Removal of Man - made Objects from Outer Space”，Journal of Air Law and Commerce 1967，Vol. 33，288. 另参见 W. B. Wirin，supra note 18，184。

更有说服力[80]。此外，某些提议的用以执行碎片移除活动的手段会增加他国承受的风险，同时在选用合理的碎片移除技术时可能需要履行某些义务。此外，我们可以预期：由于碎片主动移除活动中固有的风险程度很高，因此碎片移除活动的方法必须极其谨慎[81]；这种风险已经远远超出空间环境所承受的风险。前不久，中国的“天宫一号”航天器重返大气层。这个实例再次提醒我们：未来将空间物体成批量送回大气层时会对地球造成巨大风险。由各国航天局以及机构间空间碎片协调委员会组成的一个庞大的国际联盟密切关注空间物体重返大气层的过程。除了加强国际合作与协调这一显而易见的观点，还有一点必须牢记：碎片移除活动要想成功完成，则可能会且一定会偏离预设的最佳情况。如果行动失败，则轨道上可能产生更多的碎片，或者重返大气层过程中未能燃烧的碎片会落入人口稠密的地区[82]。因此我们必须完全接受一个事实：太空活动的诸多固有风险以及风险的集体管理所涉及的众多根本性问题尚未解决。也许我们最好现在就开始解答这些问题。

8.4 结束语

在前文的论述中，作者尝试证明国际社会迫切需要对太空活动固有风险以及风险的集体管理方式达成共同理解并从法律角度激励国际社会这样做。

然而，如何精确地定义、计算、管理或概念化描述“风险”这一抽象概念，从而将风险限制在一定限度内？这又是另一个极度复杂的问题。这需要不同的专业领域以及太空探索国家同时且持续地投入努力。不过有一个事实是不言自明的：只要不同的实体对于风险、风险的可持续阈值或有效的风险管理过程抱有不同的乃至毫无可比性的认识，则不可能忽视风险对外层空间内人类活动造成的影响。

至于风险的管理，作者曾指出太空交通管理（STM）与碎片主动移除（ADR）之间存在密切关联。此二者就好比硬币的两面。这两种活动密不可分，因为其目的都是为了防止空间物体之间碰撞造成的主要风险，从而防止空间环境遭受无法弥补的损害。在国际环境法和空间法领域，现行法与拟议法之间的界线很难以划分，不过目前可以合理认为相应的法律义务已经确立，这些义务不仅迫使各国在执行太空活动时彼此之间密切协商和协调

---

[80] 参见 W. Munters and J. Wouters，“The Road Not Yet Taken for Defusing Conflict in Active Debris Removal：a Multilateral Organisation”，in M. Manoli and S. B. Habchi（Eds.），Monograph Series Ⅳ：Conflicts in Space and the Rule of Law，Montreal，McGill Centre for Research in Air and Space Law，2017，145 - 171。

[81] 虽然由于范围不够，本章可能低估了这一点，但对太空活动试行预防方法或法律预防原则却值得考虑，不应根据对风险采取“健全的科学”方法而草率地予以否定。然而，我们可以预见到相当大的困难，因为“虽然可以采用科学方法，以透明的方式披露不确定性和价值判断，但这些方法也会被滥用于政治目的。”关于相互竞争的风险监管范式，以及“健全的科学和预防原则风险监管范式”之间的区别或其他问题以及对文本的引用，参见 J. Peel，Science and Risk Regulation in International Law，Cambridge，Cambridge University Press，2010，151，et seq。另参见 supra，note 19。

[82] 考虑到“如果坠落的碎片造成死亡，可能会大大改变关于责任的讨论，特别是在受影响（原文如此）的国家。因此，运营商必须考虑物体脱离轨道的风险和政治成本以及造成地面损害的风险与将物体留在空间几十年的风险。”H. Schaub et al.，supra note 24，72。

(密切程度远远超过当今的程度)，而且确立“移除已丧失作用的或不可控制的物体”这项义务。也许，那些有志于保障环地球空间内最有价值且因此最拥挤的那部分空间的可用性的人士应当立即行动起来，强制实行这些义务。至少我们可以发挥想象力。

作者简介

沃德·蒙特斯（Ward Munters）（法学硕士，太空研究理科硕士）是一名博士研究员、教学助理和讲师，专攻国际和欧洲（太空）法，供职于比利时鲁汶大学（KU Leuven）全球治理研究中心和国际法研究院，以及比利时哈塞尔特大学（UHasselt）法学院。他在公共国际（环境与太空）法领域的研究旨在促进建立全面且有效的国际法律框架，即在相关科学与技术研究领域进行法律分析，以促进空间碎片与碎片主动移除方面的基本法律定义和其他相关事务。为了明确界定“空间碎片”的法律概念，其所研究的法律领域包括：预防国家管辖范围以外的区域遭受危害，预防性的或合理的科学法律范式，共同但有区别的责任，国际义务和责任，正当性与有效性等。电子邮箱：ward. munters@kuleuven. be。

第9章　空间碎片移除的美国法律和政策

田庄*

摘要：本章的目的是分析如何在国家层面解决空间碎片问题。本章分析中采用美国的法律和政策作为范例。美国已建立起完善的法律制度并颁行若干国家政策以解决空间碎片带来的挑战。太空活动的实施与监管的职能划分给美国的若干国家机构。每个机构都各自制定了关于空间碎片的规则和标准。这些规则和标准符合各项空间碎片减缓指南中的最佳做法。在政策领域，美国的国家太空政策中首次提到空间碎片问题是在三十年前。从那时起，空间碎片受到持续关注。美国针对空间碎片制定的国家太空政策一直在演进。其演进的方式可归纳为：从内到外，从笼统到周密，从碎片减缓到碎片补救。

9.1　引言

随着太空活动和太空行为体的数量日益增多，空间碎片问题可能会继续恶化。和平利用外层空间委员会（COPUOS）于2013年召开了第56次会议，该委员会敦促各国遵照机构间空间碎片协调委员会的指南[①]以及和平利用外层空间委员会的指南[②]实施空间碎片减缓措施，或者依据这些指南制定各自的空间碎片减缓标准[③]。对国家空间法律和政策进行分析，也许能说明这些指南实施的程度。贡纳尔·莱因贝格曾指出，针对空间碎片的国际决议应考虑各个太空探索国家目前实行的太空政策[④]。对这类政策进行分析，有助于认识各种需要照顾的利益，且有助于国际讨论找准关键点[⑤]。本章旨在分析如何在国家层面解

* 田庄（Zhuang Tian）（✉）
航空和航天法法学硕士高级学位，莱顿大学，2017。法学学士，中山大学，2014。作者首先真诚感谢助理教授塔尼娅·马松-兹万博士在作者的硕士研究中给予的宝贵指导和鼓励。作者也深深感谢安妮特·弗勒利希博士在本章撰写过程中给予的深刻见解和启发。

A. Froehlich（ed.），Space Security and Legal Aspects of Active Debris Removal，Studies in Space Policy 16，https：//doi.org/10.1007/978-3-319-90338-5_9

① 在本章中，机构间空间碎片协调委员会（IADC）的空间碎片减缓指南被称为机构间空间碎片协调委员会的指南。

② 在本章中，和平利用外层空间委员会（COPUOS）的空间碎片减缓指南被称为和平利用外层空间委员会的指南。

③ UN Doc. A/68/20，Report of the Committee on the Peaceful Uses of Outer Space，Fifty-sixth session（12-21 June 2013）.

④ Gunnar Leinberg，“Orbital Space Debris.” JL & Tech. 4（1989）：94.

⑤ Id.

决空间碎片问题。为此，将以美国为例进行分析。

9.2　负责太空活动监管的机构

美国将太空活动的实施和监管的职能划分给若干政府机构[⑥]，具体如下所述。

1）国家航空航天局（NASA）是一个领导性联邦机构，负责航空和航天领域的科学、探索和应用方面的研究、技术和开发。

2）交通部（DOT）负责批准和促进商业性发射作业，配合其他机构签发发射与载荷批准书；其合作机构包括联邦通信委员会（FCC），负责监管电信、广播和其他用途所用的无线电频率。

3）商务部（DOC），其下辖的国家海洋和大气管理局（NOAA）从事遥感作业，收集数据，开展研究，并针对地球环境做出预测；其下辖的太空商业化办公室负责协调商务部内部的太空相关事务和项目。

4）国防部（DOD），利用太空进行情报收集、通信以及（有可能）导弹防御。

9.3　美国的空间碎片相关政策

美国政府制定的太空相关政策包含于国会颁布的法令（国会宣布国家政策）以及美国总统签发的各种指令、行政命令以及其他文件[⑦]。

从 1984 年颁布《商业太空发射法案》开始，直到现在国家航空航天局和国防部采取措施减少空间碎片并将停止运行的卫星移除出高需求轨道，美国一直将减少碎片视为其太空政策中的一项关键目标[⑧]。1988 年，里根政府的国家太空政策中首次提到空间碎片问题，其中声明：

> 一切航天部门都将设法尽量减少空间碎片的产生。太空试验、实验和系统的设计和运行将遵照任务要求和成本效益原则努力尽量减少空间碎片的积累[⑨]。

鉴于缺乏妥善办法来测量轨道碎片环境，美国政府于次年签发了一份关于轨道碎片的报告，要求国家航空航天局和国防部制定一份计划，以监控碎片环境[⑩]。这份报告于 1995

---

⑥ Paul Stephen Dempsey. “Overview of the United States Space Policy and Law.” National Regulation of Space Activities. Space Regulations Library; Vol. 5. 238232972. New York, NY [etc.]: Springer (2010): 373 - 374.

⑦ Id. at 373.

⑧ NASA Policy Directive 8710, Policy to Limit Orbital Debris Generation; U.S. Space Command (USSPACECOM) Regulation 57 - 2, Minimization and Mitigation of Space Debris (Jun. 6, 1991). Elizabeth Seebode Waldrop, “Integration of Military and Civilian Space Assets: Legal and National Security Implications.” 55 A.F.L. Rev. 157, 232 (2004): 212.

⑨ Presidential Directive on National Space Policy, dated 11 February 1988 (Reagan era).

⑩ The Federal Aviation Administration (FAA), “Launch Activity and Orbital Debris Mitigation”. Second Quarter 2002 Quarterly Launch Report, at 11.

年更新，提出五项针对空间碎片减缓的建议[11]。

布什政府于1989年发布的国家太空政策重申了上一版国家太空政策中的内容，其中声明：

美国政府将鼓励其他太空探索国家颁行旨在减少碎片的政策和规程[12]。

空间碎片减缓也被视为跨行业的首要指导原则之一，旨在实现克林顿总统于1996年签发的国家太空政策中确立的美国主要太空政策目标[13]。1996年的政策重申了上一版政策，要求美国政府各机构尽量减少空间碎片的产生，此外还要求国家航空航天局、情报机构和国防部与私营机构合作，共同制定设计指导方针，以指导政府未来采购航天器、运载火箭和服务。此外，1996年政策还指出，美国政府将在各种国际大会上发挥领导作用，颁行相关政策和规程以尽量减少碎片[14]。

2006年8月31日，布什总统批准了一项新的国家太空政策，其中确立了一项总体国家政策，用以监管美国太空活动的执行，取代了先前的1996年政策[15]。

由于认识到空间碎片造成的风险，2006年政策中指出，美国应努力尽量减少政府和非政府活动在太空中产生的轨道碎片，以确保后代人能够利用空间环境[16]。为实现目标：

各部门和机构在航天器的采购和运行、发射服务以及太空中的试验和实验中，应始终遵循美国政府轨道碎片减缓标准规程并遵照任务要求和成本效益原则；

商务部部长、交通部部长以及联邦通信委员会主席应协调合作，利用各自的授权程序，坚持解决轨道碎片问题；

美国应在各种国际大会上发挥领导作用，鼓励其他国家以及国际组织颁行旨在尽量减少空间碎片的政策和规程，且美国应配合进行碎片研究方面的信息交流并改进碎片减缓方法[17]。

奥巴马政府于2010年6月28日发布最新版国家太空政策，其中确立了全面的指导原则以指导太空中的一切政府活动，包括商业、民用和国家安全领域的航天部门[18]。

这项政策的引言中声明："数十年的太空活动已经使地球轨道充满碎片，这会给我们所有人带来破坏性后果，这是因为各国的航天事业无所不在且彼此关联，且整个世界越来越依赖航天事业。"[19] 此政策还进一步声明：

---

⑪ Id.

⑫ National Space Policy Directives and Executive Charter, NSPD - 1, dated 2 November 1989 (G. H. W. Bush era).

⑬ Presidential Decision Directive, National Space Policy, NSTC - 8, dated 19 September 1996 (Clinton era).

⑭ FAA, supra note 11, at 10.

⑮ National Space Policy, dated 31 August 2006 (G. W. Bush era).

⑯ Id.

⑰ Id.

⑱ National Space Policy of the Unite States of America, dated 28 June 2010 (Obama era). 参见 http://www.space.commerce.gov/policy/national - space - policy。

⑲ Id. at 1.

作为首要的太空探索国家，美国致力于解决这些挑战。但美国无法独力承担这项责任。所有国家都有权利用和探索太空，但是这项权利也附带着责任。因此，美国呼吁所有国家共同合作，以负责任的方式开展太空活动，以保障后代人使用太空的权利[20]。

美国在其国家级航天项目中追求的目标之一（详见2010年政策）是加强轨道碎片减缓措施[21]。此外，这项政策认为国际社会可合作开展太空监视，以实现碎片监控和感知[22]。其中最重要的一条原则涉及空间环境的保护，其文指出：

为尽量减少碎片并保护空间环境，以确保所有使用者以负责任的、和平的且安全的方式利用太空，美国应：

领导国际社会和太空行业不断制定和实施相应标准和政策，以尽量减少碎片，如《美国空间碎片减缓指南》；

利用商业、民用和国家安全领域的资源，开发、维护和利用太空态势感知（SSA）信息，以侦测、识别和判定太空中的违规行为；违规行为是指该等行为不符合负责任的太空利用方式或有悖于空间环境的长期可持续性；

在航天器的采购和运行、发射服务以及太空中的试验和实验中，始终遵循美国政府轨道碎片减缓标准规程并遵照任务要求和成本效益原则；

责成国家航空航天局（NASA）局长以及国防部部长研究和开发各种技术和方法，以减缓和移除轨道内碎片，降低危害，增进对当前和未来碎片环境的了解；

要求主办部门和机构的主管人负责批准不符合《美国政府轨道碎片减缓标准规程》的例外情况，并通知国务卿[23]。

这是首次在国家太空政策层面处理空间碎片移除问题。2010年政策表明美国越来越关注碎片补救问题。事实上，美国在2005年颁布的另一项政策中已经提及碎片移除的概念。2005年的《运输政策》中指出："美国应……研究和开发太空内运输能力……包括但不限于：自动化汇合与对接，以及部署、服务和收回轨道内载荷或航天器的能力。"[24]

为了促进太空碰撞警告措施的开发，2010年政策进一步指出：

国防部部长、国家情报局局长、国家航空航天局局长以及其他部门和机构协商，可与企业以及其他国家开展合作，以维护和改进空间物体数据库；遵循公认的国际数据标准和数据完整性措施；向商界和国际实体提供服务并传播轨道追踪信息，包括关于空间物体的预测[25]。

---

⑳ Id. at 2.

㉑ Id. at 4.

㉒ Id. at 7.

㉓ Id. at 7 - 8.

㉔ UN Doc. A/AC. 105/C. 1/2012/CRP. 16，"Active Debris Removal — An Essential Mechanism for Ensuring the Safety and Sustainability of Outer Space, A Report of the International Interdisciplinary Congress on Space Debris Remediation and On - Orbit Satellite Servicing."（27 January 2012）（下文称为碎片主动移除和在轨服务报告）at 37. 参见 http://www.unoosa.org/pdf/ limited/c1/AC105 _ C1 _ 2012 _ CRP16E. pdf。

㉕ National Space Policy of the Unite States of America (2010)，supra note 19，at 8.

从宏观角度来看，2006 年政策与 2010 年政策之间的差别极大，后者牵涉反卫星武器（ASAT），因此涉及空间碎片。2006 年政策声明：美国政府“拒绝对美国在太空中作业并从太空获取数据这项基本权利施加的任何限制”，这一表述被解释为准许开发和利用反卫星武器[26]。2006 年政策还声明：华盛顿政府“反对制定旨在禁止或限制美国的太空通行权或使用权的新的法律制度或其他限制性规定”，这一表述断然排除了军备控制[27]。

某位不愿透露姓名的政府官员表示：“这项政策不是关于开发或部署太空武器。”[28] 该名官员进一步指出，不需要订立新的军备控制协议，因为不存在太空军备竞赛[29]。不过怀疑情绪依然存在[30]。事实上有传闻称布什政府曾在暗中从事某些研究，评论家们声称这些研究可能产生强大的陆基激光武器以及其他可能的武器，旨在摧毁敌方的在轨卫星[31]。

相比之下，2010 年政策抛弃了布什政府的单边立场，转而强调国际合作，包括可能签署的军备控制条约，旨在限制太空武器的开发[32]。根据其原则，这项新政策声明：

> 出于共同利益，所有国家均应以负责任的方式开展太空活动，以防止灾祸、误解和猜疑。美国认为太空的可持续性、稳定性、自由通行以及利用对于其国家利益而言至关重要。执行太空作业的方式应强调开放性与透明性，以提升公众对政府活动的意识，并促使其他国家分享太空利用带来的利益[33]。

这条原则侧重于透明性和信任建立，以及太空的可持续性和稳定性——这两项要素都有助于空间碎片的减缓。

9.4 美国的空间碎片相关法律

由于太空活动的监管权划分给若干机构，因此空间碎片监管职能也做出相应划分。迈克尔·W. 泰勒详细地研究了国家航空航天局和国防部制定的规则、标准和指导方针[34]。此外，国家航空航天局和国防部分别负责管理民间和军方的太空活动，但这不是本章的重点。重点在于交通部、商务部和联邦通信委员会的规则和要求。这三个机构负责批准商业性太空活动[35]。

---

[26] William J. Broad and Kenneth Chang, “Obama Reverses Bush's Space Policy”. 28 June 2010. 参见 http://www.nytimes.com/2010/06/29/science/space/29orbit.html。

[27] Id.

[28] Joan Johnson - Freese, “Space as a Strategic Asset.” Columbia University Press (2007): 237.

[29] Id.

[30] Id.

[31] William J. Broad and Kenneth Chang, “Obama Reverses Bush's Space Policy”. 28 June 2010. 参见 http://www.nytimes.com/2010/06/29/science/space/29orbit.html。

[32] Id.

[33] National Space Policy of the Unite States of America (2010), supra note 19, at 3.

[34] Michael W. Taylor, “Orbital Debris: Technical and Legal Issues and Solutions.” Thesis submit - ted to Institute of Air and Space Law, McGill University, Montreal, August 2006: 52 - 59.

[35] Mark K. Sundahl, “Regulating Non - traditional Space Activities in the United States in the Wake of the Commercial Space Launch Competitiveness Act.” Air and Space Law 42, No. 1 (2017): 31.

9.4.1　联邦通信委员会的碎片减缓规定

联邦通信委员会是美国设立的一个机构，负责批准私营实体的无线电传输，包括卫星传输[36]。2004 年 6 月，联邦通信委员会颁行了一套关于轨道碎片减缓的全面规定，适用于美国商用卫星的许可以及不属于美国但是在美国提供服务的卫星的使用[37]。这套规则规定：在授权之前须提交一份说明书，其中说明卫星系统为缓解轨道碎片而采用的设计和运行策略[38]。联邦通信委员会将在签发任何许可证之前审核这些信息，以确定“该等活动获得许可后是否有利于公众的利益和便利以及是否有必要”[39]。联邦通信委员会的规定还要求：在任务结束时，必须遵照机构间空间碎片协调委员会的指南转移地球同步卫星，且所有卫星在任务结束时都必须释放储存能量[40]。

上文所述的披露要求和运行要求可大致划分为三类：1）正常运行期间卫星与其他大型物体之间避免碰撞的措施的相关信息披露；2）任务后处置作业相关的信息披露和运行要求，包括地球同步卫星脱离轨道以及储存能量的释放；3）披露下述作业相关的评估和分析：防止空间物体成为产生碎片的源头（具体是由于按计划执行的作业，或正常运行期间系统发生故障）[41]，以及航天器采用防护措施，以防止小型碎片碰撞导致其失控，采取措施尽量减少爆炸，以及控制正常作业期间释放的碎片[42]。

联合国的所有七项指南都是起源于上述要求，这些要求反映出上述指南的“最佳实践”性质。事实上，联邦通信委员会的规则和政策包含机构间空间碎片协调委员会和国际电信联盟的最新建议，因而构成一套全面的框架，用以审核和监管商业性航天器作业中的碎片减缓做法[43]。

9.4.2　国家海洋和大气管理局的碎片减缓规定

2010 年 12 月 18 日，贝拉克·奥巴马总统签署了 PL 111－34（H. R.）3237 文件，将其正式定为法律，其中颁布了《美国法典》（U. S. C.）的第 51 篇，标题为《国家和商业太空项目》，其中汇总了适用于太空项目的普通法律[44]。

《国家和商业太空项目》法律中的第六篇题为《地球观测》（本章中称其为《地球观测

㊱ K. Kensinger，S. Duall，and S. Persaud，“The United States Federal Communications Commission's Regulations Concerning Mitigation of Orbital Debris.” Proceedings of the 4th European Conference on Space Debris（ESA SP－587），at 571.

㊲ Id.

㊳ 47 CFR § 5.64（b），§ 25.114（c）（14），§ 97.207（g）（1）.

㊴ 47 U. S. C. § 309—Application for license. 另参见“the United States of America－UNOOSA Compendium of space debris mitigation standards adopted by States and international organizations（UNOOSA Compendium）.” http：//www. unoosa. org/oosa/en/ourwork/topics/space－debris/ compendium. html。

㊵ 47 CFR § 25.283 End－of－life disposal. 另参见 the United States of America—UNOOSA Compendium，id。

㊶ Kensinger，supra note 37，at 572.

㊷ Id.

㊸ Id. at 575.

㊹ Rupert W. Anderson. “The Cosmic Compendium：Space Law.” Lulu. com（2015）：94.

法案》），适用于美国所有的商用遥感卫星的运营商。根据《地球观测法案》，必须办理许可证才能运行私营遥感航天器[45]。为获得该等许可证而须满足的条件之一是：许可证授权的作业结束时，被许可方应处置太空中的卫星，且处置方式须获得总统认可[46]。此外，还必须出具书面的合规证明，证明符合美国的轨道碎片和处置政策和最佳做法，才能获得许可证[47]。

国家海洋和大气管理局已发布若干规定，其中写明《地球观测法案》中规定的私营地球遥感太空系统的运营商的许可、监督和合规性方面的要求[48]。这些规定执行了《地球观测法案》以及 2003 年《美国商用遥感政策》中的条款[49]。

根据这些要求，空间碎片定义为地球轨道上存在的一切人造碎片，包括但不限于：无法继续执行任务的载荷，正常发射和运行活动遗留在轨道上的火箭体以及其他硬件设备(如螺栓碎片和覆盖物)，以及故障或碰撞事故产生的解体碎片[50]。处于自由状态的气体和液体不属于轨道碎片[51]。

对于“许可证授权的作业结束时，被许可方应处置太空中的卫星，且处置方式须获得总统认可”这项许可要求，国家海洋和大气管理局解释其含义是：被许可方应评估并尽量减少卫星的任务后处置期间释放的轨道碎片数量[52]。在提出申请时，申请人必须提交遥感卫星的任务后处置计划书[53]。国家海洋和大气管理局将根据实际情况评审申请人提交的任务后处置计划书，以评估该计划（包括卫星的设计和部件）是否包含合格的任务后处置方法以缓解轨道碎片并尽量减少任何可能的不利影响[54]。若任务后处置活动涉及航天器重返大气层，则明确要求申请人提交伤亡风险评估[55]。

9.4.3 交通部的碎片减缓规定

联邦航空管理局隶属于交通部，负责签发许可证，批准个人从美国的发射场发射运载火箭，将再入飞行器返回美国的场地，或在美国境内运营发射场地或再入场地[56]。联邦航空管理局严格评审发射系统的安全性之后，签署商用运载火箭的许可证；若在任何时候，许可证持有者违反许可证的条款以及联邦航空管理局的轨道碎片减缓规定，则吊销许可证

㊺ 51 U. S. C. § 60122 (2012).

㊻ Id.

㊼ The United States of America—UNOOSA Compendium，supra note 40.

㊽ Id.

㊾ Id.

㊿ NOAA. 15 CFR Part 960 Licensing of Private Land Remote - Sensing Space Systems; Final Rule，at 24483. 参见 http：//library. blountsfolly. com/space/files/original/43aef50ff3d49db534edb230ede8 179e. pdf。

[51] Id.

[52] Id. at 24479.

[53] Id.

[54] Id.

[55] Id.

[56] 14 CFR § 413. 3 (b).

或处以罚款[57]。

联邦航空管理局目前的轨道碎片减缓规定专注于发射结束时的安全性，该局将这些规则视为对运载火箭施加的最后的控制手段[58]。根据《联邦法规法典》（CFR）第 14 篇第 415.39 条，联邦航空管理局要求一次性使用运载火箭（ELV）发射许可证的申请人证明：1）载荷分离之后，运载火箭、部件以及载荷之间不会发生计划外的接触；2）化学品、压力和动能源转化为能量且使运载火箭或其部件解体时，不会产生碎片；3）必须排空储存的能量，即耗尽剩余推进剂并保持燃油管线阀门打开，排空任何加压系统，所有电池保持永久性放电状态，并移除任何剩余的储存能量源[59]。第 415.39 条适用于一次性使用运载火箭，不过《联邦法规法典》第 14 篇第 431.43 条规定前述两条规定适用于可重复使用的运载火箭和再入飞行器，且要求可重复使用火箭运营商执行碰撞规避分析，以确保在发射和再入过程中，运载火箭和可载人的绕轨运行物体在 200 km 高度处分离[60]。

总而言之，联邦航空管理局要求：发射期间释放的空间碎片受到限制，必须使用安全能源，且尽量减少储存能量导致的任务后解体事件发生的可能性。然而，联邦航空管理局不要求火箭的上面级脱离轨道或改变轨道。

9.4.4　国家航空航天局的碎片减缓规定

国家航空航天局已制定一套制度框架，旨在限制国家航空航天局的载荷、仪器、运载火箭和任务相关碎片产生的碎片数量[61]。2017 年 2 月 15 日，《国家航空航天局限制轨道碎片以及评估流星体和轨道碎片环境程序要求（NPR）》（NPR 8715.6B）（以下简称《程序要求》）的更新版正式生效[62]。NPR 8715.6B 版本包含“变更 1”，取代了上一版本 NPR 8715.6A（这一版于 2012 年 5 月 25 日发布）[63]。

《程序要求》的目的是明确规定各项职能、责任和要求，以确保国家航空航天局（包括其任务合作伙伴、提供商和承包商）遵照《美国国家太空政策》和《美国政府轨道碎片减缓标准规程》采取措施保护近地空间环境，以缓解轨道碎片和流星体对太空任务和人员生命造成的风险[64]。新版《程序要求》做出若干关键性变更，其中两项变更尤其值得注意。第一，关于其适用性，“本《程序要求》适用于将国家航空航天局拥有的或赞助的空间物体发射到太空中的计划和项目，但前提是负责监督任务中的轨道碎片或部分碎片的缓解的那个联邦主管机构不隶属于另一个联邦部门或机构。”[65] 换言之，这套要求仅适用于不属于

[57] The United States of America—UNOOSA Compendium, supra note 40.

[58] Id.

[59] FAA, supra note 11, at 11.

[60] Id.

[61] NASA, “Orbital Debris Quarterly News.” Volume 21, Issue 2, May 2017, at 1.

[62] Id.

[63] Id.

[64] Id.

[65] Art. 2 (b), NPR 8715.6B.

另一个美国联邦部门或机构的监管权限之下的任务[66]。第二，这套新版《程序要求》制定了一套通知流程，即任何不符合《美国政府轨道碎片减缓标准规程》（以下简称《标准规程》）的行为应通知给国务卿，这符合 2010 年美国《国家太空政策》的规定[67]。下文将论述这套《标准规程》。

9.5 美国空间碎片减缓标准

1997 年，国家航空航天局和国防部主导的一个跨机构工作组制定了一套《美国政府轨道碎片减缓标准规程》[68]。这套《标准规程》于 1998 年公布给美国太空行业；经过该行业进一步协商之后，《标准规程》于 2001 年 2 月正式颁行[69]。根据国家航空航天局碎片限制程序中的安全标准，这套《标准规程》适用于政府运行的或采购的太空系统，包括卫星和运载火箭[70]。这个跨机构工作组将某些指导方针分享给航空航天行业，以鼓励该行业自觉遵守规定[71]。

《标准规程》涵盖所有的项目阶段，包括初始概念开发乃至太空硬件设备处置，其重点在于：尽量减少蓄意碎片释放以及意外爆炸事件；避免危险碰撞；以负责任的方式处置太空硬件设备[72]。这套规程是美国政府采用的综合性空间碎片减缓技术指南，美国政府各个部门和机构即依据这套规程发布具体的轨道碎片减缓要求[73]。

9.6 结论

在联合国和平利用外层空间委员会科学和技术小组委员会第 53 次会议上，很多成员国表示十分担忧空间碎片带来的挑战[74]。美国发表的关于空间碎片的声明强调了联合国各项指南的重要性，且呼吁所有太空探索国家和机构实施这些指南，以限制空间碎片的产生[75]。

按照美国在国际社会表现出的立场，美国发布了若干政策并建立起全面的法律制度，以应对空间碎片带来的挑战。针对空间碎片制定的国家太空政策一直在演进。其演进的方式可归纳为：从内到外，从笼统到周密，从碎片减缓到碎片补救。

“从内到外”是指：在一开始，政策仅要求所有的航天部门设法尽量减少空间碎片的

---

[66] NASA，supra note 62，at 1.

[67] Id.

[68] FAA，supra note 11，at 10.

[69] The United State of America—UNOOSA Compendium，supra note 40.

[70] FAA，supra note 11，at 10.

[71] Id.

[72] The United State of America—UNOOSA Compendium，supra note 40.

[73] Id.

[74] NASA，“Orbital Debris Quarterly News.” Volume 20，Issues 1 & 2 April 2016，at 5.

[75] Id.

产生。随后政策内容有所补充，要求美国政府鼓励其他太空探索国家颁行相关政策和规程以尽量减少碎片。这两项政策（后续版本中略有调整）是美国的空间碎片相关政策的基石。

“从笼统到周密”是指：在一开始，仅提出一些笼统的要求，例如，要求“设法尽量减少”或“努力尽量减少”空间碎片的产生，而没有明确说明实现这些目标的方法。后续版本的政策对这些笼统要求予以阐释，尤其是 2010 年政策。从行政角度来看，2010 年政策要求为主办部门或机构的主管人必须专门审批不符合《标准规程》的例外情况，并通知国务卿[76]。从技术角度看，2010 年政策强调太空态势感知（SSA）信息的开发、维护和利用，以及太空碰撞警告措施的开发[77]。

从碎片减缓到碎片补救，意味着“碎片移除”这一概念如今已出现于国家太空政策中。根据 2010 年《国家太空政策》，美国应责成国家航空航天局（NASA）局长以及国防部部长研究和开发各种技术和方法，以减缓和移除轨道内碎片[78]。

美国在空间碎片减缓领域发挥领导作用的驱动力可能来源于其国家利益。美国拥有世界上最为成熟的商业化航天工业以及最为先进的航天技术，因而它是最有能力从航天应用中获得经济利益、政治利益和社会利益的国家，同时也是在空间碎片减缓作业领域拥有最强技术能力的国家。事实上，美国在这个领域的所作所为确实符合国际社会的整体利益。为了减缓乃至逆转空间碎片日益增加的趋势，全世界都应在这个方向上做出努力。

许可程序是美国所利用的主要工具，用以监管和监督商业化太空活动内空间碎片的产生。若干机构均参与这方面的监管：联邦通信委员会负责批准电信行业无线电频谱的使用以及卫星的轨位占用；交通部（责成联邦航空管理局）对航天器的发射和再入行使主管权，但是其权限不涵盖轨道内或更远空间内的活动；商务部（责成国家海洋和大气管理局）对太空内执行的地球遥感行使主管权[79]。这些机构已针对商业化太空活动制定了各自的许可要求，其中一项要求就是空间碎片减缓。

作者简介

田庄出生并成长于中国广州。他目前是莱顿大学的一名在读博士生，其研究专攻领域是空间法，尤其是空间碎片减缓和补救方面的法律要素。他已获得莱顿大学颁发的航空和航天法法学硕士学位以及中山大学颁发的法学学士学位。

---

[76] National Space Policy of the Unite States of America (2010), supra note 19, at 8.

[77] Id. at 7 – 8.

[78] Id. at 7.

[79] Sundahl, supra note 36, at 31.

第 10 章　空间碎片主动移除的芬兰太空活动法案

迈亚·伦奎斯特*

摘要：芬兰《太空活动法案》于 2018 年 1 月 23 日正式生效。在芬兰的第一颗商用卫星发射到外层空间的当天，芬兰总统签署了这项法案。这项新法案的目的是为国家太空活动创造一个可预测的且具有法律透明性的环境，并确保太空活动的安全以及外层空间的可持续利用。

10.1　引言

芬兰已颁行国家《太空活动法案》①。芬兰政府于 2017 年 10 月底将该法案提交给议会；议会于 12 月底批准该法案；随后经芬兰总统批准之后，该法案于 2018 年 1 月 23 日正式生效。芬兰经济与就业部的一项法令于同一天正式生效，作为对该法案的补充。在上述新法案和法令之前，该国尚无任何法律用以监管卫星的发射和运营相关活动。

芬兰航天工业的发展促使该国必须从立法层面规定太空活动的先决条件。芬兰的第一颗纳米卫星“AALTO I”② 由阿尔托大学研发，于 2017 年 6 月发射；此外还计划发射其他几颗商用纳米卫星。巧合的是，芬兰的第一颗商用卫星“Iceye X－1”（由 Iceye 公司研发）③ 于 2018 年 1 月 12 日发射，而芬兰总统正是在这一天签署了新的《太空活动法案》。

自从 20 世纪 70 年代以来，芬兰参与了联合国五大太空相关条约④中的其中三个条约，即《外层空间条约》《责任公约》《营救协定》。在颁布新法案的同时，芬兰于 2018 年 1 月加入了联合国《登记公约》。目前该国没有意向加入《月球协定》。这项新法案颁布之后，

---

* 迈亚·伦奎斯特（Maija Lönnqvist）（✉）
经济与就业部，芬兰赫尔辛基
电子邮箱：Maija. Lonnqvist@tem. fi

A. Froehlich（ed.），Space Security and Legal Aspects of Active Debris Removal，Studies in Space Policy 16，https：//doi. org/10. 1007/978－3－319－90338－5 _ 10

① 更多关于芬兰空间法和空间政策的信息见 http：//tem. fi/en/space。

② http：//aalto1. fi/aalto1 _ in _ english. html.

③ https：//www. iceye. com/. 另参见 http：//www. bbc. com/news/science－environment－42648391＃。

④ Treaty on Principles Governing the Activities of States in the Exploration and Use of Outer Space，including the Moon and other Celestial Bodies（Outer Space Treaty）；Agreement on the Rescue of Astronauts，the Return of Astronauts and the Return of Objects Launched into Outer Space（Rescue Agreement）；Convention on International Liability for Damage Caused by Space Objects（Liability Convention）；Convention on Registration of Objects Launched into Outer Space（Registration Convention）；Agreement Governing the Activities of States on the Moon and Other Celestial Bodies（Moon Agreement）.

太空活动的运营商必须履行联合国条约中规定的义务。

这项新法律的目的是规定各种行为体的权利、义务和责任，为国家太空活动创造一个可预测的且具有法律透明性的环境，并确保国家始终知晓其国民在其领土范围内执行的一切太空活动。其意图是创立一个灵活的授权流程，以促进新技术的开发并促成商业机遇。

此法案遵循约定俗成的国际惯例，且其立法依据是 2013 年联合国 68/74 决议中的条款："关于外层空间的和平探索和利用相关国家法律的建议，以及国际法协会国家太空立法示范法索非亚模本"[⑤]。因此这套法律包含太空活动授权方面的条款，以及授权、空间物体登记、责任与偿还请求权、转让、监督以及空间碎片方面的条件。

经济与就业部成立的工作组编制了该法案[⑥]。这个工作组的成员是相关部委以及政府机构、大学和行业的代表人，他们的专业特长涵盖航天技术与研究，乃至法律与商务。

10.2　该法案的条款汇总

芬兰《太空活动法案》的适用范围：芬兰领土范围内执行的太空活动或者芬兰登记的飞船或飞行器，以及芬兰公民或芬兰境内成立的法人所执行的太空活动[⑦]。该法案适用于政府机构和非政府机构执行的太空活动。不过，授权、保险和监督方面的条款不适用于国防部队执行的太空活动[⑧]。

根据该法案，"太空活动"是指：空间物体发射到外层空间，外层空间内的空间物体的运行和控制，以及空间物体返回地球。"空间物体"是指已经发射到或预期发射到外层空间中的任何物体，包括该等物体的组成部件，以及将物体发射到外层空间时使用的（或预期使用的）任何设备及其部件。"运营商"是指负责执行太空活动的自然人或法人[⑨]。

只有事先获得经济与就业部的授权，才能执行太空活动。[⑩] 该项授权的前提：运营商拥有太空活动的执行所必需的技术资质和财务能力，且风险评估表明太空活动不会对人员、财产和公众安全造成任何危险。此外还有其他要求：运营商必须努力防止空间碎片的产生，并防止地球、大气层和外层空间遭受不良环境影响，包括制定外层空间内活动的终止计划；外层空间内的活动必须符合国家安全利益、芬兰的国际义务以及芬兰的外交政策利益；运营商必需满足保险方面可能存在的要求；运营商必须遵守国际电信联盟的规则以及出口管制方面的法律。若要将太空活动转让给另一个运营商，则必须事先征得经济与就业部的批准且应符合上文所述授权条件[⑪]。

---

⑤ UN document A/AC. 105/C. 2/2013/CRP. 6 in http：//www. unoosa. org/pdf/limited/c2/AC105 _ C2 _ 2013 _ CRP06E. pdf (22. 1. 2018).

⑥ 新闻稿：https：//tem. fi/artikkeli/-/asset _ publisher/tyoryhma - valmistelemaan - kansallista - avaruuslainsaadantoa? _ 101 _ INSTANCE _ KbgSvtizPgsM _ languageId=en _ US。

⑦ Section 1 of the Act on Space Activities.

⑧ Section 3 of the Act on Space Activities.

⑨ Section 4 of the Act on Space Activities.

⑩ Section 5 of the Act on Space Activities.

⑪ Section 11 of the Act on Space Activities.

经济与就业部保留空间物体的登记册[12]。关于空间物体的基本信息记录于登记册中，包括：发射国、运营商名称、空间物体的名称或登记编号、空间物体的基本功能、发射和运载火箭的日期和地点、以及基本轨道参数（包括节点周期、轨道倾角、远地点和近地点）。除了芬兰登记的空间物体，根据《登记公约》规定，若某个空间物体转让给芬兰的运营商，且芬兰不是该空间物体的发射国，则该登记册还应登记该转让空间物体的信息。

该国有权向运营商索取赔偿费，以补偿受损害方[13]。若地球表面或者飞行中的航空器、其乘客或机组人员遭受损害，则该国有权向运营商索取赔偿费，即便运营商不是蓄意或不经意造成该等损害。该国在这类案件中有权追索的最大金额为 6 000 万欧元，除非运营商未能遵守《太空活动法案》或授权相关条件。对于外层空间中发生的损害，该国有权索取赔偿费，但前提是运营商在《侵权责任法》之下理应对受损害方承受的损害承担责任。在这类情况下，最大赔偿金额没有限制。

运营商应针对太空活动对第三方造成的损害办理保险[14]。若发射公司办理的保险已涵盖运营商因太空活动对第三方造成的损害而承担的赔偿责任，或者根据太空活动的风险评估，经济与就业部能够接受地球、领空以及外层空间承受损害的风险，则经济与就业部可不要求办理上述保险。

经济与就业部负责监督太空活动，运营商有义务向该部门告知太空活动出现的任何变化[15]并每年向该部门汇报太空活动的状态[16]。经济与就业部有权获取监管所需的任何必要信息[17]，且可对场所和文件进行任何必要的检查[18]；若运营商违反了《太空活动法案》的条款或授权书规定的条件，则该部门可修改或撤销授权[19]。若运营商执行的太空活动未获得授权或者忽视了《太空活动法案》规定的某些义务，则可能遭受罚款[20]。

《太空活动法案》规定，运营商有义务确保太空活动所有阶段内的安全，并确保负责太空活动的人员拥有必要的知识和经验[21]。即便芬兰境内不执行任何发射活动或不计划执行发射活动，该法案仍然规定：如果空间物体进入芬兰领空，则必须确保空中交通的安全[22]。《太空活动法案》对芬兰境内发现的空间物体也做出相应规定。任何发现的空间物体必须汇报给主管机构，且未经允许不得搬移[23]。

用以监管空间碎片和环境危害的条款列于下文。

---

⑫ Section 6 of the Act on Space Activities.

⑬ Section 7 of the Act on Space Activities.

⑭ Section 8 of the Act on Space Activities.

⑮ Section 11 of the Act on Space Activities.

⑯ Section 14 of the Act on Space Activities.

⑰ Section 14 of the Act on Space Activities.

⑱ Section 15 of the Act on Space Activities.

⑲ Section 13 of the Act on Space Activities.

⑳ Section 21 of the Act on Space Activities.

㉑ Section 9 of the Act on Space Activities.

㉒ Section 1, sub - section 3 of the Act on Space Activities.

㉓ Section 16 of the Act on Space Activities.

经济与就业部的法令中的某些条款规定了运营商在提出授权申请和接受监督时必须提交的文件和其他信息。《太空活动法案》还规定了评估第三方责任险办理必要性时被视为可接受的风险程度。

10.3　避免空间碎片和环境危害的义务

当初编制《太空活动法案》之时，认为必须强调外层空间的可持续利用以及空间碎片的避免㉔。获得授权时必须满足的条件之一就是避免不必要的环境危害和空间碎片，后来又专门针对该主题编制了一个补充性条款。

根据《太空活动法案》第 5 条，只有事先获得经济与就业部的授权，才能执行太空活动。若该条款中规定的条件得到满足，则经济与就业部可批准太空活动。其中一项条件就是运营商必须遵照第 10 条规定，努力防止空间碎片的产生，并防止地球、大气层和外层空间遭受不良环境影响。此外还规定，运营商必须制定外层空间内活动的终止计划以及相关措施的计划。

《太空活动法案》第 10 条包含关于环境保护和空间碎片的条文。

第一项子条款适用于太空活动的环境影响。根据该条款，执行太空活动的方式应确保环境可持续性并促进外层空间的可持续利用。运营商申请授权之时，应评估太空活动对地球、领空和外层空间造成的环境影响，且应提交相关计划，说明为了抵消或减少任何可能的不良环境影响而采取的措施。授权申请书中应写明空间物体中所用的核材料或其他放射性材料。

第二项子条款适用于空间碎片，其中规定：运营商应遵照公认的国际指南，设法确保外层空间中的活动不会产生空间碎片。该条款进一步规定：运营商在空间物体正常运行期间严格限制空间碎片的产生，减少外层空间内的空间物体发生解体和碰撞的风险，且在空间物体完成其任务后，应努力将空间物体转移到不太拥挤的轨道上或使其返回大气层。

《太空活动法案》没有定义空间碎片。政府提案的解释性备忘录中解释道：根据通用的国际定义，空间碎片是指任何已丧失功能的空间物体及其部件，包括丧失功能的卫星、运载火箭的上面级以及外层空间内的其他松散颗粒㉕。

“公认的国际准则”是指联合国和平利用外层空间委员会（COPUOS）和机构间空间碎片协调委员会（IADC）制定的《空间碎片减缓指南》《欧洲空间碎片减缓行为准则》，以及国际标准化组织（ISO）制定的相关标准。这些内容在《太空活动法案》和法令没有规定，但是在解释性备忘录中提及。当时认为该条款还应提及可能新制定的国际指南或其他法律文件。在授权过程中，经济与就业部须格外注意这些指南。若认为空间碎片减缓措

㉔　这也与《联合国外层空间活动长期可持续性指南草案》一致。和平利用外层空间委员会科学与技术小组委员会即将举办的会议的最新版可见 UN－document A/AC. 105/C. 1/L. 362/Rev. 1。

㉕　这类似于，例如，机构间空间碎片协调委员会的《空间碎片减缓指南》与和平利用外层空间委员会的《空间碎片减缓指南》。

施不够充分，则可拒绝授权。

授权、保险和监督方面的条款不适用于芬兰国防部队的卫星，不过环境保护以及空间碎片缓解方面的条款却适用于国防部队的卫星。

经济与就业部的法令中可能给出了适用于环境影响评估以及为避免空间碎片产生而必须采取的措施的条款。目前，法令仅规定：在空间物体的正常运行期结束后的 25 年内，运营商应设法将空间物体转移到不拥挤的轨道上或转移到大气层[26]。须注意：此条款的涵盖范围略微大于机构间空间碎片协调委员会的《空间碎片减缓指南》，这套指南规定应在 25 年内将空间物体从近地轨道（LEO）转移到大气层，但是没有明确规定地球同步轨道（GEO）内的任务后处置措施[27]。然而工作组认为，必要时这个时间限制必须适用于所有轨道内空间物体的移除。

10.4　空间碎片主动移除

芬兰《太空活动法案》中没有任何条款适用于空间碎片主动移除。不过，工作组的意图在于增强一切可能的措施，以防止、控制和减少空间碎片的产生。正如预测，芬兰的大多数卫星都是在拥挤的低轨道上运行的小型卫星，因此空间碎片问题显得极为重要。

根据近期发布的众多研究，工作组意识到，即便严格实施所有缓解措施，近地轨道（LEO）上存在的空间碎片数量仍将持续增加。因此，在不久的将来可能需要实施更为主动的措施。由于技术仍然在开发当中，且不存在任何针对碎片主动移除的约束性国际规则，因此当初《太空活动法案》中不可能出现任何关于空间碎片主动移除的条款。

不过当时已经认识到，随着技术发展和国际规则的进步，芬兰的法律理应允许授权机构和监督机构要求运营商执行当初《太空活动法案》编制之时未曾预料的措施。因此，《太空活动法案》第 5 条规定：只有满足太空活动的安全或监督所必需的条件，才能批准太空活动。这些条件可能包括为避免和移除空间碎片而需要采取的措施[28]。若不满足这些条件，则可遵照《太空活动法案》第 13 条修改或撤销授权。当然，尚不存在授权惯例或此类条件的实例。此外，目前芬兰所有的卫星都是近地轨道上的小型卫星，因此这些卫星在适当的时候会返回大气层，无须执行主动移除措施。

根据第 5 条第二款第 4 项，运营商在申请授权时，必须制定外层空间内活动的终止计划以及相关措施的计划。此计划应证明：空间物体完成其任务之后，可安全地将其从运行轨道转移到大气层，或转移到垃圾轨道。再入或转移可能由卫星自主完成，或通过主动移除措施完成。

---

[26] Section 3 of the decree of Ministry of Economic Affairs and Employment on space activities.

[27] IADC Space Debris Mitigation Guidelines Section 5. 3.

[28] 这也是“Active Debris Removal - An Essential Mechanism fro Ensuring the Safety and Sustainability of Outer Space, a Report of the International Interdisciplinary Congress on Space Debris Remediation and On - Orbit Satellite Servicing”的建议之一，pp. 44 - 45. UN document A/AC. 105/C. 1/2012/CRP. 16 in http://www. unoosa. org/pdf/limited/c1/ AC105 _ C1 _ 2012 _ CRP16E. pdf（访问时间为 2018 年 1 月 22 日）。

经济与就业部的法令中的其他条款可能适用于空间碎片控制所需的措施。此类条款可能包括各项义务或建议，即根据技术进步状况或国际惯例方面的建议或指南，采取措施以主动移除空间碎片。

工作组的意图在于界定芬兰《太空活动法案》的适用范围，从而使其适用于未来发展出的新型太空活动，如在轨服务和空间碎片主动移除。因此，当前的定义也涵盖那些为了移除空间碎片而发射并运行于轨道上的空间物体。碎片移除活动须获得经济与就业部的授权并受其监督。还应注意：为了执行碎片移除，可能必须将太空活动转让给另一个运营商，此时须征得经济与就业部的授权，且新的运营商必须满足《太空活动法案》第5条规定的授权条件[㉙]。

太空的可持续利用是芬兰航天部门的主要研究领域之一。尤为重要的是可持续太空卓越中心[㉚]，它整合利用赫尔辛基大学、图尔库大学、阿尔托大学和芬兰气象研究所的专业技术。其研究的重点是微卫星的辐射耐受性以及空间碎片的抑制。芬兰的第一颗卫星"Aalto 1"（由阿尔托大学研发）的任务之一就是用以降低卫星轨道的静电等离子制动器的测试，同时证明等离子制动器作为卫星脱轨装置时发挥的作用[㉛]。

用以移除空间碎片的任何主动措施都必然引起相关事务中的更广泛讨论，如空间物体和运营商的定义、责任、保险义务以及安全措施。如此，可能需要修改和微调当前的法案和法令。

10.5　结论

芬兰《太空活动法案》的目标之一是促使人们重视太空活动中的环境问题。因此，运营商有义务避免环境危害以及空间碎片产生。同时，经济与就业部以及其他相关主管机构应密切关注技术和法律领域的发展，从而考虑并促进使用现行法案和法令中未曾预料或规定的新措施。其中很多工作将在和平利用外层空间委员会内部展开。芬兰于今年申请加入该委员会。

《太空活动法案》的另一个目标是让新的行为体参与太空活动，从而促成商业机遇，尤其是中小型企业。用以主动移除空间碎片的新措施的技术开发有可能促成新的技术创新，从而用于碎片移除，并创立专门提供碎片主动移除服务的新兴企业[㉜]。

㉙ Section 11 of the Act on Space Activities.

㉚ https：//www. helsinki. fi/en/researchgroups/finnish - centre - of - excellence - in - research - of - sustainable - space.

㉛ 更多参见 http：//aalto1. fi/aalto1 _ in _ english. html and http：//www. electric - sailing. fi/。

㉜ 国家创新资助机构"芬兰商业"（前称 Tekes）正在制定一项新空间经济方案。新空间经济方案将帮助初创企业复兴太空行业和帮助制造公司寻求增长，并利用空间数据增加业务。该方案的目标是到2020年将参与公司的出口额增加一倍，同时在该行业内实现服务项目至少6亿欧元的年营业额。

作者简介

迈亚·伦奎斯特是芬兰经济与就业部的高级法律顾问，她在该部门从事太空政策和空间法方面的工作。2017年，她担任负责编制国家太空活动法律的那个工作组的秘书。她在欧洲理事会以及欧洲空间局行政和财务委员会和国际关系委员会担任芬兰代表。

第 11 章　空间碎片主动移除的法国法律

菲利普·克莱尔*

摘要：空间碎片主动移除（ADR）被普遍定义为一种在轨服务，包括将空间碎片转移到垃圾轨道或返回地球的轨道上。法国于 2008 年 6 月 3 日颁布的《法国太空作业法案》（FSOA）［“Loi n° 2008 - 518 du 3 juin 2008 relatives aux opérations Spatiales”，于 2008 年 6 月 4 日发布于《法国公报》（JORF）］将碎片主动移除定义为“太空作业”。该法案于 2010 年 12 月 10 日正式生效。

首先要强调一点，贝尔纳·施密特-泰德和伊莎贝尔·阿诺尔德（德国航空航天中心）在 ESPI 发表了一篇论文，在其中透彻地分析了该法案。该文标题为《法国太空活动相关法案——从国际法理想主义到国家工业实用主义》（ESPI Perspectives N° 11，2008 年 8 月。可从 ESPI 网站免费下载：www. espi. or. at）。

11.1　《法国太空作业法案》将碎片主动移除定性为太空作业

碎片主动移除属于《法国太空作业法案》第 1.3 条规定的范围，该条规定：“太空作业”是指“将物体发射到（或尝试发射到）外层空间中的任何活动，或在空间物体在外层空间运行的过程中……或其返回地球的过程中为确保该物体的指挥而进行的活动。”

《法国太空作业法案》第一条规定：太空活动和太空运营商须经过法国政府认可且受其监督。

此外，为了在法律上明确界定先后发生的作业之间的责任的转移并判定可能对第三方承担的责任，该法案引入了“发射阶段”“指挥阶段”（轨道上）和“返回地球阶段”的定义。

在“发射阶段”，发射运营商的责任开始于发射作业已不可逆转地发生的那一刻，结束于运载火箭与卫星分离的那一刻，具体取决于签发给运营商的授权书中写明的具体条款（如有必要）（《法国太空作业法案》第 1 条第 4 款）。

“指挥阶段”（《法国太空作业法案》第 1 条第 5 款）开始于须进入外层空间的物体与运载火箭分离的那一刻，结束于下述事件中首先发生的那个事件：

---

* 菲利普·克莱尔（Philippe Clerc）（✉）
法国国家太空研究中心高级合规与道德官。本章中所含的分析与意见仅代表作者的观点。
法国国家太空研究中心高级合规与道德官，法国巴黎，电子邮箱：philippe. clerc@cnes. fr

A. Froehlich（ed.），Space Security and Legal Aspects of Active Debris Removal，Studies in Space Policy 16，https：//doi. org/10. 1007/978 - 3 - 319 - 90338 - 5 _ 11

1）脱离轨道过程的最后机动以及钝化处理活动已经完成；

2）运营商失去对空间物体的控制；

3）空间物体返回地球或在大气层中完全解体。

因此显然可以断定，碎片主动移除发生于“指挥阶段”。

11.2 根据《法国太空作业法案》确定碎片主动移除的太空运营商

现在考虑到受法律管辖的相关人员或法人（即“属人管辖权”标准），该法案规定“授权过程”仅适用于“太空运营商”。这种法律地位（“属人管辖权”）仅属于那些根据其自身责任以独立方式执行太空作业的个人或法人实体（《法国太空作业法案》第1～2条）。

因此，为了在《法国太空作业法案》之下判定太空运营商的身份，应先评判太空运营商在执行太空作业时实际承担的责任。由签发相关“授权书”或“许可证”的“行政当局”负责做出此项评判①，而该机构受参议院的最终司法管制，其他任何行政决定或监管决定都是如此。

基本上，“运营商”的这项定义来源于参议院内部准备工作期间所做的大量讨论②。最终采用了一种简短的定义③，而该定义的解释也确实得到所有利益相关方的广泛认可。

因此，担任运营商的那一方应具有下述特征：在特定时期，能对航天器施加有效控制或指挥，且有能力处置航天器；换言之，运营商即便不是航天器的实际拥有者，也仍然是实际的决策制定者，尤其是航天器寿命终止时的机动操作方面的决策。因此，同一时间只能存在一个运营商，且运营商作为授权书持有者应是唯一的责任方，且最终对其所控制的空间物体对第三方造成的损害承担责任。

根据同样的逻辑，《法国太空作业法案》允许多个运营商“相继”指挥同一个空间物体这种可能性。例如，卫星进入其正常运行轨道之后，允许以决定性的或可逆转的方式正式授权将卫星的指挥权转移给另一个运营商。然后运营商的继承者将遵照《法国太空作业法案》规定的授权，全权负责控制所有太空作业。

例如，行政当局（即负责研究与太空事务的部长，法国国家太空研究中心为其提供技术支持）可在首要运营商提交合格申请之后签发授权书或全球许可证，允许“常规运营

---

① “授权书”是为每项太空作业（空间物体的发射或指挥）赋予基本的权利，而“许可证”可能包含同一家运营商执行的和/或利用同一套太空系统执行的若干项太空作业所适用的通用条款和条件。《法国太空作业法案》第4条第3款规定了许可证制度，其文如下：“负责签发授权书的行政当局可向太空运营商授予许可证，证实太空运营商在特定的时期内拥有足够的道德素养、财务能力和专业能力”这类许可证也可以证明第一款中所述的系统和程序符合已规定的技术规范。最后，这类许可证可等同于针对特定太空作业签发的授权书。”

② Council of State report，from its Reports and Studies Section named “For a legal policy for Space activities”，an appraisal study adopted by the General Assembly of the Council of State on 6 April 2006，published by La Documentation Française，29－31 Quai Voltaire，www. ladocumentationfran－caise. fr，ISBN 2－11－0062005－3，参见 the concept of Space Operator § 2. 1. 1. 3. 1，page 72 and 73。

③ Ibid. footnote n° 4，Article 1. 2° and 1. 3° of the first draft legislation its Annexe 4，page 139.

商”（“名义运营商”）与“专业运营商”之间进行责任转移，以实现某些关键性或危险性机动，即更改轨道定位、对接、维修、寿命终止……该等授权书或许可证是可逆转的，即，一旦专业运营商完成关键性机动之后，则行政当局根据法国国家太空研究中心的技术评审，决定将实际运行的责任以及相关第三方责任返回给名义运营商或常规运营商。

在任何情况下，指挥权双向转移申请程序可让法国政府能够达成下述目的：1）由运营商做出必要的保证，即保证别国履行其国家义务和国际义务，且该国的法律和惯例能够确保人员和财产的安全，保护公众健康与环境，且确保履行赔偿责任；2）与相关国家直接开展谈判，以商定具体的解决方案。

从根本上讲，参议院的 2006 年报告主要是采用一种基于“企业合同或服务合同”的合同法方法[④]。根据这种方法，一方（总承包商或服务提供商）与另一方（签约当局、委托方或客户）商定酬劳之后，即可同意执行某项工作。参议院借用阿拉兰·贝纳邦给出的定义[⑤]，强调此类合同意味着承包商可独立行动，无须作为委托方的代表人，即不存在隶属关系。

在这个方面，《法国太空作业法案》不影响那些在关键时刻不具有自主行动权或决策权的分包商，也不影响那些不参与太空作业的所有者（如财务机构或出资机构）。

法国政府、议会以及太空运营商和制造商的代表人在法律制定过程（2007 — 2008 年）中所做的协商以及后来为了编制申请规则（2008 — 2010 年）而进行的协商促成了“独立方式”这种判断标准。这种标准来源于以前的一种观点，即太空运营商的身份应是唯一的“最终权威决策制定者”，以及拥有真实的（或转授的）“支配权”的人士。“支配权”是物权法中的一个概念，是指有权占有某物，且有权转让或销毁某物。

其实从行政角度来看，似乎可以认为：一旦合同或运行方面的方案或关系中出现混乱情形，则卫星的所有者最终会被视为运营商，无论这种混乱情形是否起因于不同利益相关方的故意作为。

从根本上讲，之所以难以确认真正的太空运营商，可能是因为卫星的“寿命终止期”问题，因为此时需要决定是否开始处置卫星的作业。“经济使用者”或“卫星所有者”（他们希望延长太空资产的使用寿命）与“实际有效运营商”（他们仍然必须遵守《法国太空作业法案》中的规定和相关处罚条款）之间可能会产生利益冲突。此时的问题就在于确定由谁来独立做出最终决定。

相应地，在这种实用主义方法中，明确以运营商身份独立行事的分包商可能要负责做出最终决定。例如，若卫星制造商遵照“在轨交付合同”执行卫星“在轨定位”操作，则

---

④ In French “contrat d'entreprise” or “contrat de louage de service” or “contrat de louage d'ouvrage d'ouvrage” as defined in the French Civil Code in article 1710 on “louage d'ouvrage” (contract for works) and specified on article 1779 et seq. “louage d'ouvrage et d'industrie” (contracts for works and services), including “louage de service” referred to in Art. 1779. 1° (service provision con - tract), “voituriers” (contracts of carriage by land and water) referred to in Art. 1779. 2° and “marchés et devis” (contracts for works and estimates) referred to in Art. 1779. 3°.

⑤ Ibid foot note n°4, page 72. Alain Bénabet, “Contrat d'entreprise”, J. - Cl. Contrats - distribution, fasc. 425, n°5.

该制造商可能会被视为代理其承包商行事的实际运营商；承包商可能是未来的卫星所有者或最终名义运营商。

从私营行业的角度来看，有一点值得强调：若事先未征得授权或许可证而担任《法国太空作业法案》规定的太空运营商，这种行为会遭到严厉制裁，具体如下所述。

1）遵照《法国太空作业法案》第 11.3 条罚款 20 万欧元。需要注意：这项制裁适用于拥有法国国籍的自然人或总部设立于法国的法人（有限公司）。

2）若行政当局或法国国家太空研究中心采取适当措施以限制未经授权的太空作业造成损害的风险，则该等措施的费用由未授权的运营商承担（《法国太空作业法案》第 9 条第二款、第 8 条、第 21 条第三款）。

3）若该等未经授权的太空作业对第三方造成损害，则对于第三方赔偿（如政府承担 6 000 万欧元赔偿费这条著名的规定），法国政府将拒绝给予担保（《法国太空作业法案》第 14 条）或追索诉讼限制（《法国太空作业法案》第 15 条）。

4）承担上述风险对应的第三方保险造成的损失，赔偿费范围为零欧元至 6 000 万欧元。

5）鉴于“申请人不具有足够的道德素养、财务能力和专业能力”来满足《法国太空作业法案》第 4 条规定的条件，因此会面临“将来无法被授权成为太空运营商”的风险。

因此，在《法国太空作业法案》的制度下，“独立方式”这一标准会妨碍责任与义务的分配。因为必须满足这一条件才能获得政府的授权或许可证，且唯有如此，才能确认可能因空间物体造成的任何损害而承担责任的那一方以及国家担保的受益人。

因此，这项标准会严重影响参与太空事业的所有利益相关方之间的合同关系与财务关系，尤其是下文所述的碎片主动移除作业。

11.3 因碎片主动移除作业而向第三方承担的责任

根据法国法律中关于“责任负担”的规定，当损害发生时，由太空运营商承担责任。

《法国太空作业法案》第 13 条规定：若运营商执行的太空作业对第三方造成损害，则由运营商独自承担赔偿责任，具体如下文条款所述。

1）运营商应对地面上或领空中发生的损害承担绝对责任。

2）对于地面或领空以外的其他地方发生的损害，只有当损害起因于运营商的过失时，运营商才承担责任。

地面上和领空内损害的赔偿责任与轨道内损害的赔偿责任存在区别，这符合联合国于 1972 年 3 月 29 日颁布的《外空物体所造成损害之国际责任公约》。这一点也十分类似于《法国民法典》的规定⑥。

---

⑥ 介于与《法国太空作业法案》第 13.2 条相对应的关于“过失责任”的第 1240 条（2016 年前旧编号：第 1982 条）和与《法国太空作业法案》第 13.1 条相对应的关于“物的行为的责任”的第 1242 条（2016 年前旧编号：第 1984 条）之间。

不过《法国太空作业法案》有补充规定：若证明损害起因于受害者自己的过失，则可减轻或免除运营商的责任。

此外，若授权书或许可证中针对运营商规定的所有义务已经履行完成，或者在上述义务理应完成的那个日期之后的至少 1 年后，太空运营商在《法国太空作业法案》第 13 条下承担的特殊责任即正式终止，除非运营商蓄意做出不良行为。这个时期结束后发生的损害应由政府承担赔偿责任，而不是运营商。

在现实中，确定运营商在碎片主动移除作业中对第三方承担的责任并不特别困难，因为被移除的空间物体是碎片，或者是已经完全失去控制的卫星或被动地被“移除者”转移的卫星。在这种情况下，第三方赔偿方面的责任负担的承担者首先是“担任移除者的太空运营商”（而不是“被移除”或“被移除”的空间物体牵涉的其他相关人士），且应依据运营商的“过失”来追究赔偿责任（《法国太空作业法案》第 13.2 条），但前提是运营商是独立行事且独自承担赔偿责任。

法国针对轨道内损害给予的担保不会以“移除者”为受益人（《法国太空作业法案》第 15.2 条）。然而，若受害者依据 1972 年《外空物体所造成损害之国际责任公约》获得政府赔偿，则法国政府提供的追索诉讼限制（《法国太空作业法案》第 14.2 条，最高赔偿额为 6 000 万欧元）可能会让“移除者”受益。

若需要移除的空间物体尚未成为空间碎片，且空间物体的保护者或运营商以及被移除的空间物体的所有者有能力且有意愿配合“移除者”执行碎片主动移除作业，则更加难以确定应对第三方承担责任的实际运营商。对于这类“被移除”的物体，例行作业之外的作业未曾包含于原始授权书或许可证中，且执行该类作业时，须事先由行政当局做出明确修改。因此，双方的合理做法应是在各自的协议中明确写明碎片主动移除作业的相关条款和条件，并将各自的实施计划提交给相关行政当局以事先征得授权。

若碎片主动移除作业发生于法国运营商与外国运营商之间，且他们的空间物体登记于不同的管辖区，则在《法国太空作业法案》之下，须根据第 3 条征得“指挥权转让”的合法授权⑦。

事实上，该条款明确承认存在下述可能性：法国运营商与外国运营商针对已经放入轨道的系统进行指挥权转让。根据《法国太空作业法案》，在上述两种情况下进行指挥权转让时，须获得专门的授权书和许可证，具体内容如下所述。

1）第 3 条第 1 款提到：法国运营商持有依据《法国太空作业法案》获得的授权书，将其指挥权转让给一个外国运营商，而这个外国运营商打算在外国管辖区内运营，其中须将发射国的全部或部分赔偿责任转移给接收国（即 1972 年联合国《责任公约》第 V.2 条

---

⑦ 《法国太空作业法案》第 3 条（Authorization for transferring command of Space objects or “Autorisation des trans - ferts d'objets spatiaux”）.

1）若依据现行法案的条款授权某个空间物体，且要将该空间物体的指挥权转让给某个第三方，则须事先征得行政当局的授权书。

2）根据第 2 条第 3 款，若法国运营商打算获得某个空间物体的控制权，但该空间物体的发射或控制没有按《法国太空作业法案》获得授权，则该运营商应事先征得行政当局的授权书。

规定的情形，且不会妨害第四条中规定的第三方受害者享有的权利）。

2）第二款适用于下述法国运营商：法国运营商打算接管（外国）空间物体的控制权，且该空间物体的发射或控制没有按《法国太空作业法案》获得授权，换言之就是接管一个受外国管辖的太空系统。

11.4 参与碎片主动移除太空作业或空间物体生产的人员的责任

碎片主动移除作业的参与者之间的损害赔偿责任制度详见《法国太空作业法案》第20条。该条款规定：授权太空作业的所有参与方之间采用系统性的“索赔权放弃全球制度”或“免受损害”制度延伸出的“担保排除”制度（《法国太空作业法案》第20条）。其实，即便在参与方之间以互惠方式应用此条款，此条款最终是要保护承担赔偿责任的实际太空运营商。各方可明确规定对立的条款，但是只能针对在轨空间物体的指挥造成的损害。“担任移除者的太空运营商”与“被移除物体的所有者”之间签订的碎片主动移除服务合同中可声明不符合“索赔权放弃”普遍制度的该等例外项。

为了确认“参与太空作业的人士”的身份，可参考第1.6条。该条款明确给出“第三方”的定义。“太空作业第三方”一词是指不参与太空作业且不参与空间物体（即太空作业中发射或指挥的空间物体）的生产的任何自然人或法人。具体而言，太空运营商以及其承包商、分包商、客户以及客户的承包商和分包商不被视为第三方。太空运营商以外的其他各方被视为授权太空作业的参与方。

11.5 结论与观点

我们可以认为，只要太空作业涉及至少一家法国太空运营商或至少一个法国登记的空间物体，则《法国太空作业法案》即可提供解决方案，从而为碎片主动移除作业提供法律保障。

有一个问题仍然需要探讨，即第20条中的责任免除规定的适用范围。一方面，适用于准合同的参与方，即传统的“无因管理”理论中所说的准合同[⑧]；另一方面，适用于代

---

⑧ “无因管理”法律制度衍生于“罗马法律”，并正式写入《法国民法典》。可将其定义为：在企业管理的过程中或出于其他方（受益人或企业所有者）的利益而对其他方的私人事务进行管理的过程中，干预者（或管理者）做出蓄意干涉，无须受益人知晓或不会遭到受益人反对，且受益人必须履行（或接受）干预者规定的义务并承担干涉者的费用、开支或支出，但前提是该等管理具有实用意义。

这种“无因管理”情形在下述情形中可能出现：在没有明确合同或授权的情况下，某一方须保护其他方的财产和人身安全（如消防保护），提供受害者救助或任何救援，此外还须防止普通物质损失（如修补漏水位置，或发起保护性质的修复作业，或提供保护以防止危害发生）。

表相关政府以偶然贡献者或志愿贡献者身份参与某项公共服务任务的人士[⑨]。

不过这个问题超出了本章的论述范围，原因是本章论述的重点是法国存在的涉及碎片主动移除的实在法。我们可以得出的结论是：法律制定者在未来的工作中可以继续探索这一问题，无论是国家法律，还是新版国际法律文件[⑩]。

作者简介

菲利普·克莱尔目前是法国国家太空研究中心的高级合规与道德官。他于 2007—2017 年担任法国国家太空研究中心法务部门的主管。他十分熟悉《法国空间作业法案》的立法过程：他于 21 世纪初期发起了这一领域的初步研究，他跟踪了参议院的研究组制定《法国空间作业法案》的过程，在政府和议会进程中参与了所有利益相关方之间的协商。

他精通空间法和太空政策方面的事务，是因为他从 1989 年起先后在法国国家太空研究中心、法国航天局、法国研究部以及阿里安航天公司（这是欧洲的一家私人发射运营商）担任职务，当时他参与了国际合作的或与欧洲空间局和欧盟相关的多个重大航天项目。

---

⑨ 《法国行政法》规定了一种类似于“无因管理”的法律框架，即“偶然贡献者或志愿贡献者参与公共服务任务”。这类公共服务方案也包含其他方的财产和人身安全的保护，但也包含出于大众利益而提供的保护，例如，举办公共庆祝活动、体育活动、文化或教育活动、学术讲座……以及通常由文职人员或公务人员负责提供的服务。

事实上，根据参议院确立的判例法，若参与公共服务任务的这类志愿贡献者在执行其大众利益任务时遭受意外损害，则可获得补偿。这类志愿贡献者执行任务时支出的开支可以报销。此外，若这类私人贡献者在执行大众利益志愿任务期间对第三方造成损害，则可直接要求国家承担赔偿责任。

⑩ Guoyu Wang 博士在一篇题为“Legal Challenges to On - orbit Servicing and a China's perspective”的论文中设想了在一个新的专门的国际框架内将“无因管理”理论应用于碎片主动移除作业的可能性，该论文发表于 2017 年 9 月在澳大利亚阿德莱德举行的国际宇航大会（IAC）。

Dr. Guoyu Wang，Beijing Institute of technology（BIT），China. Co - author Mr. JIE YUAN，China. “Legal Challenges to On - orbit Servicing and a China's perspective”，IAF/IISL/IAC 2018，Adelaide，Australia，on 25 - 29 September，n°IAC - 17，E7，6 - E3. 5，4，x41849.